# イノベーションの実践理論

大薗恵美・児玉充・谷地弘安・野中郁次郎

Embedded Innovation

東京 白桃書房 神田

# はじめに

◆

## 野中郁次郎

　本書への取り組みは，私的な勉強会から始まった。そのきっかけは，一橋大学大学院国際企業戦略研究科の野中の下に国内留学でやってきた谷地が，イノベーションをどこまで知識創造の概念で説明できるか，やってみよう，と提案したことだった。知識創造理論は，ホンダのシティや松下電器の自動パン焼き器などのイノベーションの事例からインスピレーションを得，理論構築し，理論の説明に利用してきたのであり，工学，競争戦略論，組織行動論などの分野からますます盛んに行なわれるようになっていたイノベーション・マネジメント研究に，知識創造理論からもっと明確な形でアプローチすることによって，イノベーション・マネジメント研究に貢献できるだろうと考えた。

　その後，児玉，柴田らがこの勉強会に加わり，事例分析を積み重ねていた。いよいよ本にまとめようという段になって，柴田が香川大で教鞭を執ることとなり，メンバーから外れなくてはならなくなった。しかし，本書に結晶した知見は，柴田を含めたチームでの議論を通して創発したものである。柴田とほぼ入れ替わる形で大薗が参加し，白桃書房 照井規夫さんの力添えを得て，本書となった。

　イノベーション理論にはまだ，ホリスティックな理論が確立されていないと思う。マクロレベルでは，英サセックス大のクリストファー・フリーマンやコロンビア大のリチャード・ネルソン，スタンフォード大の青木昌彦らが

ナショナル・イノベーション・システムを中心とした研究を，ミクロレベルでは，ハーバード・ビジネス・スクールのキム・クラークや東京大学の藤本隆宏，MITのJ. M. アッターバックらに続いて，さまざまな大学でイノベーション・マネジメントの研究が進められている。しかし，社会学でパーソンズが打ち立てたような，あるいは，経営学でバーナードやサイモンが提案したようなグランド・セオリーはまだ存在しない。われわれは，知識創造理論を経営学の新たなグランド・セオリーとして提案してきたが，その切れ味をイノベーションというフィールドで試してみようというのである。しかし，イノベーションを知識創造の概念で説明しようという試みは，まだ完成していない。本書は，最初の足がかりを記すことができたのみである。

　本書の題名を，「イノベーションの実践理論」としたが，われわれは，イノベーションの理論は，理論であるけれど，実践的でなければならないと思っている。かつて，クルト・レヴィンは，「よい理論ほど実践的である」と言った。もしもこの認識が広く根付いて実践されていれば，われわれはあえて「実践理論」という必要はないのかもしれない。しかしながら，今日の社会科学は「科学化」が強調されすぎて，マネジメントの理論は，ますます，実体のない空虚な形式論理と実証研究に傾斜しつつある。そこで，あえて「実践理論」と言明してみた。

　たとえば，実践的な研究で代表的なのは，ピーター・ドラッカーやヘンリー・ミンツバーグで，彼らはその実践的洞察が評価されて日本の実務家にも非常に人気がある。ドラッカーは「プラクティス・オブ・マネジメント」と言い，「セオリー」とは言わなかった。ミンツバーグなどは，『MBAが会社を滅ぼす』（原題 MANAGERS NOT MBAs）という本で，理論偏重で実践を忘れたビジネススクールとMBAがアメリカの会社をだめにしていると主張しているほどだ。代わりに彼が強調しているのは，アート，クラフト，サイエンス（サイエンスが一番最後）であり，また，ケース・バイ・ケースに文脈を読み取る力だ。われわれは，彼らがプラクティス（実践）を重要視することに同感である。しかし，彼らの洞察が，一貫するユニバーサルなコンセプトに裏づけられていない点を，物足りなく思う。

　マイケル・ポーターの競争戦略論やクラスター理論は，実践的であり，か

つ，一貫するコンセプトに裏づけられている。つまり，産業組織論という一貫した理論を背景に持ち，同時に，具体的なアドバイスを実務家に提供することができる。しかし，われわれは，ポーターの理論が構造重視で，プロセスや人間の主観を軽視している点を残念に思う。

　なぜならば，われわれは，イノベーションの理論は理論であると同時に実践的であるべきだと思っているわけだが，実践には，人間の主観が主要な役割を果たすと思っているからである。われわれは，ぎりぎりまで，主観を理論に取り込みたいと思っている。

　イノベーションは，非常に多様で，混沌としているが，研究者たちは，その中に何らかの一般的な傾向を見出して，理論化しようと努めてきた。そうすることで，多くの実務家に気づきを与えることができる。近年，実務家に最も大きな影響を与えた理論は，クレイトン・クリステンセンの『イノベーションのジレンマ』であろうが，同書に触れた時に多くの実務家が，「！」とひざを叩いた。われわれが『知識創造企業』を上梓した時にも，これからは知識社会だ，だからITだ，と考えていた多くの欧米の実務家が，「暗黙知！」とつぶやいてくれたと聞いている。このように，イノベーションをサイエンスしようとする試みは価値があるし，大いに勧められるべきである[1]。

　しかし，イノベーションは，サイエンスであると同時にアートだ。現在は企業の現場もまたサイエンス志向になっているように思われる。だが，本当に優れたイノベーションの実践は，サイエンスとアートのバランスから生まれるのだと思う。ロジックを使いながら，ロジックを否定できる知恵がないと，分析麻痺症候群に陥ってしまう。

　では，イノベーションにおけるアートの真髄とは何か。それは，単なる勘

---

1) この点において，われわれは，社会科学に対してフライバーグ（2001）が明らかにした考えと意見を同じくする。フライバーグは，社会科学はできるかぎりサイエンスになる努力をしなければならない，つまり，自然科学が回避してきた，価値，文脈，パワー，などといった政治プロセスをきちんと理論化せよと指摘している。社会科学は，社会現象の独自の理論化ができてこそ，自然科学と相互補完の関係が成立すると主張している。

ではない。合理的な計算ができない状況の中でなされる，優れた判断だ。それがアートだ。理論を現実にあてはめて個別ケースを反復してゆくと，実践の中で知識が磨かれて知恵になる。そうすると，現実の個別の文脈の中で優れた判断ができるようになる。知識を洗練して，知識があたかも主観と一体となった時，知恵化する。われわれが，アリストテレスの「フロネシス」（プラクティカル・ウィズダム，賢慮）という概念で提案しているのは，何が良いことかの価値判断ができる知恵であり，そういう知恵の重要性である。

　サイエンスとアートは相互補完の関係にある。知識は知恵にリファインできるのであり，知識がなければ知恵は生まれない。サイエンスとアートの両方が必要であり，これらの間のバランスをどう取るかが，イノベーションのマネジメントに必要なのである。

# 目 次

はじめに

## 第1章 イノベーションの動態理論に向かって ― 1
◆ 野中 郁次郎

1. 知識創造プロセスとしてのイノベーション ………… 1
2. 新古典派と知識ベースの企業モデル ………… 3
3. 組織学習と知識創造 ………… 4
4. 知識創造企業動態モデルの論理 ………… 5
5. フロネティック・リーダーシップ ………… 20
6. 結び ………… 27

## 第2章 ホンダ「Nプロジェクト」
―知識創造の「場」を徹底追究する ― 31
◆ 谷地 弘安

1. 発端
   ―若者ユーザーのホンダ離れ― ………… 32
2. 若者研究「シブヤの謎」と若手開発プロジェクト立ち上げ
   ―Nプロの誕生― ………… 34
3. Nプロによる機種開発 ………… 37
4. 開発者が常駐する原宿「H FREE」 ………… 44
5. Nプロとは何か Ⅰ
   ―ホンダ創業時の再現と人材育成の場― ………… 47

6. Nプロとは何か II
   ——三現主義・自他非分離の実践場—— ............ 50
7. Nプロとは何か III
   ——弁証法的対話の場と触媒としてのプロジェクト・
   マネジャー—— ........................... 55
8. Nプロとは何か IV
   ——「場」の波及効果に見るホンダ流の変革—— ........ 57
9. 終わりに
   ——「SECIプロセス」の中心ユニットとしてのNプロ—— ... 61

## 第3章 キヤノンのレンズ技術
——知のバウンダリーと技術プラットフォームの進化—— ——— 67
◆ 大薗 恵美

1. キヤノンにおけるレンズ技術の進化 ................ 68
2. キヤノンの技術マネジメントの特徴 ................ 78
3. レンズ研究開発の宇都宮地区への集中化 ............ 85
4. 宇都宮地区集中の効果 ........................ 89
5. 宇都宮地区集中の効果を高めるための仕組み ........ 95
6. 宇都宮地区集中の本質は何か .................... 98

## 第4章 松下電器産業の躍進
——デジタル家電への挑戦—— ——————————— 111
◆ 児玉 充

1. 破壊と創造と躍進 ............................ 111
2. DVDレコーダーの革新 ........................ 112
3. ブラックボックス化への挑戦
   ——半導体社の技術戦略—— .................... 124
4. 階層と「場」 ................................. 140

5. 知のロードマップの実現 …………………………………… *142*
6. 「知識差分」の吸収能力 …………………………………… *147*

## 第5章　ダイキン工業
### ――中国「べたつき営業」と「四現主義」――　*153*
◆ 谷地 弘安

1. ダイキンの中国における基本戦略 ………………………… *153*
2. 「べたつき営業」
　――営業マン育成をめぐる格闘―― ………………………… *159*
3. 営業マンから営業マネジャーへ …………………………… *163*
4. 「べたつき営業」の効果 …………………………………… *166*
5. 顧客の囲い込み ……………………………………………… *169*
6. 知識創造としての中国「べたつき営業」………………… *173*
7. べたつき営業のルーツ「四現主義」……………………… *178*

## 第6章　NTT DoCoMoのイノベーション
### ――モバイル革命への挑戦――　*185*
◆ 児玉 充

1. はじめに ……………………………………………………… *185*
2. モバイルインターネット革命
　――iモードによるイノベーション―― …………………… *186*
3. モバイルマルチメディアへの挑戦
　――FOMAによるイノベーション―― ……………………… *205*
4. 弁証法的知識創造企業
　――Dialectic Company―― ………………………………… *218*

## 第7章 トヨタ　レクサス
### ──対話による戦略形成過程と事業創造── *223*
◆ 大薗　恵美

1. 戦略形成過程と対話 …………………………………… *224*
2. 米国におけるレクサスの誕生と成長 ………………… *233*
3. 事例の考察　1
   ──レクサス事業の発展と対話を通じた戦略形成── ……… *255*
4. 事例の考察　2
   ──対話とトヨタ── ……………………………… *257*
5. 事例の考察　3
   ──弁証法的組織としてのトヨタ── …………………… *258*
6. 結論 ……………………………………………………… *261*

## 第8章　まとめ：イノベーションが普通に行なわれる組織とは
### ── Embedded Innovation Process ── *265*
◆ 大薗　恵美

1. 本章の目的 ……………………………………………… *265*
2. 広義の「技術」と6つの事例 ………………………… *266*
3. 知識創造，暗黙知，そしてイノベーション ………… *267*
4. 技術マネジメントにおける場と知識創造：技術マネジメントにおいて組織の境界を越える場はどこに必要なのか
   ……………………………………………………………… *270*
5. 知の綜合と場 …………………………………………… *280*
6. 持続的成長企業：知の創造と活用
   ──創造性と効率性の両立── …………………………… *281*
7. 結語 ……………………………………………………… *296*

# 第1章
# イノベーションの動態理論に向かって

野中　郁次郎

## 1. 知識創造プロセスとしてのイノベーション

　「イノベーション」という言葉は，社会変革から新技術まで，さまざまな意味に使われるが[1]，われわれは本書においては，「技術革新」と定義する。しかし，われわれは「技術」という言葉を広い意味で使っていて，研究開発活動から生まれる技術だけに限定しているのではないことに注意されたい。技術とは，アイデアを現実に変換する方法であり，生産方法，販路，調達方法，組織のマネジメント手法，なども含む[2]。
　イノベーションには多様な理論があるが，それらはいずれも部分理論(パーシャルセオリー)であって，一貫性を持った全体理論(ホリスティックセオリー)はまだない。本書におけるわれわれの目標は，イノベーションの全体理論の構築の第一歩として，知識創造理論をベースにイノベーションにアプローチすることである。
　西欧の伝統的な認識論においては，知識とは「正当化された真なる信念 (justified true belief)」と定義されるが，知識創造理論では，知識を「個人の信念を真実に向かって正当化するダイナミックで人間的／社会的なプロセス (a dynamic human/social process of justifying personal belief towards the truth)」と定義する (Nonaka and Takeuchi, 1995)。つまり，信念（思い）を真実に向かって正当化していく人間的でダイナミックなプロセスその

ものが知識であると定義するのである。個人の抱いた思い（主観）は，他者や環境との間で行なわれる社会的ダイナミクスの中で正当化（客観化）され，「真」とされていく。知識とは他者との相互作用を通じて，なにが真・善・美であるかを問い続けるプロセスであり，そうした信念（主観）と正当化（客観）の相互作用にこそ知識の本質がある。

そうすると，イノベーションは，まさに知識創造プロセスにほかならない。したがって，この視点から戦略を考え直してみれば，知識創造型企業の戦略は，「未来創造」の戦略なのである。戦略については，本稿の後半で掘り下げることとする。

知識創造のプロセスには，いわゆるSECI（セキ）モデルがある。それは，一人ひとりの異なる経験に根差した暗黙知を共有可能な形式知に，形式知を暗黙知に変換する相互作用の中で知識は創造され，そのスパイラル循環が個人と組織の知の質と量を高める動態プロセスとして知識創造のプロセスを理論化している。

SECIは四つのフェイズから成り，「共同化」（ソシアリゼーション）（S）から始まる（図表1-1）。顧客や取引先ら社外とのやり取り，営業や製造など社内の各現場での直接体験を通じ，身体や五感を駆使して，環境に埋め込まれた知を感知する。しかし，知を組織的に共有するためには言語化しなければならない。メタファー（隠喩），アナロジー（類推）など象徴的言語の使用や対話を通じて，言語やコンセプト，図像に変えるのが次の「表出化」（エクスターナリゼーション）（E）である。

コンセプトを結晶化するためには，「連結化」（コンビネーション）（C）により他の形式知と組み合わせて分析・体系化し，文書やデータベース，理論モデルなど誰もが利用可能な形態に加工する。このフェイズは，コンセプトから具体的な技術，製品，ソフト，サービスをITを駆使しつつ設計する作業にあたる。最後の「内面化」（インターナリゼーション）（I）では新たな設計を基に行動を起こし，具体的な製品やサービス，技術として市場に投入する。このプロセスで個人が新たな暗黙知を体得する。それと同時に，製品を媒介にした顧客との知や価値の共有が触発され，再び共同化（S）につながる。最近のSECIモデルの実証研究については，Dyck et al. (2005)，Schulze and Hoegel (2006) などがある。

共同化・表出化が創造重視のプロセスであるとすれば，連結化・内面化は

## 図表 1-1　組織的知識創造の一般原理―SECI モデル「どう知るか」―

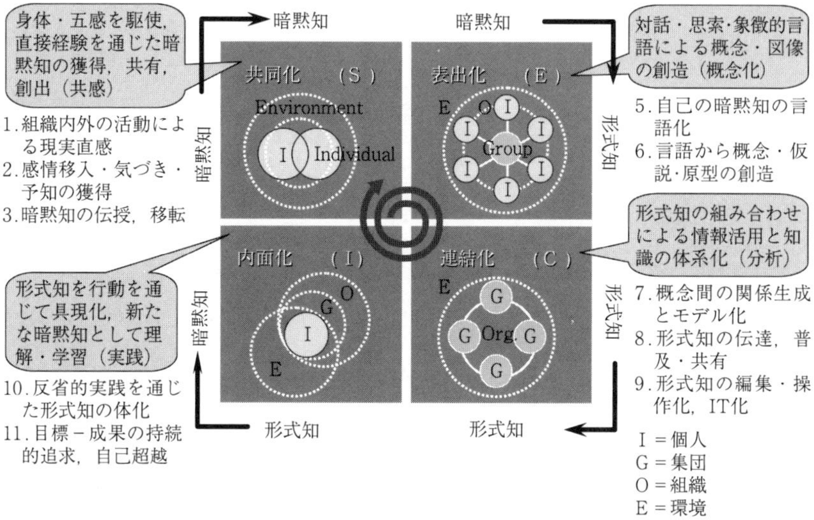

**共同化 (S)**　暗黙知→暗黙知
身体・五感を駆使，直接経験を通じた暗黙知の獲得，共有，創出（共感）
1. 組織内外の活動による現実直感
2. 感情移入・気づき・予知の獲得
3. 暗黙知の伝授，移転

**表出化 (E)**　暗黙知→形式知
対話・思索・象徴的言語による概念・図像の創造（概念化）
5. 自己の暗黙知の言語化
6. 言語から概念・仮説・原型の創造

**連結化 (C)**　形式知→形式知
形式知の組み合わせによる情報活用と知識の体系化（分析）
7. 概念間の関係生成とモデル化
8. 形式知の伝達，普及・共有
9. 形式知の編集・操作化，IT化

**内面化 (I)**　形式知→暗黙知
形式知を行動を通じて具現化，新たな暗黙知として理解・学習（実践）
10. 反省的実践を通じた形式知の体化
11. 目標－成果の持続的追求，自己超越

I＝個人
G＝集団
O＝組織
E＝環境

効率重視のプロセスと捉えることもできる。SECI スパイラルは，「創造」と「効率」の動的両立を目指している。この SECI モデルの高速回転化が，未来を創造する知の綜合力としてのイノベーションなのである。

## 2. 新古典派と知識ベースの企業モデル

　知識創造理論は，さらに知識ベース企業理論へと進化しつつある。これまで，知識ベース観（ナレッジ・ベースド・ビュー）は，資源ベース観（リソース・ベースド・ビュー）の経営理論の一派として捉えられてきた（Grant, 1996）。資源ベース観はペンローズを始祖とするが，その後の理論的展開は，新古典派の企業の理論として精緻化されてきた（Wernerfeld, 1984; Barney, 1996）。一方で，マイケル・ポーターのポジショニング観は，産業組織論から始まっていて市場構造分析を重視する点において資源ベース観の対極に位置づけられるが，企業と市場の関係を対立項として捉えている点において，同じ新古典派経済理論をルーツとしている。
　アダム・スミスの「見えざる手」は市場における価格の需給調整機能を意味するが，個人が利益最大化をはかって目的合理的に行動することが社会全

体の合理的結果をもたらすというのが，伝統的経済学の基本命題である。一般均衡理論は，その命題を純化して，完全競争の仮定のもとではすべての財の需給を等しくする安定的な価格体系が存在することを数理的に証明した。しかしながら，完全競争の状態ではどの企業も利益を上げることはできないので，参入障壁を高めたり，模倣困難な資源を獲得するなどして不完全競争を創出し，利潤最大化を図ろうとするのが，新古典派の経済学的戦略論のパラダイムである。

しかしながら，完全競争を経済の真実と規定し，現実の経済を純化した原型からの乖離の度合いで捉える均衡モデルは，資本主義の観念的な真実にすぎない。したがって，このモデルは，現実の市場で日々価格決定している企業間のダイナミックな競争関係を捉えることができないし（できてもせいぜい産業レベルの静態分析にとどまり），なによりも生きた市場の認識と行為の主体としての人間を組み込むことができない。つまり，このパラダイムには，革新を実現したいという思いをもって事業機会・市場・技術を発見する人間の主観と，新たな均衡を創出するイノベーション・プロセスの理論化が決定的に欠落しているのである。

一方で，知識創造理論は，これまでの経営理論と異なる存在論(オントロジー)と認識論(エピステモロジー)の上に構成されている。認識論「どう知るか」だけではなく，人間の存在論「どう生きるか」という価値観を包摂している。なぜならば，「どう知るか」は，「どう生きるか」という人間存在のあり方によって変わってくるからである。この点において，知識ベース企業理論は知識創造の主体としての人間が前面に出てくる人間主義的企業理論なのである。これこそが，これまでの経営理論との，何よりも重要な違いである。

## 3．組織学習と知識創造

実は，イノベーション・プロセスに言及してきた理論には他に，組織学習理論がある。しかしながら，学習と創造は異なる。歴史や他者など，既にあるものから学ぶ学習に対して，創造は過去に存在しなかったものが生成される。ただし，無から有が生まれるわけではない。既存の知識や物の新たな組

み合わせが創造である。認知科学的にいえば，学習は既存の知識ネットワークのなかに新たな情報を取り込んでネットワークを豊潤にしていく過程であるのに対して，創造は既存のネットワーク間，しかも異質なネットワーク間に新たな連結(リンク)を張る過程である（海保，1999）。

学習も創造も知識ネットワークを豊かにすることに変わりはないが，それに至る過程は異なる。新たな連結を張る情報が外から与えられるのが学習であり，内発的に起こるのが創造である。つまり，学習は教師・教材が外在的であるが，創造は，自己実現を求める過程での知の内からの自発的探索と新結合である。きっかけは外から与えられるかもしれないが，解が発見される過程は自発的・生成的なのである。知識創造理論が，内から生ずるコミットメントの源泉として主観的・身体的暗黙知を重視するのはこのためである。組織学習理論は，受動的学習を補完する意味で，「ダブル・ループ・ラーニング」の概念も提唱しているが，そのプロセスは未だ明確ではない（Argyris, 1978）。

さらに，両者のもっとも根本的な差異は，学習理論のルーツが刺激－反応の行動理論にあるのに対して，知識創造理論のルーツは前述した存在論・認識論の哲学にあることである。学習理論は，どういう刺激（誘因）を与えれば学習が促進されるのか，といったハウツー志向に留まる傾向がある。だが，知識創造の理論は，知の根源としての人間の存在理由や真・善・美の探求それ自体を理論構築の基盤としていることによって，自発的に新しい知の創造を求める過程や，どのような解を求めるかといった知識創造の方向性を扱うことができる。

## 4．知識創造企業動態モデルの論理

知識ベース観の企業理論モデルは，SECI に方向性を与え SECI を回す力の源泉となる「知識ビジョン」と「駆動目標」，「対話」と「実践」で表される SECI プロセス，現実に SECI プロセスの活動が行われる実存空間としての「場」，SECI プロセスのインプットでありアウトプットである「知識資産」，そして場の重層的な集積であり知の生態系(エコシステム)としての「環境」の7つで

図表1-2　知識創造企業の動態モデル

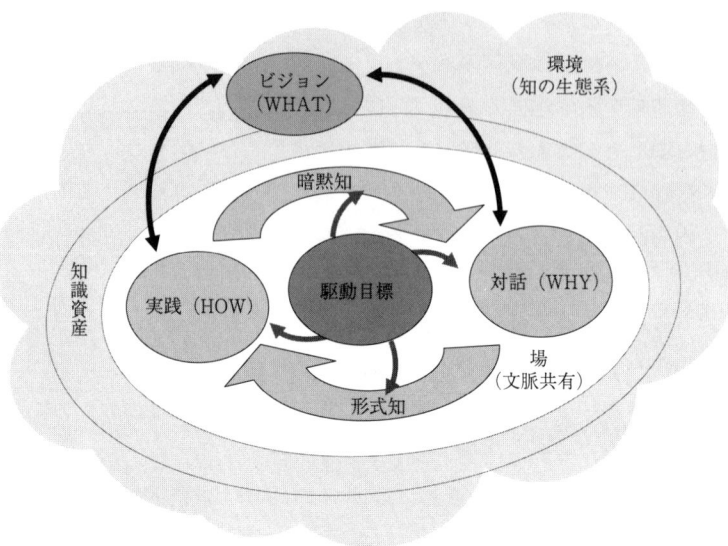

構成される（Nonaka and Toyama, 2005）（図表1-2）。主な構成概念とその論理を説明する。

### 4.1　暗黙知と形式知の相互変換

　マイケル・ポランニー（1966）が暗黙知を提唱した基本的問題意識は，知の分析主義(ポジティビズム)への傾斜に真っ向から反論することであった。ポランニーは，合理主義的人間観に基づく客観的・中立的・普遍的な形式知偏重の知識論に対して，反合理主義的な立場から，主観的・文脈依存的・特殊的な暗黙知こそが知の源泉であるとする認識論を展開した。ポランニーによれば知識の本質は，認識主体のコミットメントに基づく暗黙的な意味付与によって獲得される個人的ないし人格的知識(パーソナル・ナレッジ)なのである。

　一方で，カール・ポパーに代表される「客観主義的知識論」は，主観と客観を分離する二元論になり，主観を排除した「認識主体なき知識論」になる。対照的に，ポランニーの主観的身体的な暗黙知は，具体的な個人としての認識主体と，存在論的にも，認識論的にも分離できない知識なのである。した

がって，自らも化学理論の革新者であったポランニーの貢献は，傍観者的知ではなく，コミットメントの源泉である暗黙知こそが知の源泉であることを提唱した点にある。ポランニーは，統合と分析が交互に反復されることによって認識が深化することを示唆したが，彼の関心はあくまで暗黙知の解明にあった。

知識創造理論は，暗黙知を起源とするが，客観的言語知としての形式知も重視し，両者の相互作用を変換プロセスとして捉える組織的知識創造過程を理論化した。ポランニーの個人的知識に対して，組織的創造には，暗黙知のみならず言語知との相互作用が不可欠だからである。さらに，暗黙知も形式知も知識として連続体（continuum）を構成しているが，性格の異なる対照的な知であるために，その二重性（duality）は相互補完であると同時に，弁証法的ダイナミクスの契機を内在させている。知識ベース企業理論は，両者の相互変換を通じて，個人知・集団知・組織知・組織間知へと重層的に発展する，個人的知識創造から組織的知識創造へと発展する SECI プロセスを基軸に構築されているのである。

暗黙知と形式知の変換について注意を喚起しておきたいのは，暗黙知はすべて形式知には変換できないということである。経験知としての暗黙知は，自覚できる部分と無意識の部分があるが，経験は意識させることによってはじめて思考に変換できるのであって（信原，2002），無意識の暗黙知はそのままの状態では形式知化は困難である。しかしながら，意識すれば形式知化できる可能性のある自覚できる暗黙知の領域こそが，豊潤かつイノベーションにとってもっとも意味のある知識なのである。さらに，SECI のそれぞれのフェイズは，知の二重性という性質から，暗黙知と形式知のどちらかが独立に存在するというのではなく，例えば共同化では暗黙知が，連結化では形式知が支配的（ドミナント）になるということである。

## 4.2 知識ビジョンと駆動目標

知識創造は知を作る主体である人間の存在論から始まる。つまり，「われわれは何のために存在するか」という問いかけから生まれるのである。そうした問いが，主体が拠って立つ位置と視点を定め，そしてどのような知識が

創造されるのかを定める。ハイデガーは，人が真に生きるということは，眼前にある「今」の事物に没頭することではなく，「未来」に拠って覚悟を定め，過去の体験を未来への在り方から再構成しつつ，現在を直視する根源的時間で生きることであると主張した。すなわち，過去が未来を決定するのではなく，どのような未来を描くかによって過去と現在がどのような意味を持つのかが決定されるのである。

ビジョンに基づいて知が創造され正当化されるためには，ビジョンと対話・実践の知識創造プロセスを連動させる具体的な概念，数値目標，行動規範が必要である。われわれはそれを知識創造プロセスに駆動力を与えるものという意味で，駆動目標（driving objective）と呼ぶ。

駆動目標は，まさに組織全体を駆動し矛盾を綜合する機会を始動させるエンジンである。駆動目標は，組織成員に本質的な問いや創造的カオスを投げかけることによって，知の持続的追求を動機づける。

本書では，iモードというイノベーションの誕生の背後に，NTTドコモ初代の社長であった大星の「携帯電話によるデータ通信」というビジョンがあったことが報告されている。大星は1997年に既に，音声通信としての携帯電話の利用は成長がいずれ鈍化し，ドコモの収益性も悪化するという危機感を持っていた。そして，携帯電話の使用方法としての音声通信に代わるものとして，携帯電話によるデータ通信を構想した（児玉，本書第6章）。

松下電器のケースでは，DVD事業の成功が物語られているが，「破壊と創造と躍進」という中村社長の全社的ビジョンのもと，「DVD文化の創造」「録画革命」「四角から丸へ」という事業ビジョンが掲げられ，「垂直立ち上げ」「超製造業・ブラックボックス化」という具体的な概念としての駆動目標によって，それに必要なさまざまな組織態勢が整えられ，場が設けられ，また，戦略的意思決定が導かれた。さらに，技術的な駆動目標として，システム半導体事業部，セット事業部，マーケティング本部が，将来商品化するべき技術を「知のロードマップ」として共有していた。これが，松下電器の矢継ぎ早でしかも効果的かつ効率的な新製品投入を可能にした（児玉，本書第4章）。

## 4.3　対話と実践の弁証法

　知識創造の方法論の基軸は，弁証法（dialectic）である。弁証法は，問題解決の論理として捉えることができ，それは直感的方法と分析的方法を統一する方法論として特徴づけられる（上山，1963）。一般に問題解決の過程は，「正（thesis）」，「反（antithesis）」，「合（synthesis）」，つまり肯定（正），否定（反），否定の否定（合）と見ることができる。弁証法の特色は，正→反→合の前進過程において，「正」を含む論理空間を「合」を含む新たな論理空間に置き換える点にある。ただし，ここでいう論理は形式論理ではない。形式的な三段論法は，与えられた命題から正か偽かは判断できても，新しい命題や意味を生み出すことはできない。ヘーゲルは，新たな論理空間の創造を「止揚（aufheben）」と名づけたが，それは否定すると同時に保存するという営みである。端的に言えば，弁証法は，ある命題（正）に対しそれを否定する命題（反）を対置する。この肯定・否定の対立状態の解決は，どちらか（either-or）を選択することにより一方を抹消するのではなく，両者の利点を保存しつつ（both-and）止揚（合）して，より高い次元の新たな命題（新たな意味空間）に至る方法である。ヘーゲルの弁証法は，プラグマティズムの探究の方法，たとえばパースの①仮説定立（アブダクション），②推論（ディダクション），③検証（インダクション）や，デューイの①問題状況，②問題設定，③仮説の検証，④推論，⑤テスト，⑥結論（保証つきの言明）にも採用されているといわれるが，彼らの方法はむしろ科学的方法がベースになっている。

　一般的な弁証法的プロセスは「正」「反」「合」であり，得られた「合」はまたそれに対する「反」を生じ，それが新たに「合」を求めて，このプロセスは永久に継続することになる。しかし，その一方で，弁証法は質的な側面では，「量・質の転換」「対立物の相互浸透」「否定の否定」を生じて変化していくことになる。その過程で，二項対立を超え，多様な意味や知識が生み出されることになるのである。

　経営の現場において，この「正」「反」「合」のプロセスを実践するには，矛盾を論理的に解消することを目指すヘーゲル流の西洋的な弁証法よりも，矛盾を流動する自然体として受け入れ，あいまい性を許容しつつバランスを求める東洋的な弁証法（Nisbett, 2003）が適しているように思われる。そう

したいわば「ソフトな弁証法」においては，物事は単体で抽象的な「絶対的真理」として捉えられる代わりに，文脈のなかで全体との関係性において理解され，妥協を超えた中庸点がダイナミックに創出される。

　SECIモデルも，暗黙知（主観的身体知）と形式知（客観的言語知）のスパイラル・アップを実践するという意味において弁証法的プロセスとして捉えられるが，われわれの動態モデルの特徴は，理想主義的プラグマティズムの立場から知識創造プロセスを概念化している点にあり，具体的には，人間の存在論と認識論をベースに，この弁証法的プロセスの背後に真・善・美の意味を追求しようと試みる点にある。

　弁証法のプロセスがもっとも顕在化するのは，対話（思考の弁証法）と実践（行為の弁証法）である。企業対環境の二項対立あるいは創造性対効率性の二項対立を超えるアプローチは，われわれのモデルでいえば，その都度のダイナミックな文脈を共有しつつ，暗黙知と形式知，主観と客観，創発と意図がせめぎ合う対話と実践の弁証法を執拗に反覆しながら，社会的に真理を追求する以外にないのである。

　たとえば，先にも触れたドコモの事例は，iモードという新しいサービスコンセプトを実現した事例であるが，このコンセプトが形成され発展していくにあたっての，企業対環境の二項対立を明確に描いている（児玉，本書第6章）。この事例においてドコモは環境を所与としてその制約の中でいかに生き抜くかという選択か，あるいは，企業として環境をいかに変えるかの，どちらか一方を選ぶ二者択一の選択をしたのではない。ドコモは既にコンピュータによるデータ通信において標準となっていたHTMLを所与のデファクトスタンダードとして受け入れつつ（環境を所与とする），モバイルインターネット市場の創造（環境を創造する）のためにキャリア内に限定されていたショートメールサービスを開放し，さまざまなコンテンツプロバイダを参加させ，また，彼らが事業性を確保できるようにコンテンツサービス代金回収サービスを作り出した。

　また，本事例は，創造性と効率性の間の二項対立を超えるアプローチについても，雄弁に物語っている。言うまでもなく，モバイルインターネット市場の創造は先例のないことであり，創造性が必要であった。同時に，事業と

して運営しまた通信サービスとして広く使われるためには信頼性も必要であった。ドコモは，創造性のために社外からユニークな人材を招き（リクルートで編集を担当していた松永真理，ITベンチャー企業出身の夏野剛など），彼らと，信頼と効率性によって携帯電話システムのインフラを支える移動体技術本部や設備本部，NTTによる家庭向け情報端末キャプテンの経験を持つ榎との間で対話が始まった。経験豊富な移動体技術本部や設備本部は客観的なデータを持っているが，モバイルインターネット市場という未知の市場については松永や夏野は主観や暗黙知を基礎とするほかない。ここで，効率性（正）と創造性（反），技術志向（正）と市場志向（反）がせめぎあい，どのようにしてモバイルインターネットという新しいサービス（合）が実現できるかが探られた。

　また，本書で紹介されているトヨタ自動車の米国におけるレクサスの立ち上げと展開もまた，企業対環境の二項対立の超越にうまく取り組んでいる（大薗，本書第7章）。レクサスを始める時にトヨタ自動車は，客観的に環境を分析し，米高級車ブランドとも欧州ブランドとも明確に差別化できるビジネスモデルをもって米高級車市場に参入した。それは，圧倒的に優れた性能と品質を持つ車，少数の優れたディーラーにおける快適な購買・サービス経験，手厚い保障，価格に対する価値の圧倒的な優位などであった。分析的アプローチの弱みは，前提とした環境が変化した場合に有効性が損なわれる可能性があることである。しかし，米国の好景気で米高級車市場が大衆化し，市場が変化しても，レクサスはこれを創造的に探求し，他社に先駆けて乗用車ベースのSUVなどを導入し大成功することができた。その時のレクサスの探求は，異なる行為者が見た現実に，それぞれが対応しようとする試みであり，創発的なものであった。この創発的な試みが，クロスオーバーSUVの高級車市場への投入という可能性の発見をもたらしたのだが，同時に，レクサス事業の開始時に明示化された分析的（意図的）な事業コンセプトとの間の対話によって，レクサスのユニークさを失うことなく新しい事業機会に対応することができた。

## 4.4 場

　知識創造という行為は，真空のなかで行なわれるわけではない。すべての行為がそうであるように，それは特定の時間，場所，他者との関係性や状況，すなわち文脈(コンテクスト)において動的に生成される。そして，そのような文脈のあり方によって，知識創造の成果が左右される。生きた知識は，具体的な文脈のなかの具体的な行動や話法の動的過程のなかでしか創発(イマージ)されない。このように共有された動的文脈（shared context-in-motion）を「場」と定義する。個人は，一人ひとりが歴史的に独自の文脈をつくっているが，そのような多様な文脈が共有されるにつれて，場は知識創造過程にエネルギーを与え，生成される知の質を高める役割を担っている。場は次のような特質をもつ。

### 4.4.1　場の特質

① 共通感覚

　文脈という関係性は，意味ないし知識を生成する基盤となるので，場は意味生成ないし知識創発の場所(プレイス)である。しかし，共有された動的文脈は物理的場所ではなく，心的状態であり，しかも絶えず生成する過程である。個人は集団の一員として，物理的な関係ではなく，意味や価値をもった関係のなかにあり，相互の情報は，それを支える感覚，知覚，信念などの暗黙知を共有することなくして，知識に変換されることはない（中村，1979）。共通感覚の生成には，自己を他者の立場に置くことが必要であるが，他者の理解は，その振舞いの外面から内面を推論するような間接的な過程ではなく，他者の振舞いを自己の身体で直接的に把握することである。そこから他者との「共感(エンパシー)」，「共鳴(レゾナンス)」，「引き込み(エントレインメント)」が生れる。

　自己と他者が一個の人格として認め合う相互承認のプロセスは，西田哲学によれば喜怒哀楽の共有，とりわけ悲しみ(メランコリー)を引き受け，深い無の自覚を得る段階にまで達することが要請されるという（加藤，2002）。また，イノベーションの創出過程では，危機意識の共有が利己と利他の合一を可能にするともいわれる（久米，2000）。

　共通感覚の生成は，主観的・身体的な暗黙知が共有され，共同主観（inter-subjectivity）という原初的な社会性が成立することである。共同主

観の成立によって，開かれた暗黙知（主観）と形式知（客観）の相互作用が触発されることになる。

② 自己超越

場が成立すると，個人は他者との共同主観を成立させ，開かれた関係のなかで，自己を超越する意味空間を即興的につくりあげることができる。清水は西田の場の哲学を発展させ，場を，自己を包んでいる全体的な生命の活き（はたら）ととらえる。個人には，局在性と遍在性という二重性がある。即興劇のメタファーでいえば，役者（個人）はそれぞれ自己中心（局在）的に自己表現するが，顧客の共感を得るために，他の役者との関係性（遍在性）のなかで，相互整合的に演技する。自己が成立するのが「場」としての舞台であり，役者，舞台，顧客がいる物理的に存在する劇場が「場所」である（清水，1996）。つまり，即興劇の成立には，自他分離的な自己中心的領域と自他非分離的な場中心的な領域が相互に誘導合致されることが必要とされる。

文脈が動的に共有される過程では，個人が物事を自己中心的に見るだけでなく，他者との全体的な関係性のなかで自己を捉え直す弁証法的止揚の機会が増える。西田の「絶対無」の概念は，何も存在しないことではなく，自己を捨てた時に存在する関係性のなかで新たな「全体のなかの自己」（self-in-all）が発現するという意味である。

近代科学は，主観が自己と他者の間においては共有されえないという主客分離の前提に立っているが，「場」とは，外部であり内部でもあり，いわば存在の共有される場所である。場に参加することにより，世界を内側から見る視点と，自分自身の視点よりも高い視点から自己を見る外側からの視点を，参加者は同時に持つことが可能になる。場に参加するということは，自身の限られた視野や自己の境界を，文脈の共有によって超越するということである。

このような場が成立するためには，場の参加者は後述するフロネシス（賢慮）というリーダーシップを発揮することが要請される。

③ 自己組織性

個の主体性と全体の主体性を両立させる性質の一つに自己組織性がある。生命は，「素粒子」のように「粒子」（局在）と「波」（遍在）という二重存

在性をもつが，この場合の自己組織性とは，異なる波長の波が相互作用しつつ一つの大きな振幅の波を生成して自他非分離的関係をつくることである（清水，1996）。

　知の境界は，自己組織的に生成され，開かれた浸透性をもつ。元来知のネットワークは開放系であり，主体のビジョンないし目的によって自在に設定されうる。多様な個の部分最適と全体最適の両立を図る場の境界設定の原理は，最小有効多様性（requisite variety）ではなかろうか。最小有効多様性とは，組織が環境変化に適応するためには環境の多様性と少なくとも同等程度の多様性が必要だという，システム論の考えである（Ashby, 1956）。最小有効多様性を備えた自己組織の究極は，球体のメタファーで捉えられる。球体の特質は，表面積最小・体積最大である。よい場は構成員の多様性を保持しつつ相互の関係性を密にすると同時に，環境に対して各構成員の守備範囲をもっとも広くする。場を，垂直的にも水平的にも展開される知の可能体と捉えれば，自己組織性をもつ場は，環境のいかなる変化にも，俊敏に対応できる創造性と効率性を動的に両立させることができる。

　知識経営にとってもっとも重要なコストは相互作用（インタラクション）コストである。相互作用コストとは，人と人との相互作用に伴う費用である。最小有効多様性が成立し，さらに，外に対して最も開かれていると同時に内では濃密な関係が成立する場においては，相互作用コストがもっとも低くなるはずである。

　本書で紹介したホンダによる二輪車若者市場へのアプローチは，優れた場が知識創造過程にエネルギーを与え，創造される知の質を高めることを物語っている（谷地，本書第2章）。今の若者を見失ったと考えたホンダの中野耕二は，再び若者を理解するために，開発担当者と若者の間に共通感覚をもたらし，開発担当者が自己超越できるような場を設けた。それが，「Nプロ」でありショップであった。そこでは，開発担当者達が，多くの時間を渋谷に集まる若者の近くで過ごし，五感を使って若者を感じようとした。ショップは，これを日常化したものだ。開発担当者が提案するバイクだけでなく，ファッション商品や小物なども販売することによって，もっと自然に若者の態度や好みを感じることができた。しかし，そこで開発担当者は自らを消して若者に同化しただけでは十分ではない。若者の中に欲しいバイク像があると

は限らないからだ。開発者は，乗り手としての若者の視点と開発者としての視点を同時に持ちながら，新しいバイクを考えなければならない。ホンダでは，「創って喜び，売って喜び，買って喜び」という3つの喜びを目指すべきだと強調することで，自他分離的な自己中心的領域と自他非分離的な場中心的な領域を相互に誘導合致することの必要性を主張している。

　さらに，ホンダのNプロジェクトの事例は，プロジェクトメンバーの間の共通感覚や自己超越をも示している。プロジェクトメンバーは，通常は研究所のヒエラルキーの中にいて，自分の守備範囲のことしか経験しない。しかし，Nプロジェクトのように小さな独立した場に入れられたことによって，互いの問題を共有し，一緒に悩むことによって，非常に効率的に経験の幅を広げることができた（Nプロジェクトのリーダー，中野はこれを「経験の効率」と表現している）。

　また，本書で紹介するキヤノンの事例は，主体のビジョンや目的が場の境界設定に影響することを示している（大薗，本書第3章）。本事例では，キヤノンのレンズ事業の開発部隊と製造部隊が離れていた時と，道路を1本挟んで隣接した後の変化を報告しているが，離れていた時には設計者の論理と製造技術者の論理の間の対話が難しかったが，隣接するようになって，対話が可能になったばかりでなく，イノベーションが容易になったことを報告している。設計部隊の工場そばへの移転そのものが，設計と製造の調整の改善という組織の意図を明確に表しているが，その目的が個人にも共有され，頻繁な訪問とコミュニケーションが容易になったこともあいまって，設計者や製造技術者や工場作業者を含む新しい場の境界が形成された。そこでは，場の参加者が互いの知の境界を越えて共通感覚を獲得することができた。

　この事例は，さらに，構成員の多様性を保持しつつ相互の関係性を密にすると同時に，環境に対して各構成員の守備範囲を広くすることの効果を示している。それまで製品事業部にバラバラに所属して特定用途に集中していた光学研究者が，光学技術研究所に集められたことによって，ある事業の技術を他に応用したり，新規事業に参入したりすることが可能になった。

　また，先に紹介したドコモの事例は，主体のビジョンや目的が場の境界設定に影響することを示している（児玉，本書第6章）。ドコモの目的は，モ

バイルインターネット市場の創造からモバイルインターネット文化の創造，海外での市場創造へと展開し，そのつど，新たなパートナーを場に招くことによってダイナミックに文脈を変えて対話が続けられた。モバイルインターネット市場の創造を推進したのは，携帯電話システムのインフラを支える移動体技術本部や設備本部，セットメーカーとの接点となる営業部，コンテンツプロバイダやユーザーとの接点となるゲートウェイビジネス部から形成された場であった。さらに，モバイルインターネット文化の創造のためには，銀行，ゲーム機メーカー，コンビニエンスストアなどといった戦略的パートナーやコンテンツプロバイダが新たに場に招かれた。そして，海外での市場創造のためには，海外キャリアやグローバルに事業展開する法人ユーザーなどが場に参加することとなった。

### 4.4.2　場の有機的配置としての組織

　場は，オフィス／工場／店舗などの物理的場所，非公式組織，プロジェクト・チーム，公式組織構造・システムなどで支援される。

　場は行為の視点から捉えた動態組織といえる。すべての行為は，特定の時間，場所，人との関係性という文脈において生起する。一方，通常われわれが考える組織は，組織を構造で捉えた静態組織であり，行為を統制する。場と組織は相互補完の関係にあり，また相互変換することもある。たとえば，場が垂直的・水平的に成長し，安定して構造化されることもあるだろうし，組織が自己組織的集団に解体されることもあるだろう。組織がどのような形態をとるかという構造的特性は，場の生成と活性化を促進する要因の一つである。

　場の視点から定義される組織とは，互いに重なり合う多種多様な場の有機的な配置（organic configuration）である。したがって，場がいかに戦略的あるいは自律的に結合され，そこでどのような相互作用が行なわれるかが，創造される知識の質を決定する。企業組織の構造とコントロール・システムは，このような場の特性を妨げるものであってはならない。組織構造の編成原理は，二項対立で考えられることが多い。例えば，知識の創造性（場）対効率性（階層），パワーのベースが合法力・強制力・報賞力（官僚制）対専

門力・同一力（場）など。しかし，場と組織構造の関係は対立項ではなく相互補完的かつ弁証法的なのである。

### 4.5　知識資産

　知識資産は，他の物的資産とは異なり，暗黙的でダイナミックに変化する無形の資産であり，その企業にとって価値を生み出すのに不可欠な固有な資源である（紺野，1998）。われわれの経済価値の多くは，ノウハウ，特許，著作権，ブランド，さらには背後にある開発力やイノベーション（新たな知識創造）力によって生み出されている。われわれはこれらの知を知識資産と考える。知識資産は，すでに何らかの形で生み出された知識だけでなく，それらを生み出すための動態的な知識の両方を含んでいる。

　一般的にはすでに生み出された知識が，企業価値やブランド価値に指標化されやすいために知識資産と見なされるが，真に魅力的なのは，暗黙知を含み指標化されにくいけれども，動態的な知識である。したがって，われわれが関心をもっている知識資産は，特許などに代表される形式知ではなく，組織で共有されたケア，信頼（トラスト），安全（セイフティ）などの社会資本（ソシアルキャピタル）や，知識を持続的に生みだす共有された知の方法論としての「型」である。

　たとえば本書のダイキンの事例は，日本で開発された営業の知の方法論としての「型」を中国市場に適用して新しい型を生み出し，さらに中国人営業担当者の間でこの型を共有し伝承することによって，成功した様子を紹介している（谷地，本書第5章）。ダイキンが中国でフォーカスした商品は，業務用エアコンの中でも中国市場になかった新しい製品であり，市場創造型の営業活動，とくに，顧客にその価値を伝えるための営業が必要だった。しかし，営業知識は，状況に依存しかつ多様であるためマニュアル化が難しく，また，個人で評価されることの多い営業担当者はノウハウを共有しようとしない傾向がある。だからこそ，日本で培った営業の型を現地に有効に展開することが，差別化に貢献する。ダイキンは，「ベタつき営業」と名づけたように，中国人の営業担当者に日本人と同行してもらい間近にそのやり方を観察してもらう（共同化），メタファーを使うことによって理解を容易にする（表出化），といった手段を使った。知の型の移転には，観察，体験の共有，

それを議論することによる意味把握の助けが有効である。変化する状況や新しい状況に対応できるダイナミックな能力は，最も移転が難しい。ダイキンの営業の型は，現象から意味を読み取る過程を入れ込んでいるので，ダイナミックな適応性を持っているのではないかと思われる。

　技術もしくは設備や製品のような具体的な事物は形式知化された知識であるが，その物的な存在の中には，暗黙知も含めて知識が体化されている。したがって，技術や設備，製品は，物の形をした知識，つまり「物知識 (thing knowledge)」である（Baird, 2003）。このような人工物は，物事に客観性を与えるので科学的分析が可能である。「物知識」は，知識を伝達することもできる。知識としての「物」から新しい知識を生むきっかけを見出すことが可能なのであり，その場合は，「物」を通じてそこに埋め込まれた知識を得ていることになる。この点でわれわれがとくに関心をもっている「物知識」は，技術体系を生みだす基盤となるコア・テクノロジーである。

　本書で紹介しているコア・テクノロジーに関する事例は，キヤノンのレンズ技術である（大薗，本書第3章）。「物」に知が埋め込まれているということが象徴的に表れているのが，カメラのデジタル化がレンズ技術に及ぼす影響を，レンズの素材から設計，製造工程にいたるまでゼロベースで考え直したという試みであろう。素材，設計，製造設備など，多くの物の中に，アナログを前提とした知の体系が埋め込まれているので，キヤノンはそれを再検討したのだ。コア・テクノロジーはさまざまな要素から成り立っていて，それぞれが物知識として知を埋め込んでいる。アナログからデジタルとか，アーキテクチャの変化とか，技術革新が起こるときには，幅広く視野を持って埋没した知識を再検討する必要があるということであろう。その際には，キヤノンがしたように本質を追究しようとする姿勢や知の方法論が有効である。

### 4.6　知の貯水池としての環境

　企業にとって環境は，市場を含め知の生態系を構成しており，その間には絶え間ない相互作用が存在する。知の生態系とは，生物における連鎖や住み分けの関係と同じように，さまざまな場所に多様な形で存在する知識が，相互に有機的な関係を構成している状態をいう。環境は自然・生命・社会で構

成される知の生態系の一部であり，市場もまたその中に含まれる。企業は，目標を設定し環境に働きかける経験を通じて，環境の知と接触し，それによって知は企業に取り込まれ，解釈され，内在的な知となり，それが次の企業行動に反映される。その意味では，環境とは，固定的な前提でもなく企業と対立する関係でもない。

　SECIモデルは，主体の自由意志か環境か，行為か構造かという二元論を克服する枠組みでもある。個人の主体的営為はSECIプロセスを経る過程で環境の影響を受ける。個人と環境との関係は，分析的に対象化する形式知では対立項になってしまうが，個人の共体験という暗黙知によって環境は行為主体に取り込まれ，主体と客体，個人と環境の二元論的対立は，動的一元論として弁証法的に解消されるのである。主体は環境のなかに状況づけられながら，環境において知識創造を実践し，その実践の生みだす「モノ」や「コト」を媒介として環境に埋め込まれた知を少しずつ開示していく。個人（主体）と環境との弁証法的関係の形成プロセスは，主体の自由意志あるいは環境のどちらか一方によって決定されるというよりも，その中間態として環境に影響を受けつつ，環境を再構成し続けるという動的綜合なのである。それは，まさに対話と実践を通じて行なわれる。

　ギデンス（1984）は，行為と構造，主体と客体の二元論を克服するために，従来の意識と無意識の考え方の不備を指摘し，行為者の意識を"言説意識（discursive consciousness）"，"実践意識（practical consciousness）""無意識（the unconsciousness）"の三層階層で把握し，この言説意識（形式知）と無意識（暗黙知）との中間を形成する実践意識（暗黙知）は，言語でうまく説明できないが行為者が社会的実践では暗黙裡にどうすればよいかを知っている暗黙知であると位置づけている。そして，日常的な社会的実践においては，この自覚すれば言語化できる実践意識こそが重要な意味を持つ。つまり，実践意識とは行為主体の意識ではあるが，それは同時に社会と切り離しては考えられない経験ベースの意識で，社会の構造や客体を，行為主体の実践意識の中に取り込んでおり，主体と客体，行為と構造の二元論的対立を弁証法的に解決するもっとも重要な意識である（下田，1994）。

　われわれの市場観は，オーストリア学派のそれに近い。ハイエクなどオー

ストリア学派は，反合理的アプローチで対抗した。とりわけ，ハイエクは市場は歴史的生成物であり，均衡モデルの仮定する先験的（アプリオリ）な構成に還元できないことを主張した。さらにハイエクは，ポランニーの暗黙知の概念を取り込みつつ，認識論と存在論の観点から市場の哲学を構築した（渡辺，1996）。彼は，経済学の課題を「分散している個人的知識の社会的利用」と捉え，市場競争は各人が持っている「現場の知識」を有効に利用できることが必要であり，市場は知識を発見・創造していく過程であると主張した。

カーズナーは，一般均衡理論の完全知識のような非現実的な仮定に依存しないで，「均衡化への傾向」を「企業家的発見の理論」によって説明した。新古典派モデルでは，市場の均衡の説明に，企業家精神は省略されるが，それこそが市場過程の駆動力であり，敏捷な企業家精神の存在によって市場は均衡化の傾向をもつのである。

さらに，リッツオはオーストリア学派の市場知識の前提を，①私的で，②経験的で，③ときに暗黙的で，④すべて価格シグナルから得られるというわけではなく，⑤しばしば驚きを伴う，の五つに整理し，知識論的立場から解釈学的経済学を提唱している（オドリスコル・リッツォ，1985；尾近・橋本，2003）。

オーストリア学派の試みとわれわれの視点との共通点は，市場を知の生態系として捉えようとするアプローチにある。生態系における知的存在物でもっとも強力なのは人である。人のもつ暗黙知のネットワークを顕在化させることができれば，社会的知識創造のきっかけとなる。その点において，スモール・ワールド理論が示唆するように（ワッツ，2003）「近接的な場」と「遠く離れた場」を再結線（リワイアリング）して知の新結合による飛躍的なイノベーションを起こすリーダーシップが求められるのである。

## 5．フロネティック・リーダーシップ

知識ベースの企業観におけるリーダーシップとは，知識創造動態モデルの構成要素を理想に向かって綜合し，一貫性をもって実践していくプロセスである。そのような知識ベースのリーダーシップに求められる要因として，フ

ロネシスという概念を展開する。

　フロネシスは，多義的な概念であり，今日ではその完全な意味を捉えるべく賢慮（prudence），倫理（ethics），実践的知恵（practical wisdom），実践的合理性（practical rationality）などいくつかの言葉に翻訳されている。一般には「個別具体的な場面の中で，全体の善のために，意思決定し行動すべき最善の振舞いを演ずる能力」と定義される。つまり，価値・倫理についての思慮分別をもって，その都度の文脈や状況において最善の判断と行為ができる実践的知恵（高質の暗黙知）である。知恵は，個別具体の文脈のなかで獲得される高質の暗黙知である。日々具体の状況でSECIを反復することで，知識は知恵化していくが，これを実践的に促進するのがフロネティック（賢慮型）・リーダーシップである。フロネティック・リーダーは，知識を磨いて知恵にまで昇華することによって，イノベーションを組織に埋め込むことを支援するのである。

　フロネティック・リーダーシップは六つの能力で構成される（野中・遠山，2005）。

### 5.1　善悪の判断基準をもつ能力

　善悪の判断とは，「なにが善いことであるか」についての判断基準（moral discernment）を，個別の状況のなかで発揮できる実践理性能力である。それは理想を描き，その実現に向かって実践する能力であるといってもよい。この「よい」ということ，つまり何が真・善・美であるのか，という判断はまず個人の価値観から出発する。知はこうした価値観から創られるものであり，知識経営の実践においては，組織のリーダーがどのような価値観（真・善・美）に基づいているかによって成果が左右される。個人の価値観・哲学がしっかりと確立されていなければ，何が「よい」のかが判断できず，したがって「よい製品」を作ることはできない。

### 5.2　他者と場を醸成する能力

　コンテクストの共有能力とは，人間の最も根底にある喜怒哀楽の感情の知を直接的に共有する場づくりの能力である。場とは，既述したように「共有

された動的文脈」であり，場の参加者が知を共有・創造する基地(ベース)となる動的な心身の状態である。それが成立するためには，個人が自己を越えて他者と結びつく，ケア，愛，信頼などの社会資本(ソシアル・キャピタル)を創発させる場をつくり，スモール・ワールド・ネットワークを活用して効率的に複数の場を重層的に結びつけていく能力が基本になる。

### 5.3 個別の本質を洞察する能力

個別具体的な場で共感により得たものは，そのままでは単なる個別の事例にとどまってしまう。しかしその本質を追究することで，それはある一定の普遍性を持つ真実となる。「本質を見る」とは，人・物・出来事などによって示される意味，真実の姿を直感的に見抜く力である。つまり，さまざまな事象の背景にあるものを見通し，感じ取れる能力であり，その素早い状況認知により未来の姿を的確に思い描くことができる。それは，その都度のミクロのダイナミックで複雑な事象の背後にある本質を直観的に見抜く状況認知（situation-recognition）の能力である。状況認知のためには，単に細部の事象を観察するのではなく，「こうではないか」という思い（信念）をもつと同時に謙虚に観察することが必要である。知のリンクは簡単には「見えない」が，少なくとも思いをもって見る者は，もたない者には見えない関係性が「見える」はずである。

### 5.4 個別具体と普遍を往還する能力

個別具体と普遍を往還する能力とは，ミクロの直観を，対話を通じて図像化し，概念化してマクロの構想力（歴史的想像力，ビジョン，シナリオ）と関係づけて説明し，説得する能力である。企業の目的や製品のコンセプトを作り出す力ともいえる。このプロセスでは，演繹や帰納の垂直的方法論というよりは，データのみならずメタファー，アナロジー，物語を活用しながら，個人あるいは集団で他の仮説と比較しつつ（文脈に依存しつつ）最善の仮説を選ぶ，「知的推測（intellectual guess）」，すなわち仮説設定(アブダクション)という水平的方法論を駆使するのである（Josephson and Josephson eds., 1994）。

われわれは，どう行為すべきかを決めるときは，一般的法則から個別的事

実を演繹的に導くのではなく，われわれの意図から始め，特定の文脈とバランスをとりながら，目的と状況の双方を納得させる行為をとる。これを，演繹的な論理的三段論法に対して，実践的三段論法という。論理的三段論法と実践的三段論法の差は，前者は命題が論理的に真か偽かを判断するのに対して，後者は行為が正当化できるかどうかを判断するのである。さらに，このプロセスは実践を通じてなされるので，環境に能動的にはたらきかけることによって，二律背反の矛盾が止揚される可能性も高まるのである。

たとえば，トヨタの「『なぜ』を5回繰り返す」という実践的方法がある。「いま・ここに在庫がある」「どうすべきか」を考えるのに，「いま・ここに在庫がある」のは「なぜか」から始まる。「必要としないのに生産指示が出されているから」「後工程で異常が発生したのに前工程で生産しているから」「後工程の部品不要の情報が伝わっていなかったから」「生産計画ベースの押し込み方式だから」。したがって，「後工程引取りの生産システムを構築すべきである」。このように，個別のコンテクストにおける小前提，結論への連鎖のなかから，つまり，部分最適から全体最適のジャスト・イン・タイム（JIT）のシステムへと普遍化していくプロセスのなかで，推論や連想が垂直的・水平的に自在に増幅されていく。これも実践的三段論法の重層的な展開と考えられるのではなかろうか。

### 5.5　コンセプトを善に向かって実現する政治力

本質を見てそれを人に伝え，共感させるだけでは不十分である。次の段階としては，他人を巻き込み目標へ向かって動かし，力を結集していくことになる。それが人を動かす力であり，「善い」と判断される方向へ，状況に応じて適切な手段を選択し組み合わせ，ときに巧妙にマキアヴェリ的手法も即興的に駆使する政治力により，目標の実現を図る。

戦略プロセスは，ダイナミックで混沌と矛盾に満ちている。このような状態において要請される方法論は，理屈ぬきにひたすら順応する，あるいは論理的二項対立には受動的に妥協するというのではなく，コミットメントをもって二項対立を無化するような動的秩序を抽出し，矛盾を実践的に止揚していく弁証法である。このプロセスは，現実には他者との社会的相互作用を通

じて目的を実現する政治過程であり，その根底にあるのが政治的判断である。政治的判断力は，日常のありふれた言語・非言語的コミュニケーションのなかで他者の気持ちや喜怒哀楽の理解，共感，感情の機微(ニュアンス)の察知，自他相互介入のタイミングと限界点の配慮などを通じて行使される（Steinberger, 1993）。

### 5.6 賢慮を育成・配分する能力

賢慮としての戦略は，組織の少数のリーダーによって立案・実践されるものではない。賢慮型リーダーシップとは組織の中に埋め込まれ，状況に応じてさまざまな人間がリーダーシップをとる。したがって，このようなリーダーシップを育成するためには，個人の全人格に埋め込まれている賢慮を実践のなかで伝承し，育成し，自律分散的賢慮（distributed phronesis）を体系化する能力（Halverson, 2004）が必要となる。そうすることによって，何が起ころうとも弾力的かつ創造的に対応できるしなやかな組織（resilient organization）が構築できるのである。

本書に紹介された事例にも何人かのリーダーが登場する。以下に，フロネティック・リーダーシップの6要素と対応づけながら紹介する。

たとえば，第1の項目である「善悪の判断基準をもつ能力」であるが，松下のDVDプレーヤーの事例では，近い将来可能になる技術のロードマップを技術陣がかなり正確に描いていて，同時に，市場ニーズの変化を表す市場ロードマップも営業が描こうとしている（児玉，本書第4章）。この両方をにらんでなされる判断，いつどの製品にどこまでの性能を入れるべきか，という判断が，売れる製品売れない製品を大きく分けるだろうことは容易に想像できる。この判断は，競争，収益モデル，消費者ニーズの変化などを全て考慮しつつ，同時に，松下電器の経営理念にある「社会生活の向上と世界文化の進化に寄与」「生産者としての使命」「正しい経営」「人間大事」などの基準に照らす必要がある。そうすることによって初めて，たとえ同じ技術標準に立脚し，同じ市場を見ていたとしても，松下らしい製品作りができるのではないか。

また，トヨタ自動車のレクサスの事例でも，何がよいことか，についての

トヨタらしいこだわりが随所に見られる。たとえば，経年変化に強い長期的な視野にたった品質へのこだわり，故障や傷が全くない完璧な状態でお客様に車をお渡しすることを目指す，アウトバーンを想定したような超高速での性能など派手なパフォーマンスではなく，静粛性や低振動など，お客様にとってストレスの少ない車，心地よい購買経験やサービス経験，などは，レクサス立ち上げ時にリーダー達によってまとめられた「10か条の憲法」に含まれているが，実はこれらは，レクサスに限らずトヨタ自動車が企業価値として重視しているものである。このような，何がよいことか，についてのこだわりが，レクサスを他の高級車ブランドから差別化している。しかし，それを実現するのは容易ではない。円高，生産効率，ディーラー現場の効率など，さまざまな要因と勘案しながら，その時々の状況に応じてどのようにしてこだわりを実現するか，を判断しているのである。

　ダイキンの営業知の移転の事例は，第2の項目である「他者と場を醸成する能力」がリーダーに試された事例である。先に述べたように，他者と場を醸成するためには，コンテクストを共有する能力が必要だが，そのためには，人間の最も根底にある喜怒哀楽の感情を直接的に共有する場づくり，メンバーが互いに信頼やケアを与え合うような場づくりの能力が必要になる。ダイキンでは，一人の日本人が面倒を見られる現地営業担当者は5人が精一杯だったという。ダイキンとて，なるべく早く営業体制を立ち上げて競争に勝ちたいはずであるから，これは意図的な選択の結果であろう。その理由を事例は次のように説明している。「仕事そのものを教えることも重要だが，その人の体調，なにか気になっていることなど，周辺事情も把握していないと効果的な教育はできない」（谷地，本書第5章）。つまり，一般的な知識や考え方の移転だけにフォーカスするのではなく，その都度の文脈のなかで感情を共有し，気遣いを示し，全人格的なつきあいができるような場を形成できなければ知の共有は起きない，ということではないか。

　また，ダイキンの事例は，第3の項目である「個別の本質を洞察する能力」を同社のリーダーが重視していることを伝えている。同社では，現場・現物・現実の三現主義に現象を加えて「四現主義」と表現されるが，現場で現物や現実をただ見るだけでなく，その現実はどういう現象なのか，という

意味，本質を探ることの重要性が，リーダーからリーダーへ伝承されている。

第4の項目である「個別具体と普遍を往還する能力」とは，ミクロの直観を，対話を通じて図像化し，概念化してマクロの構想力（歴史的想像力，ビジョン，シナリオ）と関係づけて説明し，説得する能力で，企業の目的や製品のコンセプトを作り出す力ともいえる。NTTドコモの榎らリーダーは，携帯によるデータ通信というまだ存在しない市場に向けてパソコンベースのデータ通信や雑誌を媒体としたコンテンツ流通，NTTキャップテンなどの経験に基づいた自らの直観から，コンテンツプロバイダとのウイン・ウインというシナリオを構想し，さらには歴史的想像力を働かせてモバイルインターネット文化というビジョンを構想した。

ホンダのNプロジェクト・リーダー，中野のふるまいは，第5の項目である「コンセプトを善に向かって実現する政治力」と，第6の項目である「賢慮を育成・配分する能力」に関係が深い。中野は，ホンダと距離ができてしまった若者の理解のためだけでなく，製品開発における「善い，悪い」の微妙な判断ができるような経験を若手設計者に積ませる場として，Nプロジェクトを位置づけていた。そのためには，経験ある設計者への若者の依存と，経験と知識と政治力のある経験者からの介入を断ち切る必要があった。中野

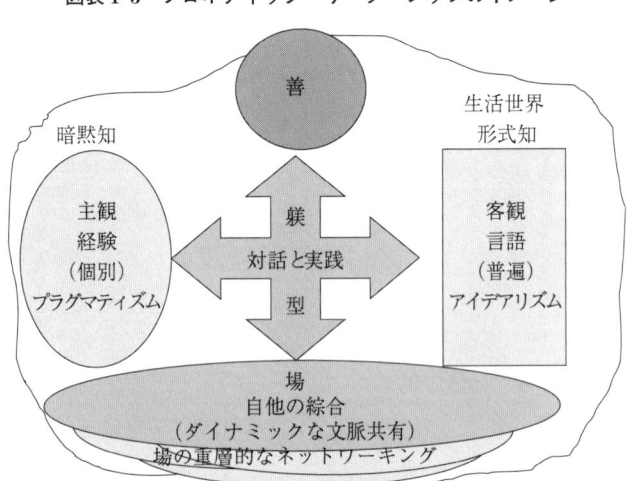

図表1-3　フロネティック・リーダーシップのイメージ

が設計者としては一人前ではない若者に限定して社内公募し，彼らを通常のラインから分離し，隔離された場所を提供したのはこのような理由であった。そして，経験豊富な設計者の中でもプロジェクトの意図を理解した数人に限定して技術的なアドバイスを得られるように，しかし，「若者にとって何がいいのか」の判断については，口出ししないよう手配した。中野は，既存のエキスパートの功罪をよく理解していたので，既存の資源を利用できるけれどもそれに邪魔されない環境を整えることができた。

　これらフロネシス・リーダーシップに必要な6つの項目は，ゆるぎないマクロレベルの価値観をミクロの状況の中で現実の判断や意思決定に落とし込める力，他者と体験や知を共有できる環境作り，観察や経験から本質を把握する力，それからマクロに構想する力，資源を動員し政治力を使って組織の意思決定に影響を与える力，リーダーを育てる力，と，ミクロからマクロへ，今から将来へ，とダイナミックにつながっている。

　これは，新しい戦略観を提供する。通常の，内部環境・外部環境分析，整合性ある組織設計に基づいた戦略ではなく，個人的でユニークな他者に対する直感や環境の細部(パチキュラー)の現象の背後にある本質把握を出発点に，歴史観やマクロの起承転結のあるシナリオに照らして普遍(ユニバーサル)を構想，言語化し，公共善に向かって政治力を駆使しつつ実践する，そういう戦略観である。

## 6．結　び

　アリストテレスは，プラトンの形而上哲学に対して実践哲学を提唱し，その中核を成す知としてフロネシスの概念を提唱した。フロネシスは倫理／価値を志向しつつ，文脈に応じて最善の行為を演ずる暗黙知である。フライバーグ（2001）は，経済学が先導する社会科学の物理学化は誤りであり，社会科学は価値，コンテクスト，パワーを説明するフロネティック・サイエンスになるべきであるとさえ主張する。われわれは，合理主義と反合理主義の綜合を，実践的な行為理論のレベルで統合することを意図している。知識創造理論は，主観的・解釈的アプローチと客観的・分析的アプローチの綜合を暗黙知と形式知，主観と客観，ミクロとマクロの弁証法的動態としてとらえる

説明原理を開発しようとするものである。同時に，「できるかぎり」科学になろうとする謙虚さは失わない。そのためには，定量的・定性的方法論の相互補完性を追求する多元的アプローチが要請されるだろう。

かくして，知識創造理論は経済学的企業論や科学的学習理論とは異なるパラダイムを志向している。知識創造理論は，資源ベース企業理論から学習組織理論に分類されることが多いが，知識論をベースにした，理想主義的プラグマティズムともいうべき独自パラダイムの企業・組織理論であり，イノベーションの実践理論としてもさらに展開されるべきものである。

---

【注】

1) たとえば日置・川北（2004）1章のレビューを参照。
2) 技術革新は，環境の制約を受けつつ，また，環境に変化をもたらすという構造化理論の立場をわれわれは取る（Giddens, 1984; Orlikowski, 1992）。

【参考文献】

Argyris, C. (1978), *Organizational Learning*. Addison-Wesley.

Ashby, W. R. (1956), *An Introduction to Cybernetics*. London: Chapman & Hall.（『サイバネティクス入門』篠崎武ほか訳，宇野書店）

Baird, D. (2003), *Thing Knowledge: A Philosophy of Scientific Instrument*s. University of California Press.（デービス・ベアード『物のかたちをした知識－実験機器の哲学－』松浦俊輔訳，青土社）

Barney, J. B. (1996), *Gaining and Sustaining Competitive Advantage*. Addison-Wesley.

Dyck, B., F. A. Starke, G. A. Mischke, and M. Mauws (2005), "Learning to Build A Car: An Empirical Investigation of Organizational Learning," *Journal of Management Studies*, 42/2: 387-416.

Flyberg, B. (2001), *Managing Social Science Matter: Why Social Inquiry Fails and How it Can Succeed Again*. Translated into English by Steven Sampson. Oxford: Cambridge University Press.

Giddens, A. (1984), *The Construction of Society*. Berkeley, CA: University of California Press.

Grant, R. M. (1996), "Toward A Knowledge-Based Theory of The Firm," *Strategic Management Journal*, 17: 109-122.

Halverson, R. (2004), "Accessing, Documenting, and Communicating Practical Wisdom: The Phronesis of School Leadership Practices," *American Journal of Education*, 111: 90-121.

日置弘一郎・川北眞史編著（2004）『日本型 MOT－技術者教育からビジネスモデルへ－』中央経済社．

Josephson, J. R. and S. G. Josephson eds. (1994), *Abductive Inference: Computation, Philosophy, Technology*. Cambridge University Press.

海保博之（1999）『連想活用術』中公新書．

上山春平（1963）『弁証法の系譜』こぶし文庫．

加藤敏（2002）『創造性の精神分析』新曜社．

紺野登（1998）『知識創造の経営』日本経済新聞社．

久米是志（2000）「共創と自他非分離」清水博編著『場と共創』NTT 出版．

中村雄二郎（1979）『共通感覚論』岩波書店．

Nisbett, R. E. (2003), *The Geography of Thought: How Asians and Westerners Think Differently and Why*. New York, NY: Free Press.

信原幸弘（2002）『意識の哲学』岩波書店．

Nonaka, I. and H. Takeuchi (1995), *The Knowledge Creating Company*. New York, NY: Oxford University Press.（野中郁次郎・竹内弘高『知識創造企業』梅本勝博訳，東洋経済新報社）

Nonaka, I. and R. Toyama (2005), "The Theory of the Knowledge-Creating Firm: Subjectivity, Objectivity, and Synthesis," *Industrial and Corporate Change*, 14-3: 419-436.

野中郁次郎・遠山亮子（2005）「フロネシスとしての戦略」『一橋ビジネスレビュー』WIN．

尾近裕幸・橋本努（2003）『オーストリア学派の経済学－体系的序説－』日本経済評論社．

O'Driscoll, G. P., Jr. and M. J. Rizzo (1996), *The Economics of Time and Ignorance*. London: Routledge.（G. P. オドリスコル Jr. & M. J. リッツォ『時間と無知の経済学』橋本努ほか訳，勁草書房）

Orlikoqski, W. J. (1992), "The Duality of Technology: Rethinking the Concept of Technology in Organizations," *Organization Science*, 3-3.

Polanyi, M. (1966), *The Tacit Dimension*. London: Routledge & Kegan Paul Ltd. (マイケル・ポランニー『暗黙知の次元』佐藤敬三訳，紀伊國屋書店)

Schulze, A. and M. Hoegel (2006), Knowledge Creation in New Product Development Projects, *Journal of Management*, 32: 1-27.

清水博（1996）『生命知としての場の論理』中公新書．

下田直春（1994）『社会理論と社会的現実－社会学的思考のアクチュアリティー』新泉社．

Steinberger, P. (1993), *The Concept of Political Judgment*. Chicago, IL: Chicago University Press.

渡辺幹雄（1996）『ハイエクと現代自由主義』春秋社．

Watts, D. (2003), *Six Degrees－The Science of a Connected Age*, W. W. Norton & Co Inc. (ダンカン・ワッツ『スモールワールド・ネットワーク』辻竜平・友知政樹訳，阪急コミュニケーションズ)

Wernerfeld, B. (1984), "A Resource Based View of the Firm," *Strategic Management Journal,* 5: 171-180.

# 第2章
# ホンダ「Nプロジェクト」
——知識創造の「場」を徹底追究する——

◆

### 谷地　弘安

　ホンダという会社は，とことん「ユニークさ」を追求する希有な日本企業といえる。「ユニーク」という言葉には，それにあてはまる適切な日本語がなかなか見つからない。ほかと違った考えを持ち，違ったことをするのをポジティブに捉えた日本語はないのである。

　ホンダという会社の歴史をたどると，創業から今日まで，まさにユニークで，ときには常識外れと思えるような行動を随所でとってきた。古くは経営危機に瀕したなかでのマン島レース出場や大型設備投資，他社に先駆けた対米生産投資，非触媒技術による低公害エンジン開発，Ｆ１をはじめとする名だたるレースへの参加，ロボット開発に航空機エンジン開発……。それでも，これらユニークな行動が大きな成果を生み出してきたのがホンダの大きな特徴である。

　もう１つ重要なのは，ホンダのユニークな行動は，一見すると事業が危機にあるような状況で繰り出されているということだ。ここで紹介するケースは，国内二輪事業における危機的状況から生まれた，小さくもしかしホンダらしさを明瞭に見せたユニークな試みである。

　「Nプロジェクト」という名前は，二輪業界では有名だが，一般ユーザーでその名を知る人は少ない。しかし，そこから生まれた商品群は，まさにターゲットとした若者「バイカー」の心を大きくつかんだものである。以下では，その軌跡をたどりながら，ユニークなホンダらしさをいかに追求してい

るのかを見ていく。そして，知識ベース企業観をとると，このプロジェクトが「知識創造の場づくり」を飽くことなく追求してきたものであること，知識ベース企業観のコンセプトを広く包含したものであることを明らかにしたい。

## 1. 発　端
### ──若者ユーザーのホンダ離れ──

　本田技術研究所で二輪開発を担当しているのは埼玉県にある朝霞研究所である。

　その朝霞研究所は大きな問題につきまとわれてきた。全世界的に見れば二輪市場は拡大しており，そのなかでホンダはトップを走り続けている。にもかかわらず，図表2-1に見るように，膝元の国内市場はこの10年以上縮小を続けてきているのである。さらに，若者によるホンダへの評価がどんどん低

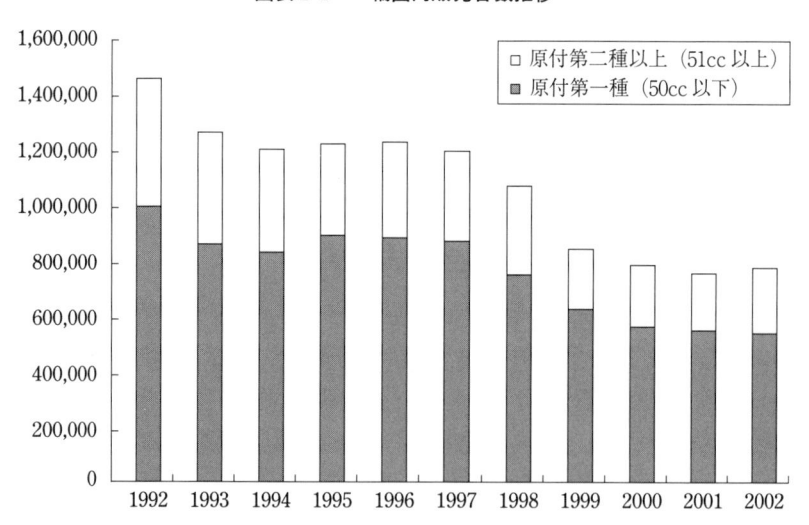

**図表2-1　二輪国内販売台数推移**

※国内末端販売店向け出荷台数
※毎年の数値は1月～12月末までの販売台数
※社団法人日本自動車工業会調べ

下してきていたのだ。

　市場縮小の原因はいったい何か。上席研究員（当時）の中野耕二は，規制や二輪を取り巻く環境変化だけではなく，ユーザーとの乖離，特に若者ユーザーと開発者との間で大きなギャップが生まれているのではないかと感じていた（図表2-2）。

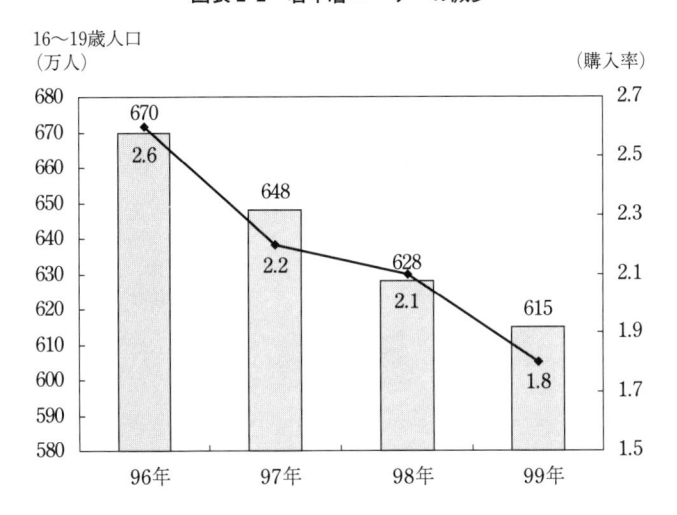

**図表 2-2　若年層ユーザーの減少**

| 年 | 16〜19歳人口（万人） | 購入率 |
|---|---|---|
| 96年 | 670 | 2.6 |
| 97年 | 648 | 2.2 |
| 98年 | 628 | 2.1 |
| 99年 | 615 | 1.8 |

「われわれは50年間も市場をリードしてきたのだから，バイク乗りの気持ちは誰よりもわかっているつもりでした。ところが，エントリーユーザーは常にその時代時代の16歳であり，彼らの価値観はドンドン変化していました。一方，開発者自身の平均年齢は徐々に上昇していました。このせいで，いつの間にか若いユーザーとのギャップがジワジワと広がり，そのことにわれわれ自身も気づかずにいたんです。」

　気づいてみると，若者が使っている言葉の意味，彼らの「楽しさ」とは何かがわからなくなっていた。

## 2. 若者研究「シブヤの謎」と若手開発プロジェクト立ち上げ
――Nプロの誕生――

　中野はあらためて，いまの若者というものを研究することにした。
　その端緒的な試みが渋谷という街の研究であった。アウトプットは「シブヤの謎」という社内レポートになっている。中野の友人でもあり，外部プランナーの某氏がくわわって，渋谷のホテルに部屋をとり，そこを拠点としてリサーチを行なった。
　この某氏はバイクのユーザーであり，ことあるごとに中野に対してホンダと若者との間に乖離が起きていることを忠告していた。90年代の終わりのことである。実は，バイク・マーケットの大きなトレンドをつかまえるリサーチというのは，あまり行なわれていなかった。
　渋谷の戦後の歴史研究にはじまり，交通とそれにともなう若者の流れ，行動スタイル，服装，深夜路上をまわって停めてあるバイクを調査したり，あらかじめつくっておいたスケッチを見せながら，昼間にユーザーに対してヒアリングをしたりなど，渋谷での若者を研究してみたのである。昼間に一日あるいは数時間行くのではなく，もっと多くの時間をその場で費やし，五感で渋谷やそこに集まる若者を感じようという意図であった。そうして調べたことをやはり渋谷のホテルで議論していった。そこから出てきたのが「シブヤの謎」であった。

　　「これまでわれわれが得意としてきたユーザーは『ライダー』でした。つまりバイク乗りです。生活や思考の大きな部分をバイクが占めているような人たち。バイクに乗るためのいろいろな決まり事にしたがう，バイクのためならいろいろなことを犠牲にする，知識とかスキルの度合いがバイクとの関わりの深さと関連している，バイクに乗ること自体が目的で，バイクの非日常性を魅力に感じている，ハード的に優れたバイクこそ良いバイクと考えている，性能を上げるためにバイクをカスタマイズする…そんなユーザーが相手だったんです。」

## 第2章 ホンダ「Nプロジェクト」

だが,「シブヤの謎」を見て, 中野は大きなショックを受けた。

「ところがマーケットの半分は『バイカー』だったんですよ。バイクがすべてではなく,『バイクも好きですよ』みたいな。あくまでもバイクは興味の対象の1つにすぎない。出資額と楽しさのバランスに関して非常に計算高く, バイクの乗り方とか知識にはあまり興味がない。日常生活のなかにバイクの楽しさを取り入れたライトユーザーで, カスタマイズもするけど目的は格好良く見せるため…。これを見たときにはいろいろ思いましたよ。だらしない格好で乗るなよとか, もっとうまく運転しろよとか, メカもよくわからないのに, もっと真剣にバイク乗れとか。言いたいことはたくさんありました。バイク道をなんと心得るなんて思ったんですが, でも現実にはそんなバイカーが世の中の半分になっていたんです。ホンダにとって未知のユーザーが増えていた。結局, 世の中から浮いていたのはわれわれだったんです。」

たとえば, 若者の間ではバイクを「たるく乗る」という言葉が使われている。「たるく」とはなんだろうか。「かったるい」から来ている言葉であろうが, かといってネガティブ・ニュアンスがことさら強いわけでもない。とはいえ「リラックスして」とも違う。もしリラックスという言葉に置き換えれば, それにもとづいて開発したバイクは若者に受け入れられないだろう。このような若者の感覚, 言葉をいかに感じて機種開発に結びつけるかが課題であった。「シブヤの謎」はそれを強く警告してきたのであった。99年3月のことである。

「シブヤの謎」を見て, 中野はこれまでの体制で若者向けの機種開発をしていくのではなく, 彼らの感性をもっと取り入れられるような開発の仕組みが必要であることを強く認識した。そうして出てきたのが, 若者バイカーに限りなく近い研究員によって開発するプロジェクトの構想であった。朝霞研究所全体で見ると, 平均年齢は1983年の29歳から93年の35歳, そして現在では38歳にまで上昇している。

しかし, このような試みは二輪開発で前代未聞であった。

「平均年齢が30くらい，院卒で設計経験は4〜5年ですが，研究所でいうと，これくらいの年数ではダメなんです。でもオヤジがいまの若者向けバイクをつくっても当たりそうにない。そこで，バックアップしてくれるキーマンを何人か置くことにして，若者特有の価値観から生まれてくる感覚的なものや魅力といったことについては，一切エキスパートは口を出さない。彼らが良いと思うものはなんとしても守ってやろうと思ったんです。」

実はこのとき，中野は研究所全体の組織的な問題も強く意識していた。組織の大規模化にともなう効率化・分業化の弊害である。

多くの仕事は「オンラインで上から降りてくるもの」，「責任は誰かがとってくれるもの」という意識が生まれ始めていた。それにより，達成感がなかなか得られない，自分が主役になる機会がほとんどない。特に，若手になかなか出る幕がない。これではいざ仕事を任される立場になったとき，幅広い経験が積めていないという状態になってしまう。つまり人が育たないという問題である。これをそのまま許せば，ホンダらしさが二輪から失われてしまう。このような危機感があった。

そのような危機感と軌を一にして出てきたのが若者のホンダ離れであった。若手研究員に若者向けバイク開発の場をつくることは，彼らが自ら考え行動

図表2-3　Ｎプロ・メンバー

し，現場での実践を通じて経験を蓄積するための，人を育てる仕掛けでもあると中野は考えていた。

プロジェクトを立ち上げるため，社内ではレポートを執行部に読んでもらうだけでなく，また中野が一人で説明するのでもなく，実際にリサーチをしてレポートをつくった某氏にもプレゼンテーションをしてもらったり，評価会の会場では若者の価値観を体現する服装をさせたりもした。

このような中野の意図に対して，執行部から許可が下りた。中野はこのプロジェクトに意欲あるメンバーを集めるため，社内公募制をとり，さらに集めたメンバーを通常のラインから切り離し，物理的にも場所を「隔離」することにした。

ベテラン数名と若手研究員20名からなるこのプロジェクトは2000年5月に正式発足となり，「Nプロジェクト」と呼ばれることになる（図表2-3）。頭文字のNは「いままでになかったまったく新しいことをやる」という意味で「New Style」のNをとったものである。同時に，プロジェクト・メンバーはリーダーの中野のイニシャルをとって「Nプロ」と呼ぶようになった。

## 3．Nプロによる機種開発

### 3.1　第1弾「エイプ（Ape）」

Nプロ正式発足から4ヵ月後，朝霞の通常ラインでは「FTR」という230ccのモデル（図表2-4）が開発された。これも若者研究の結果にもとづいたモデルであり，2000年4月に発売され，ヒット商品となった。中野はNプロの重要性をいっそう強く感じることになった。

果たしてNプロでも若手研究員による機種開発が始まった。

ところが，そうして出てきた最初の企画案は，中野の予想を大きく外すものであった。あれほど若者とのギャップを感じていたにもかかわらず，若手研究員たちが書き上げたニュースタイルのデザインは普通のこれといって個性の無い「ただのバイク」だったのだ。Nプロ商品第1弾となった50ccモデル「エイプ（Ape）」のスケッチ（図表2-5）を見せながら中野は言う。

図表 2-4　230cc「FTR」

図表 2-5　「Ape」開発スケッチ

「じゃあ，若者たちが欲しいバイクってどんなの？　ってことで，彼らが持ってきたのは，なんだ，ただのバイクじゃないかってね。別に珍しい技術も入っていない。でも，『いまどきとんがったバイクではなく，角をズルズルにして，いかにもボク，なんにも個性ないんだよ，それが個性なんですよ』なんて，まったく納得行かないロジックを言うんですよ。でも，彼らは『これだ，オートバイってこれで良いんです！』って言ってくるんですよ。」

それでも，若手研究員の思ったような若者向けバイクをつくるという主旨を守り，中野は開発作業をそのまま続けさせた。

■ファニーだけど「縮小版」でも「小さなバイク」でもない。
■「自分の相棒」として親しみを感じる存在。
■クラス意識やヒエラルキーを感じさせない存在感。
■ベーシックなバイクとしてのきちんとした車体構成。

このようなコンセプトで開発したエイプ（図表2-6）は，2年間で1万台という販売目標で2001年2月に発売された。しかし，実際に販売してみると1年半で2万6,000台，対計画値354％の実績を上げるヒット・モデルになった。

図表2-6 「Ape」完成モデル

3.2　第 2 弾「ズーマー（Zoomer）」

次に，若手研究員は従来のスクーターとは逆発想のアイデアを出してきた（図表2-7）。Ｎプロ第 2 弾として商品化された50ccスクーター「ズーマー（Zoomer）」である。

これまでのスクーターはシートの下がカバーされ，中が収納スペースになっていた。しかし，ズーマーはシートの下がフレームだけになっている。つまり，従来収納スペースになっていたところが空洞になっているのである。

若手研究員は，「カバーがないスクーターは絶対に新しいですよ」という。「だけどこれじゃ荷物が丸見えだろう？」，「いや，中が見えるのが良いんです。見せるんですよ」と主張する。自分のライフスタイルを見せたい。スケボーやテニスのラケットなど，自分がいま夢中になっているものはなにかをスクーターに乗りながら見せつける。それがオープンな若者であり本音であると主張したのであった。

このような企画は通常のラインからはまず出てこないと中野は言う。

「商品ラインナップからすると，こんなのは売れるかどうかわからない。かなり危険な冒険になります。でも売れるかどうかわからないことでもやらせて

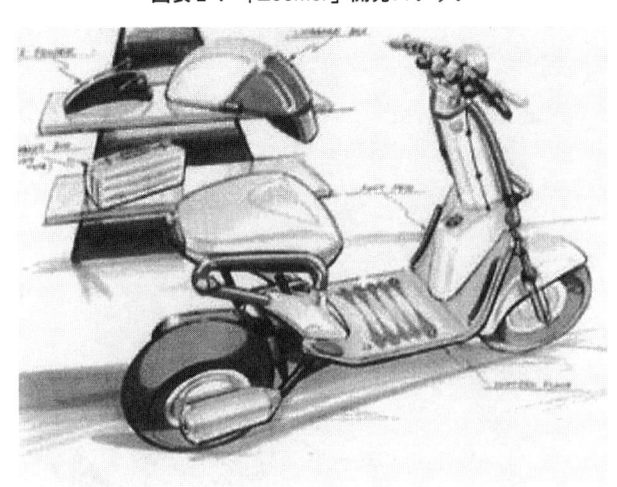

図表 2-7　「Zoomer」開発スケッチ

欲しいというのがNプロの設立趣旨でしたから。」

■手を加えて遊びたくなる存在。
■若者のツールに柔軟に対応する積載性。
■「スクーターってダサイ」を感じさせない形態。
■若者の動線から，スクーターに必要な機能を再構成。

　このようなコンセプトで企画，開発された「裸の（Naked）スクーター」（図表2‐8）は，2001年6月に発売となった。50ccスクーター市場は熾烈な競争下にある。各メーカーはコスト削減，低価格化にしのぎを削っており，当時主戦場は12万円から15万円台と言われていた。そのなかで希望小売価格189,000円で発売されたのだが，当初目標値の300％を売り上げ，1ヵ月の納車待ちになるほどのヒット作になった。

図表2-8 「Zoomer」完成モデル

### 3.3　第3弾「バイト（Bite）」

　Nプロ商品の第3弾は，シートの高さを調整できるスクーターであった。若手研究員たちに，「ノリ」は第2弾ズーマーの延長線上にあるものの，

「ストリートでもっとも手軽な移動ツール」というコンセプトが浮上した。それを実現するためのイメージが「立ち乗り」であった（図表2-9）。

ところが，「立ち乗り」まで割り切ってしまうとバイクの操作やコントロールが難しく，法的認可もとれそうにないことがわかり，シートの高さを変えられる可動式としたのであった。試作車を作ってみると，着座位置により目線が変わるという「面白い」，「楽しい」などのアミューズメント性も得られることを発見した。

さらに当時，バイクから遠のき始めていた女性ユーザーに対しても，この上下可動式シートは特に身長が低いひとにとって脚着きが良いというユニーク・セールス・ポイントがあると判断し，中野はこのアイデアの商品化にゴーサインを出した。

■ストリートで最も簡単な移動ツール。
■乗降の超簡単な「立ち乗り」スタイル。
■可変シート高で変わる目線の高さが新鮮。
■ライポジでアピールする「自分のショウケース」。

図表 2-9 「Bite」開発スケッチ

| 第2章 ホンダ「Nプロジェクト」|

図表2-10 「Bite」完成モデル

というコンセプトで，女性を明確に意識して開発が進められたのがスクーター「バイト（Bite）」であった（図表2-10）。2002年1月に，やはりスクーターとしては高額な希望小売価格179,000円で発売されたバイトは，エイプやズーマーほどのボリュームには至らなかったものの，当初から狙っていた女性ユーザーの購入率が半分になった。これはバイク市場で未曾有なことであった。

### 3.4 第4弾「ソロ（Solo）」

第4弾もやはり50ccで，「ソロ（Solo）」というモデルである（図表2-11）。

■ネオレトロで新鮮なユーロデザイン。
■乗り手を引き立てるオシャレな個性。
■いままでにないゆったり感「ファッショナブルなプロポーション」。

として，メンバーの一人が提案してきた。デザインとしては，どこか昔懐かしい雰囲気のするバイクである。しかし，マーケットを見回しても，このよ

図表 2-11 「Solo」完成モデル

うなモデルは現存しない。古くて新しいデザインとして2003年3月に発売されている。

## 4．開発者が常駐する原宿「H FREE」

「いままでになかった新しいことをする」という趣旨で設立されたNプロからは，以上の4モデルが発売されており，いまではこの4モデルでホンダの50ccバイク年間販売額の15％を占めるまでになった。

その一方，Nプロは機種開発以外にまったく新しい試みを進めてきた。

Nプロ・ショップ「H FREE」（図表2-12）。原宿にあるこの店舗は，2003年4月25日がグランドオープンであり，仕掛け人はやはり中野であった。プロジェクトからヒット商品を生み出してきたにもかかわらず，中野にはつねに危機感があったという。

確かにNプロという場をつくったが，それはまだ朝霞研究所の中での話である。それをもっと推し進める必要があるというのが中野の気持ちであった。そこで，研究所の外に出てユーザーと常に接する場をつくる構想が沸いてき

た。

「マーケティングの究極をやろうと考えたんです。エブリデイ DDM（Direct Design Marketing）という朝霞研究所独自の手法ですが，モノをつくるまえに1回調査しよう，スケッチができたらスケッチで調査しよう，モノができたらモノで調査しよう，ステップ・バイ・ステップで調査する，先行調査クリニックです。じゃあ，その先にあるクリニックはなんだろうと。すると，モノを売る現場にメンバーが身を置けるという仕掛けが必要じゃないかと思ったんです。でもそれにはね，バイクだけ置いたってこないんですよ，原宿で。シャツとかトレーナーとかキャップとか，タトゥーのプリントとかシルバーの指輪とか。雑貨とアパレルでオリジナルブランドつくる。たとえばTシャツでも9,000円や1万円で売れるブランドもあるんです，値引きしないでも。なんでこんなモノが売れるんだろうと。それをわれわれ開発者は知らないんですよ。それは営業の仕事だろって思ってるわけですよ。そういうモノが売れる現場にいることによってね，いままで見えなかったものが見えてくると思ったんです。」

図表 2-12　原宿Nプロ・ショップ「H FREE」

ユーザーとのインターフェイスとして，俗にいうアンテナ・ショップは珍しくない。しかし，Nプロ・メンバーという開発者が店内でユーザーと接することが重要である。

たとえば，プロジェクトのなかで提案されて最終にまで残らなかった案が数多くある。しかし，果たしてそれは正しい判断だったのだろうか。研究所のなかに果たして情報が集まっているのか。そこで，そうした案を再現してユーザーに直接提案してみる。情報量が豊富なショップという現場で研究員が検証するのである。

さらに，ショップでの経験を開発にフィードバックして商品化し，再びそれをユーザーに提供する。これを続けていく。そうすることで，若者ユーザーの実態をつかみ続け，精度の高い判断を目指そうというのである。ショップ内には，顧客の要望をすぐにカタチにするとともに，実際のカタチを交えて顧客にダイレクトで提案をかけるためのミーティング・スペースやスタジオを設ける。

このような開発者とユーザーとのインターフェイス拠点をつくる構想を進め，オープンしたのが「H FREE」だった。そして折りも折り，中野の危機意識が裏付けられるようなことが通常ラインで起こった。通常ラインでは若者研究の結果をベースにFTRに続く230ccモデルが開発された。「XL230」である。2003年4月に発売となったのだが，これがあまり当たらなかったのである。

同じ若者研究をベースに開発したのに，なぜFTRはヒットし，XL230はヒットしなかったのだろうか。検証していくと，明らかにユーザー・マインドを見誤っていたことがわかった。「要するに，バイカーもどんどん変化していたんですよ」と中野は言う。

　「若者研究から苦労して拾い出したバイカー像を結果的に固定化してしまったんです。バイカーに対する固定した観念を持ってしまったものだから，結局はそれが変化していることが読めず，いまだつかまえきれていないユーザーを逃してしまったんです。」

ライダーというホンダの得意とするユーザーに対して，市場ではまったく価値観の違うバイカーが現れ，増殖していた。それに気づかず低迷を続けてきたが，若者研究を徹底的に行ない，ようやくバイカーをつかまえることができるようになった。しかし，バイカーのトレンドも絶えず変化している。こんどはそれに乗り遅れてしまった。一度成功すると，そこからまた観念の固着が生まれ，次のアイデアやコンセプトがマーケットから剝離してしまう。開発者とユーザーの間には，気を抜くと簡単に空隙が生まれてしまう。これは開発者やマーケターにつきまとう悪夢だ。それが通常ラインで起こったのだった。

どうすればこの悪夢から逃れることができるのか。どうすればNプロは絶えずバイカーをフォローできるのか。若者調査を定期的に行なえば良いのか。それだけでは手ぬるいのではないか。そういう危機意識から中野が行き着いたのがNプロ・ショップだった。

いまここに，メンバーの一部が常駐し，またある者はローテーションで来ている。

## 5．Nプロとは何か Ⅰ
### ——ホンダ創業時の再現と人材育成の場——

Nプロはホンダの二輪事業史上，数々の前代未聞なことを遂行してきており，いまもチャレンジは続いている。そのようなNプロはいったい何なのか。それを問うと，知識ベース企業観のコア・コンセプトである，「場」がキーワードになってくる。

まず，中野が意識した開発組織巨大化にともなう問題があった。それに対するNプロの設立を中野は「ホンダ創業時の再現」と位置づけている。

> 「本田宗一郎さんみたいなうるさいおっちゃんがいてスパナが飛んでくるみたいな，そんな創業時の家内制手工業的なことをやってみたかったんです。確かに伝説では伝え聞いているけど，実体験としてはない。設計屋がスパナも持って，キャブレターを交換する。テスト屋が図面を書いて，デザイナーが

床掃除もするみたいな。」

　では，なぜ創業時の再現が重要なのか。その背後にある意図を中野は「経験の効率」と呼ぶ。

　「大きな研究所のヒエラルキーの中で，ラインナップから仕事が降りてくる。となりで何やってるか知らない。コンピュータのなかにすべてが入っていて，外れたところの世界は何も見えてない。確かに，それくらいにしていかないと大きな企業の効率は上がらない。だけど，そればかりでは限界があると思いました。そこでたかだか20人のファミリーをつくって場所も隔離した。そのなかでとなりにいるヤツが困るわけです。すると，みんながどうしたんだろう？って思います。そうすると，ひとりで悩んで5時間かかってたのが，ふたりでやると4時間でクリアーするかもしれない。10人でかかると1分で終わってしまうような。そうやって，ほかの人はその時間無駄かもしれないけど，要するに経験の効率というものがあるんじゃないでしょうか。人が悩んでいることをみんなで共有できるのは，20本の道を渡り歩いた経験と同じことではないでしょうか。つまずいたときこそ，深い思考が回ってくる。悩んでいるときに，となりのヤツが意見をくれて，そこで深い議論が交わされる。すると，メンバーひとりひとりが多くの経験をその瞬間にすることになると思います。また，そうしていろいろ悩みながらつくったバイクが売れたという成功体験は大きな自信にもつながると思います。こんな50ccのちっぽけなバイクであってもね。」

　巨大なヒエラルキーがあり，システムとなっているなかでは，むしろ他人の悩みには触れたくないことすらあるかもしれない。確かにそれは規模の拡大にともなって不可避かもしれない。だが，20名の隔離プロジェクトではメンバー同士で悩みを聞かざるを得ず，話さざるを得ない。そういう場が重要であると中野は言う。そのカギが「経験の効率」という考え方であり，「ホンダ創業時の再現」である。
　また，もともとNプロでの企画は通常のラインから降りてきたものではな

く，若手メンバーが自主的に自らやりたいと言ってきたものである。したがって，意志は最初から自ずと入る場といえる。図面1枚に対する思い入れ，ひいては各商品への思い入れが大きく違ってくるはずである。

さらに，このプロジェクトは隔離されており，若手主体であるゆえにノウハウが乏しい。設備も十分には揃っていない。そうなると，プロジェクト外とのつながりが重要になってくる。若手メンバーは経験でそれを知るようになる。常に自分たちの限界を認識することになる。

「なにせ経験のない連中ばっかりなんです。わからないことや足りないものがどうしても出てくる。外には先輩達が現業部，もとの室や課にいる。そこで『わかんないんですけど，これどうしたらいいんですか』と聞きながら進めていかないといけない。工具を借りに行ったりもする。全部揃えられないんです，たかだか20人の組織では。そうすると，『人とのつながりはものすごく大事だね』っていまさらながら痛感するんです。家出をしちゃうとひとりでは生きられないみたいなことを目の当たりにする。プロジェクトを通じて人生経験をしてるんじゃないかと思うんです。」

Nプロでは，メンバーが3年くらいで交代している。第4弾のソロを開発したところで，最初のメンバーのほとんどは通常ラインに戻っていった。そのNプロOBに中野はアンケートをとってみた。すると，本人は「お世辞もあるだろうが」と言いつつ，彼らの回答が設立の意図と合致していることに気づいた。

「年齢からは考えられないような，いろいろなことを体験できた」
「企画の難しさというものを味わった」
「圧縮された日程でのプロジェクトの進め方を勉強できた」
「自分とファミリーであるほかのメンバーとの間で問題を共有し，解決できた」
「ユーザーを見ることがいかに大事かが体感できた」
といったものである。

一方で，ある特定の専門的スキルは時間と比例して深まっていくのだが，

Nプロに来ることによってその面での断層が数年間できてしまう。にもかかわらず，総合するとやはりポジティブな高い評価が下されていた。研究所では基本的にこうした専門的スキルの深化というかたちで研究員のキャリアがつくられていく。だが，そのようなキャリア・パス上ではできないことを体験できた。これが重要な財産であるというのがメンバーの評価である。

　キャブレターであれば，その調整には高度なスキルが要求される。とはいえ，それを研究所の中でひたすら究めて行くだけで果たして良いのだろうか。そういう研究員がマネジャーになったとき，そのときのユーザーに密着したモノづくりを束ねていくことができるのだろうか。

　スキルはほとんどないが感性豊かな若いときにこそ，通常ラインよりも幅広く，高質な原体験をさせる。そうした長期的な人材育成の場がNプロから見えてくる。

## 6．Nプロとは何か Ⅱ
―― 三現主義・自他非分離の実践場 ――

　巨大化した開発組織の中で，若手研究員に若者向けの商品を開発させる。そのベースにあるのは，数あるホンダのジャーゴンのなかの2つの言葉である。

　1つは「三現主義」である。机上論や既成概念にとらわれずに現場・現物・現実から考える風土を指す。2つめは「自他非分離」と呼ばれる。これは，ユーザーと気持ちを一体化させ，ユーザーの喜びを自分の最大の喜びとする考え方である（久米，2002）。

　10年以上にわたる国内バイク市場の縮小，若者ユーザーのホンダ離れ，そこに端を発した若者研究，FTRのヒット，Nプロ設立とそこから生まれた4つのモデルのヒット，XL230の失敗，そしてNプロ・ショップの創設。このような流れを見るとき，三現主義や自他非分離という言葉の大切さ，裏返せばその実践の難しさがクローズアップされてくる。Nプロはその実践場と言える。

「三現主義とか自他非分離という言葉があること自体，それを行なうのがいかに難しいかを示していると思うんです。たとえば，じゃあ普段『おまえどっか行って見てこい』って言ったって，いろいろな仕事があって忙しいなかでできっこないってのが現実だと思うんです。土日に見に行けば良いよと言っても，家庭の事情とか経済的な事情だってあるんだし。年に2回とか3回行なったからって，マーケットで三現主義やりましたと言えるんですかと。だからそういうことができる環境，場をつくってあげないと三現主義は実現しないんです。自他非分離だってキャッチコピーじゃダメなんですよね。実際にやってなんぼですけど，それがなかなかできない。「H FREE」を出したのは，わざわざこういう言葉を意識して使わなくても自然に実行できてしまう，そんな場をつくりたかったからです。」

ここには，これまでのマーケティング論のテキストにあるような，徹底したデータ主義，客観主義の限界を強く意識した彼らのユニークな発想もある。

「たとえば，広告代理店とかに頼んでアンケートやってもらうとですね，答えをもらうまでもない答えが返ってくるんですよ。それでなにがわかるかというと，おおむねいまの人，いまの人イコール過去ですよね。いまイコール過去の人の意見がね，なんとなくサンプル数というよりどころによって集計されてネタとして返ってくるんですよ。でも，それはヤマハやスズキがオーダーしてもホンダがオーダーしても同じなんですよ。」

ホンダは必ずしも大量サンプルによる定量的リサーチを否定しているわけではない。しかし，それだけではユーザーを捉えることができないと考えている。それにくわえ，現場でのユーザーとのフェイス・トゥ・フェイスにより，データの背後にある，見えない意味やコンテクストを「共体験」をして見いだそうとするのである。これは，ユーザーと一体となる場をつくるものであり，「H FREE」はユーザーとつくり手双方が思いやイメージを共有できる「場」であるとも言える。

ここでもう1つ大切なことは，ユーザーのニーズが見えづらくなってきて

いることである。さまざまな商品の開発現場から聞こえてくるこの言葉は，ユーザーも実は自分がなにを求めているのかわからないことを意味している。これはユーザー・ニーズの暗黙知化と呼ぶことができる。だからこそ，する側と受ける側が明確に分離した定量的リサーチだけでは見えてこないのであり，現場に行き，ユーザーのなかに入り込むのである。そこでユーザーの身振りや話し方，アクション，雰囲気などを通じて相互に作用し合う。そうしてようやく暗黙的な知が見えてくる。これが場を利用したマーケティング・リサーチである。

「H FREE」では来店客と接し，研究所の中では考えられない大量の情報をメンバーが日々浴びている。それだけではなく，浴びた情報の中で目をつけたものについては，すぐにカタチにしてフィードバックできるのがポイントである。

メンバーの一人である畑中眞人は，店内に展示してある第3弾バイトを指して言う（図表2-13）。

「ここにおいてあるNプロ作品のうち，このバイトにはお客さんもあまり寄りつかなかったんです。ところがそこにちょっとだけフラワー・マーキングを

図表 2-13 「H FREE」内展示用 Bite 改

してみたんですよ。そしたら女の子が『これ，可愛い！』って集まって来るようになったんですよ。で，ハンドル・カバーなんですけど，これまではダサいって思ってたんですよ。なんか新聞配達とか出前のバイクみたいで。でもそれにも同じマーキングをしてこれにつけてみたんですよ。そしたらやっぱり人が集まってくる。目から鱗が落ちましたよね。ほんのちょっとした細工でこれだけお客さんにとっての商品の意味が変わってくるなんて。そんな驚きがここにはいっぱいあるんです。」

Nプロを見ると，「自他非分離」という言葉には「単なる」顧客志向以上の深い意味があることがわかる。

自他非分離は，ユーザーと気持ちを一体化させ，ユーザーの喜びを自分の最大の喜びとする考え方だ。自分が喜んでいてユーザーが喜ばないのであれば，それは単なる自己満足であり唯我独尊となる。これはマーケティングの基本コンセプトから大きく外れたものである。ところが，ユーザーが喜んでいて自分が喜ばないという場合もあるのだ。「単なる」顧客志向とはこのようなケースであり，現実の開発現場ではおうおうにしてあるというのである。それがどうして問題なのか。中野は言う。

「顧客の喜びを求めていくと，おうおうにして単なるお客さんの意見のご用聞きみたいになってしまうことがある。なんかお客さんが言ってくれたからって安心しちゃって。でもそれだけでは創造力が生まれないんです。言葉通りの自他非分離では完結しないんです。お客さんがなんとなくもっている漠然としたモヤモヤしたものを具体的なイメージにして，さらにはカタチに表す。その過程でイマジネーションを働かせて，いかにお客様の期待を超える新しい価値をクリエートしていくか。これを追求しないと自他非分離が意味をなさなくなってしまうんです。」

開発者とユーザーが製品を通じてともに喜びを最大にすることを目指す。そこでは「ともに」が強調される。しばしば顧客志向というとユーザーのことだけを考えた題目になることがあるが，そこでは開発者もまた喜ばねばな

らないのである。開発者が喜ぶのはユーザーが喜んだときだけではなく，ユーザーが喜んだ製品のなかに開発者自身の夢や信念が組み込まれていて，それが顧客と共振したときである。そしてそこから，ユーザーの期待を凌駕するものが生まれると考えるのである。

つまり，単に現場に行ってユーザーと共体験をするのは必要条件ではあっても十分条件ではない。ここが難しいところである。言葉通りなら，自他非分離は企業とユーザーの一致を指すが，そうではなく，いったんは非分離にするもののそこから自他を分離するプロセスも必要となる。

Nプロを振り返ると，ズーマーやバイトのような，これまで業界になかったコンセプトやデザインを考えたのは誰だったのだろうか。Nプロのメンバーも若者たちを丹念に調べてきたが，それでもカバーのなかが見えるバイクや着座高が変わるバイクが欲しいという意見が若者からダイレクトに出たわけでもなかったのである。

では，自他分離という十分条件は，どのような方法で行なわれるのだろうか。知識ベース企業観からすると，「アブダクション（仮説設定）」と呼ばれる知の方法論である。与えられた命題を論理的に解く「ディダクション（演繹法）」とも違うし，個別の現象や事象の見かけだけを観察して法則化してしまう「インダクション（帰納法）」とも違う。そうではなく，仮説設定のかたちで自分のなかから「こうありたい」と発想する。ホンダにユニークな商品が多い大きな理由として，彼らにはこのアブダクションという方法論が備わっていることがあると思われるのである。

> 「ホンダには，商品コンセプト創りに，データからの解析や分析から入るのをひじょうに嫌うところがあるんですが，それは集めたデータを解析すると，その枠で制約されて，コンセプトが小さくなってしまうからなんです。その代わり，思いきった仮説を考えるのです。それも異端と思えるような仮説をです。そこを出発点に考えると，『あれ，異端と思っていたのに，今の現実と繋がるところがあるんじゃないか？』ってなり，そこから今度は『なんで繋がるんだろう？』ってことで，その理由を検証しようとします。でも新しいことだから，それを直接検証することはなかなかできないですね。でも，傍

証はいっぱい見つかってきます。そこで『本物らしさ』が高まってくる。そうなってくると今度はそれが段々と確信に変わってくる。そうなるとあとはやるだけだってことになるわけです。組織も考え方もそうですが，ふつうはだんだん細分化されて小さくなっていくんです。西洋的な考え方って，なんでも分析して要素にまで小さくしていくものだと思うんですが，だからそこからは上位の価値観からの大きなコンセプトがなかなか出てこない。同じ価値のなかでバリエーションを作っていくだけの構造になってしまいます。」

　自他非分離とは，ユーザーの期待をさらに超えるモノが生まれる可能性を追い求め，そこから売り手と買い手の満足を最大にしようというコンセプトである。ややもするとマーケティングは顧客志向という言葉で顧客のことだけを考えたコンセプトになるのだが，そこでは開発を通じて自らの夢，ありたい姿を実現しようとする開発者のことがないがしろになることがある。中野が目指したのは，開発者とユーザーが製品を通じて夢や喜びを共有する場をつくることであった。

「たとえば，ズーマーを出すまえは，確かにみなさんから『常識はずれてるね』って言われました。ユーザーも『これは？』って思ったはずです。しかし，見ているうちに，なんとなく自分が乗ってる姿とか，『意外と良いね〜』とか，『こんな乗り方してみよう』とか，『あんな服でキメよう』とか，いろいろなイマジネーションがどんどんお客さまに働いてくると思う。それこそがわれわれ仕掛け人の仕事だと思うんです。」

## 7．Nプロとは何か III
――弁証法的対話の場と触媒としてのプロジェクト・マネジャー――

　知識ベース企業観では，イノベーション創出の基本的な方法論として，「弁証法的な対話」が重視される。弁証法は「正・反・合」というプロセスで展開すると説明される。ある命題（正：テーゼ）がまず示されるとする。すると，次にそれを否定する命題（反：アンチテーゼ）が提示される。この

とき，論争やディベートは，白か黒，善か悪といった二項対立で各命題をとらえたうえ，いずれか一方を是とし，残りを否とする。

しかし，弁証法的対話は違う。そうではなく，テーゼとアンチテーゼを提示したうえで，それを正面から双方が受け止める。そうして互いに向かい合いながら，対立点を認め合い，互いの長所を活かす新しい視点を見出そうとする。それによってより高い次元の考え方を生み出していくのである。これを「綜合」と呼ぶ。

この点，Nプロでの機種開発では，このような弁証法的対話が頻繁に見られる。

Nプロに対して，中野はファミリーというプロジェクト・コンセプトを掲げ，ホンダ創業時の家内制手工業的な雰囲気を再現しようとした。ファミリーというのは確かにヒエラルキーへの対置として聞こえは良いが，単なる仲良しクラブを目指したわけでもないし，実際にそうはならなかった。機種開発では若手メンバー間で激しい意見のやりとりが行なわれていた。

なかでも激しかったのが，第4弾ソロの開発であった。ソロのデザインは若手メンバーのひとりが出してきたものであり，商品化はこのメンバーにとって悲願であった。ところが，デザインを見たメンバーの意見は賛成6割，反対4割でほぼ二分することになった。

このときの反対は根強く，中野はファミリーを標榜するNプロ崩壊の危険まで感じたという。中野はリーダーとして机をたたいた。なぜなら，初案というテーゼに対して，アンチテーゼが出たものの，それは単に反対するだけで，反対派がそれ以上の代案を出さなかったからだ。

「こっちも半分演技だけど，頭にも来てますからね。『ふざけんな，おまえら！』って話から始まって，『じゃあ，代案持ってこい』ってなる。4割が6割をひっくり返せと，ネタ持ってこいと，みんなクリエーターなんだろと。」

結局，最後にできるモデルは1つしかない。最後は20名全員が命を捧げることができるものでなければならない。そうなると，全員が納得するまでこれについて論議しろということになる。このように言われると，反対派のメ

ンバーも意見を引くか，あるいはなんとかして自分たち独自のデザインを出すしかない。もう1つの道は，反対派が初案を真正面に受け入れ，そのうえでいかにしたらもっと良くなるか，いかにしたら自分たちのありたい姿を組み込めるかを徹底的に考えることである。反対派はこの道をとった。

「『じゃあ，どうしたらおまえは納得するの？』って話になって。そうなったときにね，モヤモヤって話し始めるんです。聞くと『なんだ，そんなことで否定してたの？　すべてを』ってものだった。で，いろいろとやりとりしていると，だんだんこれに関して考えるようになってきた。そうやってると不思議と『いや，こうやったら行けるかもしれない。もっと良くなる』と。否定するんじゃなくてね，『ここだけ聞いてくれない？俺はね，ここのラインをこうしたら良いと思うんだ』って，いろんな意見が出てくる。それが入ることによってね，サッと反対意見が鎮まっていく。そうすると，反対派のメンバーにとってもだんだんと自分の作品になってきた。だから最後は20人の作品になっちゃった。」

テーゼとアンチテーゼから綜合にもっていくのはひじょうに難しい。イメージしやすくするために，弁証法を1つのスペクトラムで表すことができるとすると，弱すぎる弁証法ではお手軽な妥協になってしまう。かといって強すぎる弁証法では互いに主張し合うだけで相互破壊のディベートになってしまうのである。

中野はいずれも許さなかった。双方が相手の意見を真正面から受け容れ，具体的なアイデア，代案を出さねばならないように仕向けていった。そうして全員が納得するものを考えねばならないように仕向けた。つまり，中野はこの弁証法的対話の触媒的な役割を果たしていたと言える。

## 8．Nプロとは何か Ⅳ
――「場」の波及効果に見るホンダ流の変革――

ホンダはユニークさを求める企業であるが，時間の経過のなかでそのユニ

ークさはどのように続いていくのであろうか。Ｆ１，ロボット，航空機エンジンはそのシンボルである。そして，スケールは小さいながらもＮプロもその１つだと思われる。そこにはどのような思想があるのだろうか。

１つの切り口は，本体へのフィードバックにある。これは，Ｎプロという試みに対する経営企画のコメントによく現れている。

「企業は，あるシステム，あるルーチンで動いていく。これは当然なんですが，本体から革新を生むことは，普通出来ないんです。なぜなら，革新とか創造というのは，10人のうち９人が反対するものから生まれるからです。10人のうち９人が賛成するものは改善で，改善を継続的にやって行っても革新にはなりません。徹底的に改善をやれば，革新レベルになる可能性はありますが，相当体力が必要で，少なくともホンダにはできそうもありません。といっても，本体が10人のうち９人が反対することに手を出していたら，企業がおかしくなってしまいます。なぜなら成功率が良くて２割から３割しかないからです。したがって，企業の一部がこれを担うことが必要ですが，本体からは必ず冷たい目で見られ，無駄なことをやっていると言われます。多くの人が反対するモノをやっているんだから，当然です。二輪の研究所で，この役割を受け持ったのが中野さんのＮプロだと思います。自らのなかにあえて異端のようなものを創り，そこから生まれる考え方・行動・成果などが本体に良い影響を与え，本体が革新・進化していく，そういうやり方を受け容れる文化がホンダのなかにあるんじゃないかと思うんです。やっぱりオヤジ（創業者　本田宗一郎氏）がそういう人だったから。そういう文化があるからこそ，中野さんが『やりたい！』と言ったら，『じゃあ，やってみろよ』ってことになったんだと思うし，こういう文化，風土がすごく重要だと思います。そこを，打率・確率だけで考えていると，すべて潰してしまうことになり，企業から革新・創造が消えてしまいます。ホンダは生物の進化に似ていると言った人がいますが，自分のなかに突然変異を生み出すところを創り，それをもとに進化しているんじゃないかな。中野さんも，Ｎプロから本体へどんどん焚きつけて，新しい方向へ行かせようとしたと思います。」（前本田技研工業経営企画部長　小林三郎氏）

「本体組織がどんどん劣化していくのはいわば自然の法則なんですね。これは避けられないと思います。それではまずいので，違うところに狂気と熱気の集団みたいのがつくられ，新しいモノややり方といったものが創られます。それがあとから本体にフィードバックされ，本体組織を活性化させるんですね。人が戻ってくることもあるでしょう。思えばホンダって常識からするととんでもないことをいっぱいやっていると思うんです。でも，そうするのは，それがすごく大事なことであるのを知っているからなんでしょう。」(元同部　中村健治氏)

「『水は流れが止まると澱む』と言いますが，流れを起こすというか波紋を広げるような人がたくさんいたと思うんです。会社も同じで，何もしなければどんどん澱んでいく。だからいまでもビジネスジェットといい，このＮプロといい，なにか新しいことをしなければならないというDNAがあるんじゃないでしょうか。それでも，会社が大きくなって枠組みがしっかりしてくると，まえに比べればそんな機会が少なくなってきているもんだから，中野さんとしても若手集めてプロジェクトつくって，そこを道場的なものにしようとしたと思うんですよね。」(同部　中島芳浩氏)

　夢や思いを持った人が周囲を巻き込んで，いままでにないユニークなことに取り組む。それは当初，「異端」と呼ばれるような試みでもある。確かに社内にも反対者は少なからずいるだろう。Ｎプロの試みも実際にいろいろな局面で強力な反対を受けている。「ホンダだから自由にやらせてくれるのだろう」と達観するのは間違いだ。ここはほかの企業と一見して同じである。しかし，異端と呼ばれることを試みる当事者も，なんとか自分の意志を貫徹させようとあらゆる努力を試みていく。そして重要なことは，それを最後は許容してしまう文化があることだ。
　１つの企業のなかにそのような試みが複数進行する。そうして新しい技術や製品，やり方といったものが生み出される。それらが人を通じてほかの人に伝播する。それが水面の波紋のように大きく広がったとき，ホンダという企業全体が変革される。

Nプロが定期的にメンバーの大幅入れ替えを行なうのも，プロジェクトを通じて得た広範で高質な原体験を戻った先で意識的・無意識的にほかの人へと伝播させるための仕掛けであると考えられる。そしてこの点では，Nプロがホンダ創業時を再現しようとし，そこから長期的な人材育成を目指したこともつながってくるのである。

　Nプロを見ると，このような伝播は本社に向けてだけではなく，トップや違う事業に向けても見られる。それは，Nプロの拠点である「H FREE」に社内のさまざまな人間が頻繁にやってくるということだ。

　たとえば，同じ本田技術研究所で四輪を担当する和光研究所の研究員が訪れる。そこでNプロの試みを垣間見た彼らは大変な危機意識をもって戻っていくというのである。その背景には，四輪開発でもまた，いまの若者ユーザーに対してどのようなクルマづくりをしていくのかについて，真剣な意識をもっていることがある。そんな彼らが頭の中ではなんとかしなければならないと思いつつ原宿にやってくる。すると，若者ユーザーに対する二輪の積極的なアプローチがすでに具体的なかたちとなって展開されているのを目撃するのである。

　メンバーの畑中眞人は言う。

　　「四輪だって結局は同じホンダですからね。それに同じ世代の研究員仲間です。彼らがやってきて，なにかお土産をもって帰ってくれればやっぱり嬉しいものですね。」

　訪れるのは研究員だけではない。福井社長にも来てもらい，「H FREE」を見てもらうだけではなく，普通の若い女性が集まるイタリアン・ダイニングで，彼女たちと同じような食事をしてもらうなどして，原宿を体感してもらったのである。

　中野はNプロの究極的な狙いをこう語る。

　　「まだまだ先のことになるかもしれませんが，もしこの店が起点となって，それが会社のいろいろなところにフィードバックされて，そのときそのときの

ユーザーに受け入れられるような『ホンダらしさ』を全体で維持できる、そんなうねりをつくれればと思うんですよ。いまは小さな動きかもしれないけど、それが波紋みたいに広がって、時間が経ったときに会社全体が変わったねって言われる。そういうものじゃないかなと思うんですけどね。」

本社の経営企画も同じように捉えている。

「本田宗一郎だって100点はない、良くて75点だって言ってました。どんなにやっても完璧はないわけで、自分の仕事の中で必ず問題意識を持っているはずなんです。だから、たとえばNプロの試みが問題意識をもついろんな人に影響を与えることは絶対にあるんです。」（小林三郎氏）

この点、Nプロがユニークなのは、開発された4つの商品だけではなく、開発の基本姿勢を垣間見ることができる「H FREE」という場があり、それを誰でも見ることができる点にあると言えよう。商品というアウトプットは当然誰でも見ることはできる。しかし、「社内公開開発」などという言葉がないように、その開発プロセスを可視化することは同じ企業のメンバーに対してですら難しい。しかし、工房を備え、開発者が常駐するショップは、まさにそれを可能としたものであるといえる。すでに述べた三現主義や自他非分離の具体的なあり方も、Nプロ・メンバーだけではなく、社内のさまざまな人材がその気にさえなれば見に行くことができるのである。

## 9. 終わりに
──「SECIプロセス」の中心ユニットとしてのNプロ──

ここまでくると、Nプロという隔離組織は、知識創造のSECIプロセスにおける中心ユニットであることが見えてくる。これが最後のインプリケーションだ。

顔が間近に見えるメンバー同士の接触、市場調査や「H FREE」でのユーザーとの接触というように、メンバーは設計開発からマーケティングに至る

高質の原体験を積極的に蓄積していく。隔離プロジェクトは，若手研究員という個人が暗黙知を獲得し，それをメンバー同士で共有する場として意図され，機能している。

さらに，プロジェクト外にある社内現業組織との接触をたかが足りない工具を借りに行くだけのことと見なすべきではない。そこでは，メンバーの問題提起にもとづくコミュニケーションを通じて，現業部門の人材がもつ知識が流れ込んできているはずだ。研究所という組織に蓄積されてきた知識がプロジェクトという隔離組織に注ぎ込まれている。それが若手研究員によるコンセプト創造や機種開発に結びついて，実際にヒット・モデルとなったと見るべきだろう。すでに述べた，本社や研究所への波紋は，逆にNプロの知識が伝播することを意味するものである。

中野自身はSECIプロセスという言葉もその意味することも知らなかったが，実はNプロという隔離組織を中心的な場として，共同化，表出化，連結化，内面化というSECIプロセスがまわっていると考えることができるのである。

では，Nプロを中心としたホンダ社内でのSECIプロセスと，ホンダの外にある若者ユーザーとの間にはどのような関係があるのだろうか。

すでに述べたように，Nプロ・ショップは自他非分離，三現主義の実践場であるが，ここでは，Nプロ・ショップを「原宿」につくったことが重要であり，そこからユーザーを捉えるNプロの視点が見えてくる。

「原宿にはやはり日本中から若者がやってくる。そこで『われわれこんなことやってるんだよ』っていうのを，ショップに入ってきた人が目の当たりにするんです。すると目の当たりにした情報ってのは持ち帰ってくれるんです。テレビコマーシャル以上の発信力があると思うんです。そういうことをやって精度の高い価値の判断ができて，それからまた発信できるようになる。それをお客さんは持って帰ってくれるんですよ。情報というおみやげをね。よって原宿なんです。原宿じゃなくちゃいけない。」

また，彼らは原宿をキーワードにしながら，オピニオンリーダーの培養も

行なってきた。

「原宿の若者がこれを認めてくれるということがムーブメントをつくってくれると思いました。そこで，国内営業に頼んでカリスマ美容師といった人たちにモニターで20台くらい配ってもらったんです。美容師のいるところには店の前にこれが置いてありますよ。つまり，一番おしゃれなところで一番おしゃれなことをやってる人たちが乗ってるのがズーマーとかエイプだったりする。これは何千万もかけて CM やるよりも，よっぽどターゲットの体質に合うプロモーションじゃないかと思ったんです。客のなかに客をつくる，プレゼンテーターをつくる，ドンドンドンドン触発されながら広げていくみたいなことが，すごく大事なことだと思うんです。」

このような考え方を聞くと，三現主義・自他非分離の実践とは，開発者とユーザーとの間で SECI プロセスを回すことを示している。

ユーザーとの間に明確な線引きがなされているのではなく，あるときは同化し，あるときは一方から他方への知識転換がなされている。Nプロ・ショップでは，ダイレクトなコミュニケーションを通じて開発者とユーザーが非分離となり，暗黙知を共有する。そうして得た知識から開発者のアイデアが生まれる。

しかし，いったん開発者とユーザーは分離する。そこに開発者の夢や思いがくわわってコンセプトという形式知に転換され，実際に商品やパーツとなって再び顧客にフィードバックされる。実際に顧客にフィードバックするときには，若者のメッカ原宿という場の特性が最大限に利用される。来店者やカリスマ美容師達は，全国に散らばる多数のユーザーとホンダをつなぐネットワーク・ノードになる。そうしてユーザーが購入し，それを実際に利用することで新たな暗黙知を創り出していく。それをまた開発者が共有して同じようなプロセスが続いていくのである。

以上を図示したのが図表2-14である。Nプロは小さなプロジェクトでありながらも，ホンダという企業組織，そして若者バイカーというユーザーの間に位置しており，双方の関係のなかで SECI プロセスの中心ユニットになっ

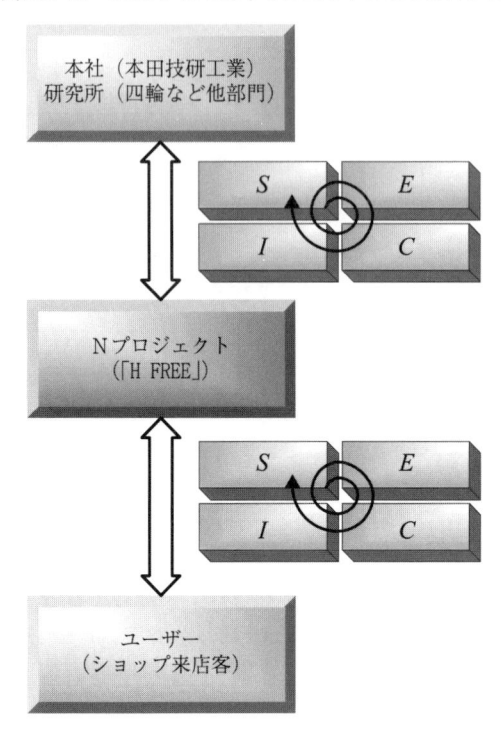

図表 2-14　SECI プロセス中心ユニットとしての N プロ

```
┌─────────────────────┐
│ 本社（本田技研工業） │
│ 研究所（四輪など他部門） │
└─────────────────────┘
         ↕
      S │ E
      I │ C
         ↕
┌─────────────────────┐
│ N プロジェクト       │
│ （「H FREE」）       │
└─────────────────────┘
         ↕
      S │ E
      I │ C
         ↕
┌─────────────────────┐
│ ユーザー             │
│ （ショップ来店客）   │
└─────────────────────┘
```

ていると思われるのである。

　国内二輪市場の長期低迷，競争激化という逆風のなか，中野に率いられた若手研究員のプロジェクトはユニークなヒット・モデルを出してきた。その開発に秘められたプロジェクトの展開を洗ってみると，知識ベース企業観を地で行くロジックを持っていたことがわかるのである。

【謝辞】

　本稿作成にあたっては，㈱本田技術研究所主席研究員中野耕二氏，同技術評価ブロック主任研究員久保幹夫氏，同商品技術企画ブロック主任研究員畑中眞人氏，本田技研工業㈱経営企画部前部長小林三郎氏，同経営企画室長小林茂男氏，同部元技術主幹中村健治氏，同部技術主幹三宅浩嗣氏，同部技術主幹中島芳浩氏に

多大なご協力をいただいた。心より感謝申し上げる。また，本稿では直接インタビュー以外に社団法人日本能率協会や横浜国立大学経営学部での中野氏，小林氏のプレゼンテーションも参考にしている。なお，本稿の図版はすべて本田技術研究所の許可を受けて転載しているが，権利はすべて同研究所に属する。

**【参考文献】**
久米是志（2002）『「無分別」のすすめ－創出をみちびく知恵－』岩波書店．
野中郁次郎・勝見明（2004）『イノベーションの本質』日経BP社．
野中郁次郎・紺野登（2003a）『知識創造の方法論－ナレッジワーカーの作法－』東洋経済新報社．
野中郁次郎・紺野登（2003b）「『知識ベース企業』で何が見えてくるのか」『一橋ビジネスレビュー』第51巻第3号．
Nonaka, I., T. Nishiguchi ed. (2001), *Knowledge Emergence: Social, Technical, and Evolutionary Dimensions of Knowledge Creation*, Oxford University Press.
Takeuchi, H., I. Nonaka (2004), *Hitotsubashi on Knowledge Management*, Wiley.

## 第3章
# キヤノンのレンズ技術
——知のバウンダリーと技術プラットフォームの進化——

◆

大薗　恵美

　本章で明らかにしようとしているのは，技術プラットフォームの進化の仕組みであり，特に，知のバウンダリーが技術プラットフォームの進化に与える影響に注目する。

　技術プラットフォームとは，企業内において複数製品に使用される技術のことであり，コア技術やコア・コンピタンスと言い換えてもいい。その戦略的な重要性は，近年増大している。複合化やシステム化という言葉で表現されるように，1つの商品に使われる技術の種類が増え，どの技術を社内で研究開発し，どの技術を社外から調達するのか，という意思決定の重要性が増した。また，利益に対する研究開発費の投資効率は一貫して低下傾向にあり，ある事業に必要な全ての技術を自社で賄うことをますます難しくしている。そこで，社内で開発するか社外から技術を調達するかの意思決定を行なうために，企業は，自社の技術プラットフォームを定義することで，自社の経営資源を集中すべき技術分野を絞り込もうとしている。

　ハメルらが「コア・コンピタンス」という概念で提示したように，技術プラットフォームは同時に，多角化すべき事業分野を選択する際の優れた意思決定の基準ともなる。3Mが30の技術プラットフォームを定義し，これらの技術が生かせる市場分野に自由闊達に参入しているのは良く知られている。他にも，ハメルらは，ホンダのエンジン技術など，技術プラットフォームが成功する多角化の背後にあったという事例を多く紹介している。

冒頭で述べたように，本章で特に注目したいのは，技術プラットフォームが進化するプロセスである。技術プラットフォームは単に多角化の基礎となるだけでなく，多角化した結果である多様な製品事業からフィードバックを受けて，進化，発展する可能性をもっている。また，技術プラットフォームの進化には，研究開発部門と製造技術部門が互いにより高い水準へと押し上げあい，次つぎと新しいルールを書き換えていくような，相互作用が必要である。

　本章は，技術プラットフォームの発展の前者のメカニズムをより明らかにするために，特に，コア技術と多角化した製品事業の間の相互作用に注目する。後者のメカニズムの分析のためには，設計部門と製造技術部門のあいだの問題解決のプロセスに注目する。そのために分析する事例は，キヤノンのレンズ技術開発である。キヤノンのレンズ技術とは，基礎理論，製品技術，生産技術を含むレンズ関連技術と定義する。

　キヤノンのレンズ技術を事例として選択する理由は3つある。1つは，レンズ技術は同社がカメラメーカーとして創業した時点からのコア技術であること。2つ目に，事務機，半導体製造装置，医療機器などへの多角化の基礎となったこと。最後に，2000年，各製品事業部に所属していたレンズ部門を，レンズ事業部という組織体に，さらに全社の研究部門を光学技術研究所に移管し，これらを宇都宮地区に集中させることで，一層のレンズ技術の強化を成し遂げたこと。地域的な集中という組織上の変化があったことによって，われわれは，キヤノンという1つの会社において，地理的な分散と集中という2つの異なる状況が，レンズ技術開発にどのように異なる作用をもたらしたかを比較分析することができる。

## 1．キヤノンにおけるレンズ技術の進化

　レンズ技術を核とした多角化がキヤノンの企業としての競争力と成長に大きく貢献したであろうことは，同社が各製品分野でリーダー的な地位にあることと，同様にカメラを創業事業とする他の企業の現状とを比較すれば容易に推察できる。上で述べたように，筆者はコア技術から多角化への影響だけ

でなく，多角化事業からコア技術への影響にも焦点をあてている。以下では，キヤノンにおけるカメラ事業の発展の歴史，カメラ事業から他の事業分野への多角化の歴史，レンズ技術の発展の歴史についてまず概観する。続いて，レンズ技術の進化を支えてきた要因としてキヤノンの研究開発の特徴，レンズ事業部の研究開発の特徴，宇都宮地区集中のもたらした変化を報告する。

### 1.1 キヤノンにおけるカメラ事業

「世界一」の国産の高級カメラを開発製造するという目的で1937年に設立されたキヤノンにとって，レンズ技術は，会社設立当時から最も重要なコンポーネント技術であった。1946年には早くも，高級カメラ用交換レンズを自社開発・自社生産し，販売を開始している。カメラ用交換レンズは，解像力やカラーバランス，ズーム比などの光学性能に対する要求が厳しく，さらには，より小型軽量であることも望まれた。キヤノンのレンズ技術は，ライカ，ツァイス，ニコン，オリンパスなどとの厳しい競争に鍛えられ，現在，広角から望遠まで50種類以上と業界最大の製品ラインアップを有し，交換レンズ市場で長年トップシェアを維持している。

同社は1950年代に，「世界一のカメラ」を作り続けていくためには，「世界一のカメラメーカー」でなければならないと判断し，高級カメラ専業メーカーから総合カメラメーカーへの転身を選び，カメラの中級機市場へ参入した。これによって，レンズ技術は，コスト競争にも鍛えられることとなった。1961年には「キヤノネット」に代表される普及版カメラで大ブームを起こした。

その後フィルム式カメラは，電子化によるオートフォーカス化手ブレ補正や視線入力といった機能の追加と小型化の，2つの方向に進化して行ったが，いずれの流れにおいてもキヤノンは1987年の一眼レフカメラ「EOS」のオートフォーカス，1996年発売の超小型カードサイズ型カメラキヤノン「IXY」に代表されるような画期的な商品化を成し遂げた。

2002年，フィルム式カメラは年間の出荷台数においてデジタルカメラに抜かれ，カメラ市場の中心はデジタルカメラに移った。デジタルカメラ市場においてもキヤノンは2000年に「IXY DIGITAL」で成功し，2003年にはつい

に市場シェア1位を獲得した（日本経済新聞社調べ）。デジタルカメラにおけるコア技術は，レンズ，イメージセンサー[1]，画像処理ICであり，撮影品質と小型化の両方の意味においてレンズ技術が重要であることに変わりない。

### 1.2 カメラからの多角化

カメラで創業したキヤノンであったが，1940年のX線間接撮影カメラを始めとして8ミリシネカメラ，電卓，複写機，半導体焼付装置，コンピュータ，プリンター，ファクシミリ，医療機器，ビデオカメラ，ワープロ，テレビカメラ用レンズ，データプロジェクタ，デジタルカメラ，双眼鏡などに多角化した[2]。

これらの中にはレンズ技術に関係のない商品群もある。電卓，ワープロ，コンピュータなどである。一方で，レンズ技術を核とした多角化は，そのほとんどが成功している。医療機器（1940年　X線間接撮影カメラ，1976年　無散瞳眼底カメラ，1980年　自動眼屈折力測定機），8ミリシネカメラ（1956年），放送機器（1958年　TVカメラ用フィールドズームレンズ），事務機（1965年　複写機，1975年　レーザビームプリンタ，1976年　ファクシミリ），半導体製造装置（1970年　半導体焼付装置），ビデオカメラ（1978年ビデオカメラ用レンズ，1985年　8ミリビデオ），デジタルカメラ（1995年）などが代表的である。放送機器には，高級カメラで培った高倍率ズームレンズや高精度加工レンズ，複写機やファクシミリには読み取りと書き込み用に，レーザビームプリンタには書き込み用に光学ユニットが使われ，半導体製造装置には超高解像度レンズ，デジタルカメラには超小型レンズユニットなどが応用された。

同じカメラで創業した競合他社と比較して，レンズ技術が社内で使われている製品分野は，キヤノンではカメラ関係のみならず事務機や光学機器など非常に多岐に渡るのに対して，競合は大体，2から3分野でしかない。キヤノンの多角化は非常に積極的であるといって差し支えないが，その背後には，多角化への強い欲求が経営陣にあった。御手洗肇社長（当時）は雑誌へのインタビューで語っている。

| 第3章 キヤノンのレンズ技術 |

「しばらくカメラ一本できて，限界がつくづくわかって多角化に乗り出した。カメラの限界は，フィルム部門をもっていないと安定した経営がしにくいという事業構造上の問題でした。」3)

　カメラは新製品の成功や失敗で業績が影響されるが，フィルムメーカーは安定した収益を享受していた。キヤノンは業績の安定のためにカメラ以外の製品分野に進出する必要を感じていた。
　もちろん，動機づけとレンズ技術があれば事足りるというものではない。キヤノンはこれらの多角化を行なうに際して，新たな事業領域において求められる新技術を社内に育成した。御手洗冨士夫社長は雑誌の取材にこたえて，同社の多角化を次のように表現している。

　　「キヤノンの基本線は映像メーカーであるということだ。カメラのメカと光学技術を基本として，これにエレクトロニクス技術を新たに組み合わせることで，電卓事業に参入した。ケミカルを組み合わせたのが複写機だった。さらに通信を組み合わせてファックスができた。」4)

　レンズ技術は，創業時からのコア技術として新たな事業領域への参入を可能にしただけでなく，いくつかの製品分野においては，製品全体の競争力に貢献してきた。たとえば，レーザビームプリンタでは，自由曲面のプラスチックレンズを使用することで，小型で高性能な光学ユニットを実現し，製品の高機能化，小型化に貢献した。御手洗冨士夫社長が「光学などでさらなる技術の底上げが必要だ」5)と語るように，キヤノンにおける光学技術の重要性は，今後高まることはあっても低下することはない。
　現在キヤノンでは，同社の多角化戦略の基盤となるコア技術を，プラットフォームと5つのエンジンという概念で整理している。プラットフォームは複数の製品分野で使われる汎用性のある技術を意味する。たとえば，画像処理ICに組み込まれているカラーマネジメントのソフトウエアや，レンズの製造技術であるガラスモールド技術がこれにあたる。一方で，エンジンとは，ある特定の機能や用途先に特化した技術のことで，たとえばデジタルカメラ

用画像処理ICのDIGICやデジタルビデオカメラ用画像処理ICのDIGIC DVはそれぞれ，エンジンに相当する。エンジンはその特化した領域によって，撮影系，電子写真系，バブルジェット系，露光装置系，ディスプレイ系に分類され，それぞれが主要な事業領域に対応している。

これに対応して開発組織は，コアテクノロジー開発本部，先端技術研究本部，プラットフォーム開発本部，デバイス開発本部，SED (SED＝Surface-Conduction Electron-Emitter Display) 開発本部の5つの組織からなっている。

### 1.3 キヤノンにおけるレンズ技術のイノベーション

キヤノンにおけるレンズ技術は多角化の核となってきただけでなく，それ自身がイノベーションを積み重ねてきた。レンズ分野における特許登録数は，競合他社に比較してかなり多いものと思われる。以下に主な技術を紹介する。

#### 1.3.1 レンズ素材

天然石である「蛍石」には，色にじみが少ないという優れた光学特性があったが，天然の結晶は小さく，顕微鏡の対物レンズに使われていた程度であった。1960年代後半，キヤノンはこれを人工的に製造することに成功し，1969年に世界で初めて写真用レンズとして商品化した。現在も社内で使用する全量を子会社による生産でまかなっている。この技術は最先端の半導体製造装置にも中核技術として採用されている。

人工蛍石は非常に高価であったため，その後もより安価で高性能なガラス素材の開発が続けられた。1970年代後半に特殊光学ガラスであるUDガラスを実用化，1993年にはついに蛍石とほぼ同等の性能をもつスーパーUDガラスの実用化に成功している。

#### 1.3.2 非球面レンズ

レンズを中心とするカメラの光学技術は，成熟することなく進化を続けた。1971年にキヤノンがプロ向け最高機種として発売した一眼レフ「F-1」と同時に発表された交換レンズ「FD55mm F1.2AL」に，非球面レンズが採用さ

れた。交換レンズには通常，複数枚のレンズが入っているが，非球面レンズは一枚で数枚のレンズと同じ機能を持ち，製品の小型化に重要な技術であった。しかし，非球面レンズの形成は0.1マイクロメートル単位の精度が必要とされ，熟練した職人が勘と経験で一枚ずつ長い時間をかけて磨き出さねば作れなかったので，「夢のレンズ」といわれていた。キヤノンは，設計理論，精密加工技術，精密測定技術の開発に取り組み，機械化による量産技術の開発に成功した。

キヤノンはその後，レンズを直接研磨する方法の他に，精巧な非球面の金型にプラスチック材料を流し込み形成する「プラスチックモールド技術」や，球面レンズ表面に紫外線硬化樹脂をのせ非球面状に成型し硬化させる「レプリカ技術」，ガラスを直接非球面の金型でプレスする「ガラスモールド技術」など，多くの非球面製造技術を開発した。これらの技術は，レンズのサイズ，精度，価格などによって使いわけられ，カメラや複写機，レーザビームプリンタなどの高性能化，小型化，軽量化を実現，他社との差別化要因となっている。たとえば，1996年に発売されたAPS規格のカメラ「IXY」は，カードサイズ薄型フラットという，当時の常識を超えた超小型カメラとして世界的な大ヒットとなったが，このサイズ実現のためには全部で10円玉サイズに収まってしまうような2倍ズームレンズが必要であった。レンズがしまわれた時のレンズユニット全体の奥行きが，カメラのボディの厚みの最大の決定要因であったからだ。レンズユニットを小さくするためには，レンズの直径を小さくレンズの枚数も少なくする必要があったが，ガラスモールド技術の量産可能範囲を引き上げることでこれを可能にした。

デジタルカメラでは，フィルム式カメラに増して非球面レンズが求められた。デジタルカメラではイメージセンサーの各画素に対して光を垂直方向に導く必要があり，小型化に加えて画質の向上のためにも微妙な角度の曲面で構成する非球面レンズが求められたのだ。2000年に発売されたデジタルカメラ「IXY DIGITAL」は7枚のレンズを組み合わせたレンズユニットをもっているが，APSのIXYよりもさらに小さい1円玉サイズ2倍ズームを可能にした。1円玉サイズのレンズユニットは，小型CCD，高密度実装の画像処理ICの採用と合わせて，カメラ本体の大きさをAPSのIXYとほぼ同じ

に収めることを可能にし，「IXY DIGITAL」はデジタルカメラ市場においてもキヤノンをトップメーカーに押し上げた。

### 1.3.3 レンズユニットの電子制御技術：オートフォーカス，手ブレ補正，視線入力

キヤノンがカメラ市場において他社と大きな差をつけるきっかけとなった製品の1つが，1987年に発売された一眼レフシステム「EOS」であろう。EOSは，オートフォーカス機能を有していた。これに続いて，キヤノンは，プロカメラマンや上級アマチュア向けに，よりスピーディかつ静かなオートフォーカス機能を，超音波による振動を駆動源とした超音波モータ（USM）によって実現した。この技術はスポーツ報道の分野においてデファクトスタンダードとなり，多くのプロカメラマンがキヤノンの「白レンズ」に買い換えた。

1992年には，撮影者の意図をより速く反映させる技術として，見つめたものにピントを合わせることができる「視線入力」を世界で初めて実用化し，一眼レフカメラ「EOS5」に搭載した。この視線入力機能は後に，8ミリビデオカメラにも搭載され，動きのある被写体のピント合わせや，前後のピントの切り替えにも威力を発揮している。

さらにキヤノンは，写真撮影の最大の課題の1つである手ブレを補正する技術を開発した。キヤノンは液体プリズムを使用した手ブレ補正技術「バリアングルプリズム」を開発し，それを搭載したビデオカメラレンズを1993年に発売した。このビデオカメラレンズはキヤノン製品の他，主要電機メーカーの製品にも使われている。1995年にはさらに小型化が可能なメカシフト方式の手ブレ補正技術「IS」を開発し，一眼レフカメラ「EOS」用交換レンズ「EF75-300mm F4-5.6 IS USM」に搭載した。その後，双眼鏡，テレビカメラ用レンズ，ビデオカメラ用レンズにも応用され，主要電機メーカーが上位を独占しているビデオカメラ市場において，カメラ出身のキヤノンが市場シェア3位（2004年　日本経済新聞社推定）に食い込んだ理由の1つとなっている。

### 1.3.4 積層型回折光学素子

2001年には，撮影レンズ用積層型回折光学素子の製品化に世界で初めて成功した（積層型回折光学素子については図表3-1を参照）。これは，光を線と考えて開発されてきた従来のレンズ設計理論とは全く異なる立場に立つ理論，つまり，光を波と考える理論に基づいて設計されたもので，設計の視点における新規性が非常に高い。この新しい設計は，レンズ特有の色収差を軽減し，レンズ全長を短く小型にする全く新しい光学素子であり，画質低下の大きな要因である色収差を蛍石と同等に補正することを可能にした。

積層型回折光学素子の独自性はまた，製造技術に根ざしている。レンズ表面に10マイクロメートル（マイクロメートルは1000分の1ミリメートル）の山を作り，さらに複数のレンズの間隔とそれらの表面の山の頂上がサブマイクロメートルレベルの精度で互いに位置づけられる必要がある。たとえば2層構造の場合には，2枚の回折光学素子の山頂どうしの間隔は1から2マイクロメートルである。凹凸のある回折素子は磨き出しによる形成ができないため，キヤノンでは，仕上げ研磨なしで一発形成できる削切工程を可能にするナノメートル単位の微細加工機を自社開発し，複数回折素子の位置あわせのための超高精度位置合わせ技術を新たに開発した[6]。

### 1.3.5 設計技術

光学設計に不可欠なシミュレーション・システムは，早くも40年前に開発を始めた。基礎理論研究からアルゴリズムの開発を自前で行ない，また，それをコンピュータシステム化し，継続的に改善してきた。1999年9月に全社レベルで設計を3D CADに移行することが決定され，以降，レンズユニットの設計においても3D CAD利用が加速した。現在は，完全試作レスを目指して設計技術の改善に取り組んでいる。試作品を作らないことで開発期間と費用の大幅な削減をすることができる。また，設計情報をデータベース化し，他の設計者の経験を探索，活用できるようにすることで，設計者が創造的な活動に時間を費やせるよう，支援システムが提供されている。

**図表 3-1　積層型回折光学素子**

積層型回折光学素子の構造（概念図）

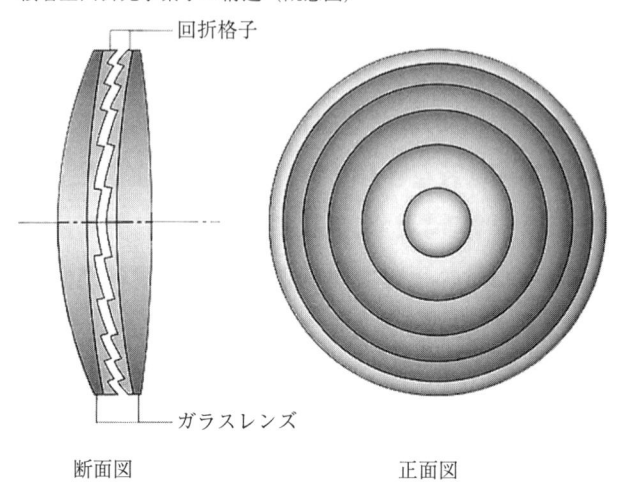

　　　回折格子

　　　ガラスレンズ

　断面図　　　　　　　　正面図

積層型回折光学素子搭載によるレンズの小型・軽量化

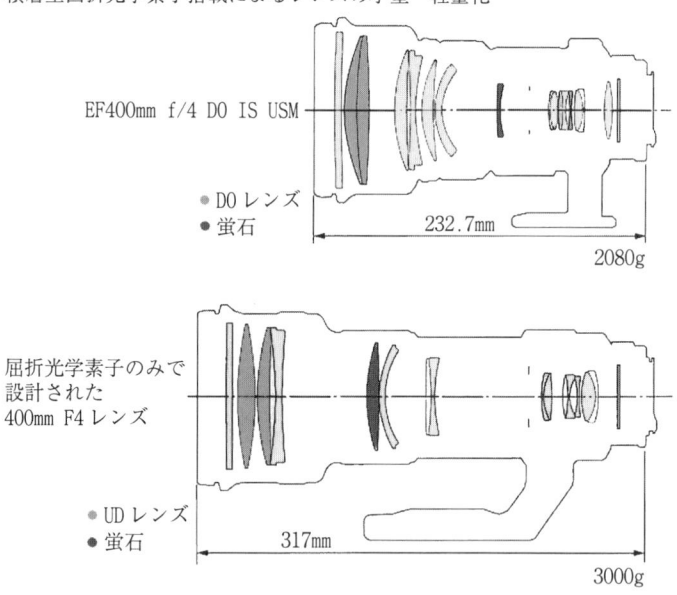

EF400mm f/4 DO IS USM

- DOレンズ
- 蛍石

232.7mm
2080g

屈折光学素子のみで
設計された
400mm F4レンズ

- UDレンズ
- 蛍石

317mm
3000g

出典：キヤノン株式会社　レンズ事業部・レンズ開発センター・カメラ開発センター監修『EF LENS WORK III: The Eyes of EOS』pp.197-198.

### 1.3.6　生産技術

　キヤノンのレンズの生産技術の特徴は3つあり，それは，セル生産方式，熟練作業者，生産機械の社内開発である。

　キヤノンはセル生産方式の採用と徹底した実施で有名であるが，ガラス加工のようなプロセス工程においてもこれを実施した。研磨から芯取りにいたるガラス加工は，従来は工程ごとに作業場を設置し効率を改善していたが，小ロット品や生産変動にすばやく対応し，また，仕掛品在庫を削減するため，一人でガラス加工の一貫生産を行なうセル生産方式を1999年に導入した。

　キヤノンのレンズの製造技術において，熟練作業者の果たす役割は大きい。熟練作業者は，主に2つの役割を担っている。1つは，自らが磨き出しを行なうことである。「すばる」に代表されるような大型の天体望遠鏡のレンズや，半導体製造装置用の大型のレンズ，量産品の検査用の原器，研究試作品などは全て，熟練した職人の手によって磨き出される。たとえば，多くの新製品の試作品の場合，設計図との誤差精度は2マイクロメートル以下であることが必要で，熟練作業者のもつ，レンズ表面の0.01マイクロメートルレベルの凹凸を捉えられる感覚が求められる。レンズ研磨機そのものの機能は1960年代からあまり進歩していない[7]ので，商品の高性能化によって求められるようになった高度な加工は，熟練作業者の技能と，いかにそれを量産設備に落としこめるか，の2点に負うところが大きい。そこで，熟練作業者に求められる第二の役割は，量産技術の開発への貢献と，量産可能な技術水準の設定である。より高性能，小型な光学ユニットを開発すると，既存の量産技術の水準を引き上げる必要が生じるが，この際に，熟練の技を生かして量産技術を設計する必要が生まれる。熟練作業者は，量産設計者とチームを組んで，これを行なう。光学ユニット設計者の要望と量産技術者の知識，品質管理担当者の設定する品質基準の間のせめぎあいの中心となって，量産可能な技術水準を設定するのは熟練作業者である。

　このように重要な役割を担っている熟練作業者であるが，高齢化に伴う人数の減少が起きている。これに対処するため，キヤノンは熟練技能を積極的に育成，伝承している。従来からあった技能認定制度に加えて，2001年，工場内に「名匠」の資格制度をスタートさせるとともに「匠道場」を設置し，

熟練技能の引継ぎをシステム化している[8]。

キヤノンのレンズ事業部では，マイクロメートル以下の精度の加工が可能な型加工機，多様な加工条件の設定が可能な成型機，マイクロメートル以下の精度を保障する測定器などの最先端の製造装置と，セル生産方式で使われる「からくり」機械に代表されるような簡易な機械を，いずれも自らの工夫で作り出している。

## 2. キヤノンの技術マネジメントの特徴

レンズ技術において，上に述べたような技術革新が積み上げられてきたわけであるが，本節では，このように継続的に技術革新を生み続けることを可能にしてきたキヤノンという会社の技術マネジメントの特徴と，レンズ事業における技術マネジメントの特徴を分析する。こういった特徴に注目する理由は，技術マネジメントが，イノベーションが起こるための，企業に特有な環境を形成するからだ。

キヤノンは，1937年に国産の高級カメラを作ろうと創業して以来，「他社に絶対負けない独自の技術力と高品質・コスト競争力」によって「世界No.1への挑戦」を続けることを企業の目標として掲げてきた。技術変化の激しい近年，「自己破壊的技術を自ら開発する」が加わり，これら3つがキヤノンに共有された価値観となっている。

レンズ事業部がもつ技術開発の方針は2つあり，「光学系ユニットに特化し，光学系を組み込んだ製品の完成品は手がけない」，「独自技術による差別化，付加価値を付けた光学系ユニットの開発」である。完成品は社内の製品事業部が担当しており，レンズ事業部は事業範囲の明確な線引きをすることによって，社内での重複を避けるとともに，専門性を高めている。

### 2.1 独自技術へのこだわり

独自技術へのこだわりは，1960年代，複写機事業参入時にゼロックスの特許網と戦わねばならなかった経験に根ざしているということは，多くのキヤノン関係者が認めるところだ。

独自技術へのこだわりは，積極的な特許政策に結びついている。1990年代初め，山路敬三社長（当時）は，「技術者には論文を書くよりも特許を読め，特許を出せ，と指導している」と語っている[9]が，米国における特許取得数においてキヤノンは，2005年2位，2003年2位，2002年2位，2001年3位と安定して上位に位置している（米国商務省発表）。特許は，競合による模倣を防ぎ，価格競争による価値の喪失を避けられる効果をもたらす。キヤノンの役員は，「日本の機器メーカーの技術力をもってすれば，プリンターは簡単に作れてしまう製品だが，実際に参入するメーカーは多くない。それはなぜかというとプリンターの要素技術1つひとつに特許が絡んでくるからだ。作ったところで価格競争力が生まれない」と語っている[10]。

独自技術へのこだわりは近年，キーデバイス全てを自前で開発するという方針へ明確化された。その契機となったのが，アナログ式ビデオカメラの失敗であった。キヤノンのアナログ式ビデオカメラは，レンズユニットしか独自技術がなかったため，技術の差別化もコスト競争力のいずれも構築できず，競争力がなかった。キーデバイスに関するこの方針は，デジタルカメラ分野とデジタルビデオカメラ分野における同社の行動に端的に現れている。普及型デジタルカメラで大成功した2000年発売の「IXY DIGITAL」は，CCDは社外から調達しているものの，レンズユニット，画像処理ICを自前で開発し，小型高性能なキヤノンらしい製品として開発，この製品で2003年にシェア1位を獲得した。普及型デジタルカメラでは他社製のCCDを採用しているキヤノンであるが，デジタル一眼レフカメラ分野においては，自社開発した大判CMOSセンサーを搭載し，画質による差別化を可能にした（2003年には日本ビクターを抜き市場シェア3位になった）。

また，デジタルビデオカメラでは，アナログビデオの時代とは一転して，レンズ，画像処理ICなどを自社技術で構成するとともに，静止画撮影などの特徴的な機能を搭載することにより，「ビデオも静止画も」という，カメラに強いキヤノンらしい差別化を可能にした。

レンズ分野における独自技術へのこだわりは，独自技術による差別化，付加価値の追求をめざし，コモディティ商品を手がけないことに表れている。手がけない商品とは具体的には，レンズつきフィルムカメラやCD用ピック

アップレンズなどだ。逆に，差別化が可能であれば新たな市場に参入する。手ブレ補正機能付双眼鏡で双眼鏡市場に再参入したのは良い例である。

差別化，付加価値による競争優位は，レンズという製品分野においては，比較的維持しやすいものであるようだ。レンズユニットの設計と製造には知識の蓄積が必要で，この分野への新規参入は多くない。レンズ専業メーカーが生き残っていることも，デジタルカメラに一斉に参入した電機メーカーには旺盛な需要があるにもかかわらず，レンズユニットはコニカ，オリンパス，リコー，タムロンなどのカメラメーカーやレンズ専業メーカーから購入し続けていることも，知識の専門性や装置に落としきれない暗黙知への依存度の高さを示唆している。

### 2.2 自己破壊的技術への能動的な取り組み

独自技術へのこだわりと平行して存在するのが，自己破壊的技術への能動的な取り組みである。「自己破壊的技術」という言葉はキヤノンの技術者の間で日常的に使われる用語で，たとえば，プリンター分野におけるキヤノンの行動に端的に現れている。レーザビームプリンタの競合製品にもなりうるバブルジェットプリンタを自ら積極的に成功させたのは，レーザープリンターのリーダー企業の中ではキヤノンだけだった[11]。

レンズ部門も，他社に先駆けて開発した技術を，自ら陳腐化する歴史を築いている。たとえば，レンズの技術革新に関する節で紹介したスーパーUDレンズは，人工蛍石を搭載したレンズに匹敵する性能と小型化を可能にすることによって，普及品分野で採用されている。積層型回折光学素子は高画質とレンズ本体の大幅な小型化を達成することにより，ハイエンドの分野で用いられるようになった。

キヤノンのレンズ事業部は，専任の外販営業部門を持ち，競合企業にもレンズユニットを販売する。高画質競争が激化したデジタルカメラ市場では，東芝やカシオなどが上位機種にキヤノンのレンズユニットを採用し，「キヤノン」ブランドを前面に押し出したこともある。カメラを担当する製品事業部の立場からすれば，競合他社へのレンズユニットの供給は脅威である。このような状況の下でレンズ事業部が自社製品の差別化に貢献し続けるために

は，常に次の技術革新を起こし続けることが必要であり，レンズ事業部は，次つぎと新しい技術革新を起こすように追い立てられている。

### 2.3 研究開発への長期的コミットメント

研究開発への長期的なコミットメントはキヤノンの技術マネジメントにおける重要な特徴で，これは，独自技術でキーデバイスをそろえるために必要だ。レンズ分野ではたとえば，手ブレ補正技術が世に出るまでに必要だった開発投資は，5年以上に及ぶ。しかし，時間がかかり不確実性の高い新技術開発が，同社では当然のこととして行なわれる。そのために必要な安定した資金と人材の供給が続くのには，いくつかの要因が貢献している。

1つには，技術と社会の変化に対する大きな絵（ビッグピクチャー）を描くリーダーの存在だ。キヤノンはプリンターで成功したが，開発は容易ではなかった。それでも開発を継続した背後には，ネットワーク化社会になったときに，キヤノンにとっての入り口はコンピュータに接続するプリンターであるという認識が当時のリーダーにあった。また，バブルジェットプリンタの開発には，電子写真方式よりも単純で安定的な印刷方式があるべきだという，技術の発展経路に関するビッグピクチャーが存在していた。これらのリーダーがいわゆるチャンピオンとして機能したことは，キヤノンの多くの技術者が証言している。

2つ目には，実力主義に基づいた終身雇用である。研究プロジェクトや事業が失敗した場合のリスクは，研究者にとってのリスクと会社にとってのリスクに分けて考えることができるが，いずれも終身雇用を前提にした方が，低くなる。したがって，不確実性の高いプロジェクトに腰を据えて取り組むことができる。研究者個人は，研究プロジェクトの解散とともに職を失う心配がない。会社にとっては，中止したプロジェクトで培われた知識が研究者とともに会社に残り，会社のもつ技術のレパートリーを豊かにする結果となる。たとえば，キヤノンは，米国でベンチャー企業を買収して行なっていたパソコン事業から撤退したが，その時にコンピュータに関連した技術を習得した技術者が，複写機のネットワーク化に貢献している。研究開発による知が人に蓄積し，当初意図しなかったような領域で活用されている。新しい技

術環境のなかで新しい活用の場を見出している。実力主義に基づいた長期雇用が技術開発に及ぼす影響について御手洗冨士夫社長は次のように説明している。

「『実力主義』『健康第一主義』『家族主義』が創業ポリシーだった。実力主義は，『年功序列ではなく人の努力をそのまま評価しよう。人の努力に報いよう』という考え方だ。

当社は雇用を大事にする一方で，年功序列ではなく徹底的な実力主義を採用している。終身雇用だが，年功序列ではないのだ。年功序列では社員がダレてしまう。

当社の社員にやる気があることは，パテント（特許）数に表れている。特許を7万件もっている。またアメリカのパテント登録件数は，昨年は1位だった。ここ20年間，5位から落ちたことがない。

社員たちが，終身雇用で雇用不安のないなかで，落ち着いて，10〜15年など長期間かけて研究開発に競って取り組んでいる。その結果，世界に冠たるパテント大国を築いている。終身雇用のなかで実力主義がうまく機能している。」[12]

3つ目は，安定した資金源である。同社は，借り入れを減らし株主資本を充実させることによって，安定した性格の資金を確保している。また，カートリッジなど，複写機やプリンターの消耗品が安定した収入をもたらしている。

これらの安定した資金源に対して，研究開発への資源配分は将来への投資でぜひとも必要なもの，「研究開発へは金は出すもの」[13]という価値観が浸透している。ちなみに2003年度の研究開発費は連結売上高の8.2%で，同社は売上高の10%を目安に増やしていく方針を明らかにしている。

また，2003年に先端技術研究本部を開設し，ナノテクノロジーなど，5年から10年後に実用化される技術を数百人規模で研究する体制を整えた。さらに，中央研究所では2001年から浪人制度を導入し，1年間自由に研究テーマの探索を行ない，研究テーマとして承認後は2年間の探索研究に従事する仕

組みである。探索研究の成果が認められれば，開発プロジェクトとして事業化を前提とした開発体勢に入っていくこととなる。

### 2.4 モノづくりへのコミットメント

現在のキヤノンは，モノづくり，つまり，精密加工技術へのコミットメントが強く，その能力をますます強化しようとしている。同社が製造技術に注力する理由は，他社が容易に製造できないような精密加工技術に基づいた製品こそが維持可能な競争優位をもたらす独自商品になると考えているからだ[14]。同社は，金型を始め，加工や計測に用いる最先端の装置を内製しており，その水準は一般工作機メーカーよりも高いレベルにあるといっても過言ではない。100分の1マイクロメートル級の切削機や，レンズの技術革新の節で紹介した積層型回折光学素子の型を作る加工機などはキヤノンにしか作れない[15]。モノ作り技術の一層の強化のために，早くも1976年に「生産技術センター」を開設し，自動化設備や金型の開発拠点としている。

### 2.5 技術の商品化のマネジメント

キヤノンの技術の商品化のマネジメントにおいて特徴的なのは，研究者が研究段階から製品開発，商品化へとプロジェクトと共に移動することである。

キヤノンでは，全社レベルの経営会議の方針に基づいて事業部が中期計画・商品計画を立案し，これに対応して事業部内の開発センターが開発計画と予算割当てを行なう。商品化の意思決定は全く新規の製品分野の場合には経営トップ層の判断，既存製品分野における新製品の場合には事業部の判断で決定される。商品化が決定されると，研究所の研究者が，技術の事業化とともに，事業部に移籍する。開発をしてきた技術者がそのまま商品化を担当することで技術をより市場に近づけながらも，それまでに培った深く広い技術知識に支えられて技術そのものの改善も進んでいく仕組みである。これは同時に，研究所に新たな別の技術への取り組みを促す仕組みとなっている。キヤノンは，発売開始後2年以内の新商品が売上に占める割合を6割にすることを目標においている。

研究開発段階では10年単位のコミットメントがなされるが，いったん事業

化されると，その成果はモニタリングされる。全社レベルの「事業審議委員会」によって，事業移行3年後にいったん事業性が検討され，判断がつかない場合にはさらに2年後に再検討される。この時点で事業性が確立していない場合には，撤退の判断に結びつく仕組みだ。

### 2.6 革新運動

これまでに述べたような技術マネジメントは，生産革新，開発革新と続く一連の革新運動によって活動の質の改善と効率化が行なわれてきた。生産革新は，セル生産方式とサプライチェーンマネジメントの導入によって在庫費用を削減しキャッシュフローを改善すると同時に，商品の切り替えを早くし市場への対応能力を高める効果があった。技術のこなれた製品は海外生産に移行して製造費用を引き下げ，セル生産方式によって在庫費用を大幅に圧縮することに成功している。一方で国内工場は，付加価値の高い新製品の製造で生産技術を磨き続けている。

開発革新は，設計プロセスにおける無駄を省いて設計期間の短縮，設計品質の向上，設計費用の低減を目指すものだ。具体的には，設計者への情報支援による設計効率改善を目指して設計情報のデータベース化，開発期間短縮と試作品費用削減を狙いとした試作レスのための解析技術，測定技術，シミュレーションの精度向上のための研究を進めている。

生産革新，開発革新によるコスト削減や作業の効率化によって浮いた時間やカネは，更なる工夫やイノベーションのために使われる原資であるとキヤノンは考えている。つまり，低コスト化や効率化とイノベーションは相反するのではなく，イノベーションを支えている。次の課題は，生産革新の成果によって生まれた工場の新しい能力と，開発革新の結果生まれた開発部門の新しい能力をつなげて，一段高いレベルで革新を起こすことである。

### 2.7 原点志向とシステム思考

キヤノン全体の特徴かどうか確認できないが，レンズ事業部のマネジャーへのインタビューによって新たに浮上してきた特徴がある。サンプル数が十分でないのでレンズ事業部においてさえこの組織の傾向と言い切ってしまう

こともできないが，キヤノンの技術者が上司から学ぶ思考のパターンのいくつかが浮かび上がってきた。それは，原点志向とシステム思考である。以下に発言を紹介する。

「現象を解析して原因を究明し，問題を次に持ち越さないことです。でないと対症療法的になって，長期的には開発の効率が上がらない。対症療法を許していると議論も"なあなあ"になってしまう。自然科学の真理に反することは許さない風土があります。そういう意味で対症療法はだめなんです。」[16]
「解決策として変更点を考える際に，1つやるたびに（そのことによって生じる）10の裏（影響）を考えよ，といわれてきました。表面的な答えをすると上司に一層深いところから質問される。そういう上司に何人かあってきました。」[17]

## 3. レンズ研究開発の宇都宮地区への集中化

キヤノンとレンズ事業における技術マネジメントの特徴をこれまで概観してきた。以下では，そのような環境の中で起きた，複数製品分野に属していたレンズ技術と研究・開発・製造機能の宇都宮地区への集中が，レンズ技術の発展にどのような影響を与えたかを分析する。

### 3.1 集中前のレンズ研究開発の体制

1970年代後半までのキヤノンは，全社レベルで光学を研究する部署として，「光学部」を設置し，博士レベルの研究者をそこに集めていた。光学理論や測定技術，自動設計技術など，基礎研究から光学系の設計までが一貫して行なわれていた。しかし，複写機事業の立ち上げとそれに続く多角化に伴い，光学研究者は，事務機，放送機器，半導体機器，カメラなどの各製品事業部に分散した。各事業部に分散した研究者はその分野の光学技術しか知らないという状態になり，研究者の間の交流は自然と薄まり，他の専門の技術者が何をしているか，互いにほとんど知らないという状態が10年以上にわたって続いた[18]。

2000年にレンズ事業部に集中されるまで，各製品事業部に分散した体制が続くが，変更のきっかけとなったのは，カメラと複写機で技術による差別化ができにくくなった，競争力を失いつつあるのではないかという危機意識であった。社内には，コピーは富士ゼロックスに，レンズはニコンに追いつかれるのではないか，という危機意識が生まれていた[19]。さらに，当時キヤノンの経営陣は，「開発と生産を一緒にコストダウンしたい。そのためには同じ場所でないと困る」[20]と考えていた。R＆Dから生産まで地理的に1ヵ所に集めて一貫して行なうことは，全社的な経営革新運動の重要テーマの1つであった。

### 3.2　レンズ研究開発の宇都宮地区への集中

2000年8月，キヤノンは，各製品事業部がそれぞれの内部にもっていた光学技術部門を1ヵ所に集中し，「光学技術研究所」として宇都宮の最先端の工場に隣接させた。その結果，宇都宮には，「光学技術研究所」，EFレンズ，ビデオレンズ，放送局用テレビレンズなどの生産を行なう「宇都宮工場」，光学機器事業本部が管轄する製品の開発・生産・販売の業務を行なう「宇都宮光学機器事業所」という3つの建物が隣接することとなった。この中でも，宇都宮工場が属する「レンズ事業部」はレンズユニットというコンポーネントに特化した製品事業部として，さまざまな種類のレンズの開発，製造，外販に責任を持ち，最終製品を担当する他の製品事業部にレンズユニットを供給するだけでなく，レンズ技術に関わる数多くの組織単位の要のような存在である。

宇都宮地区への集中の第一の特徴は，全社レベルの研究開発と事業部レベルの製品開発の融合である。しかも，複数の製品分野に関係したレンズ技術が光学技術研究所に一堂に会している点が特徴である。光学技術研究所の設立の目的は，

- 製品の枠を超え，光学技術の向上をはかる
- 多様な製品分野に対して更に高水準な光学ユニットを開発する
- 自社だけでなく，外販事業への展開を行なう
- 事業採算を明確にし，技術だけでなく投資回収を考えた商品化を行なう

| 第 3 章　キヤノンのレンズ技術 |

● 新製品分野への積極展開をはかる

というものであった。

「光学技術研究所」は，図表3-2からもわかるように，キヤノンの組織図に

**図表 3-2　キヤノン組織図（抜粋）**

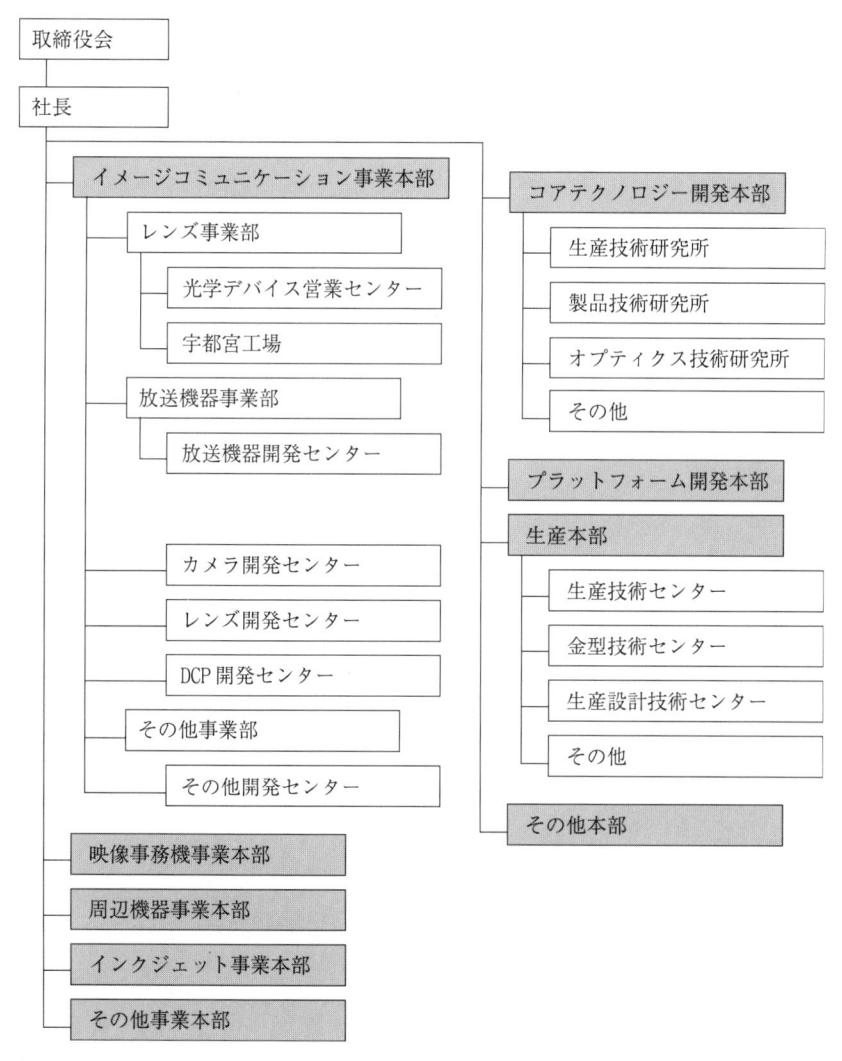

```
取締役会
  │
 社長
  ├── イメージコミュニケーション事業本部
  │     ├── レンズ事業部
  │     │     ├── 光学デバイス営業センター
  │     │     └── 宇都宮工場
  │     ├── 放送機器事業部
  │     │     └── 放送機器開発センター
  │     ├── カメラ開発センター
  │     ├── レンズ開発センター
  │     ├── DCP開発センター
  │     └── その他事業部
  │           └── その他開発センター
  ├── 映像事務機事業本部
  ├── 周辺機器事業本部
  ├── インクジェット事業本部
  ├── その他事業本部
  ├── コアテクノロジー開発本部
  │     ├── 生産技術研究所
  │     ├── 製品技術研究所
  │     ├── オプティクス技術研究所
  │     └── その他
  ├── プラットフォーム開発本部
  ├── 生産本部
  │     ├── 生産技術センター
  │     ├── 金型技術センター
  │     ├── 生産設計技術センター
  │     └── その他
  └── その他本部
```

出典：キヤノン株式会社

は描かれていない。実は，光学技術研究所は，建物の総称としてつけられた名前であり，組織体として独立しているわけではない。したがって，光学技術研究所の中には，組織図上は異なる所属の研究組織体が複数同居している。具体的には，全社レベルで基礎研究を担当する「コアテクノロジー開発本部」に属する「オプティクス技術研究所」や「製品技術研究所」が理論サポートや設計ツールの開発などを行ない，プロフィットセンターである「イメージコミュニケーション事業本部」に属する「レンズ開発センター」と「放送機器開発センター」，「光学機器事業本部」に属する「高精度光学技術センター」などが事業部レベルの製品開発を担当する。「オプティクス技術研究所」のアカデミックなアプローチと，各開発センターの実業のスピード感が，光学技術研究所という同じ建物の中に同居することによって，シナジーを生むことを期待したのだ。

第二の特徴は，研究開発，製品開発と製造技術との融合である。製造技術に関しては，宇都宮には，レンズ事業部に属する宇都宮工場の製造技術部門の他，イメージコミュニケーション事業本部品質保証センターのレンズに関する品質評価部門がある[21]。

図表3-2は，レンズ事業に関連する部分のみを抽出した。

### 3.3 シナジーとは何か

2000年8月の移管を前に，経営トップ層の指示のもと，シナジー効果とは具体的に何か，何をすれば実現できるのかを，各開発センターの部長クラスのマネジャーを中心にワーキンググループを作って検討した。シナジー効果を見定めるためにキヤノンがしたことは，原点を問い直すことだった。そこで新たに問い直されたことは，光学系にとってのこれからの基盤技術とは何なのか，どういう新規技術が必要になるのか，デジタルの本質は何なのか，デジタルで使うレンズはアナログとはどう違うのか，微細加工技術，材料，計測，制御技術，品質，工場において何が求められるのか，開発プロセスの革新には何が必要か，というものであった。

いわば組織変更をきっかけとして原点に立ち返り，新しい組織で何をするべきかについての根本的な問いかけがあらゆる分野でなされたのである。キ

ヤノンが初のデジタルカメラを発売したのが1995年のことであったから，あえて2000年に改めてデジタルの本質やデジタル一眼レフカメラのためのレンズのあり方を問い直したのは興味深いが，むしろ，それなりの経験をしたからこそ新たに方向性を共有する必要があった。たとえば米国の販社は，デジタルはコネクティビティだと主張し，一方で，ある開発担当者はデジタルでは撮影後に加工が可能であるからレンズの重要性は低下すると考えていた。また，別の開発担当者は，プリンターの潜在的可能性が高いから個人でポスターを印刷する日もいずれやってくるであろうし，そうなれば元々のデータの質が良くなければならず，デジタルの世界でこそ一層優れたレンズが望まれると考えていた。同様に，他の分野においても，それまでばらばらの組織の中で独自に描いていた技術のロードマップや開発計画をすり合わせる作業が行なわれた。

　このワーキンググループは各20人ほどで構成され，2000年から2002年までの2年間，仕事時間の半分ほどを割いて集中的に取り組み，シナジー効果の基盤を作った。具体的な成果物としては，共有できる光学CADソフトやシミュレーションソフトの開発，共有可能な高性能の光学測定機器の購入，制御技術の梃入れなどが行なわれたが，同時に，技術のロードマップに代表されるような世界観のすり合わせが行なわれたことも無視できない。

## 4. 宇都宮地区集中の効果

　光学技術研究所に集中したこと，宇都宮地区に集中したことによって，どのような効果が生じたのであろうか。筆者は，宇都宮地区で働く研究所，レンズ事業部，宇都宮工場に所属する現場の技術者に，宇都宮地区集中によって生じた主要な変化は何であったかを質問した。筆者が行なったこの質問票調査では，現場レベルの実感として，宇都宮地区集中は以下のような変化をもたらしたと指摘された[22]。

　　　コンカレント体制の改善：設計と工場にまたがる問題について　　40％
　　　日常的な情報共有の改善と意思決定の迅速化　　　　　　　　　　23％
　　　設計・工場間の応援体制の日常化（問題が先送りされない）　　　10％

| 知の共有，移転，レベルアップ | 10% |
| 互いの情報の先取りと将来への準備 | 7% |
| 該当なし | 7% |
| マイナス効果 | 3% |

加えて，数人のマネジャーに対して，インタビューを行なった[23]。その結果明らかになった，宇都宮地区への集中がもたらした変化は，以下のようであった。

### 4.1　コンカレント・エンジニアリング

　コンカレント・エンジニアリング[24]やフロントローディングは，市場のニーズ，機能，技術可能性，製造性をよりうまく統合するために多くの企業で採用されているが，本当の意味で統合を実現するのは容易ではない。それはキヤノンにおいても例外ではなかったようだ。「キヤノンでもコンカレント・エンジニアリングという言葉は1980年代から使っていたが，今から思えば本当のコンカレントではなかったように感じられる」[25]と，キヤノンのマネジャーは筆者によるインタビューで語っている。

　宇都宮に集中したことによって，これに大きな変化が生じた。設計から試作までを開発部門が担当し，量産段階からは工場に責任が移管する点は，集中以前と変わっていない。しかし，以前は，設計部門は東京の下丸子にいて，宇都宮工場へ引き渡し後に問題が発生しても，自らの問題であるという意識が薄い傾向にあった。設計段階で不安な点がある場合，理想的には工場に確認した上で設計するべきであるが，そういう意識であるから，これをせず，問題を内在化させる傾向があった。

　量産移行の図面検討会も，設計と工場が協力して問題を解決する場というよりは，工場による問題点の一方的な指摘と設計部門の「やむをえない」という論調の説明に終わることが多かった。製造性が良く市場にも受け入れられる製品を作ることは工場の損益にとっても重要なので，大きな視点に立てば，これらを両立するような製品を設計部門と工場が共同で開発することが両者にとっても利益になるはずである。しかし，試作段階くらいまでは，工場の第一線の担当者がそういう意識をもつことは非常に難しいのが現実であ

った。その結果，設計と工場はそれぞれの部門の利益代表としてしか話し合えないということがあった。

　しかし，設計と工場が宇都宮で隣接したことによって，設計は工場でおきた問題にも呼び出されるようになり，また，量産までの責任を開発部門に持たせたことにより，工場で問題が起きるような設計をするべきでないという上流志向の浸透につながった。また，設計者がレンズ加工の場に行く機会が増えて工場のメンバーと顔見知りになった。その結果，設計者は気軽に工場に確認を取るようになり，工場の品質保証担当者が顧客の要求水準を代弁したり，設計者の横でシミュレーションを走らせることも日常的に行なわれるようになった。その結果，設計品質が向上したうえに設計期間の短縮に役立った（開発革新活動の効果と合わせて，製品の開発期間は全社レベルで従来の3分の2に短縮された）。

### 4.2　ルールの進化

　通常の製品開発においては，この材料なら精度はここまで，レンズの端の厚さである「コバ厚」はある基準以下でないといけない，などといった，工場が設定した製造限界（ルール）の範囲内で，設計担当者は設計する。しかし，技術レベルを引き上げるような製品開発には，製造技術を含め，あらゆることの見直しが必要である。たとえば，積層型回折光学素子の開発の際には，回折することによる小型化と，フレア（余分な光のちらばり）による性能の劣化という矛盾を解決するために，レンズ材料から生産技術まであらゆることを新規に開発する必要が生じた。そこで，通常は基礎研究から応用研究，製品開発へとシリーズに移行する研究開発過程を一気に縮めて，基礎研究を担当するコアテクノロジー開発本部のオプティクス技術研究所と同生産技術研究所，生産技術を担当する阿見事業所の金型技術センターと宇都宮工場の生産技術部，応用研究を担当するレンズ開発センターの主任研究員クラスが「DOEタスクフォース（diffractive optical element＝回折素子）」を組み，これらの組織がパラレルに動いて一斉に問題解決に取り組んだ。

　このように，大幅に性能を向上させるような製品の開発においては，キヤノンを含む多くの企業で，製造限界を含め，あらゆることをゼロベースで見

直す試みがなされてきた。問題は，どれくらい徹底して，また，どれくらい頻繁にルールの見直しをするか，という点にある。宇都宮地区は，より徹底して，より頻繁に，より迅速に，これを行なう環境が整ったという点が特徴だ。

キヤノンのあるマネジャーは，積層型回折光学素子の開発を振り返り，「未知の問題に取り組んだのであり，全部新しいことだった。設計と工場が離れているとだめだったろうと思う。近くにいたことでパワーが生まれた」[26]との実感を語っているが，地理的な近接性がなぜ，このような影響をもたらしたのであろうか。

インタビューで指摘された要因は，新しい革新的な製品を開発するために既存の限界を見直すことの重要性を，工場長や開発センター長が明確に方針として示したこと。以前は設計者は工場と話す機会もなく，互いに名前も顔も知らない相手であったのが，話し，人間として出会うことによって現場からの動きが生じたこと。その結果，顧客や事業部からの要請が受け入れられやすくなったこと，などであった。現場のマネジャーの以下の発言は，背景が理解できれば現場は動く，そういう状態ができたことを指摘している。

> 「以前，設計は，工場が設定した製造限界（ルール）の範囲で設計していた。この材料なら精度はここまで，コバ厚はある基準以上でないといけない，とか。しかし，製品の性能を追求すると，製造限界を見直す必要がでてくる。たとえば，設計はコバ厚を薄くしたい。しかし，製造は厚みがないと安定しない。
>
> 　キヤノンの商品が良くなるなら，というロジックと，一体感が出てきたことで両者が歩み寄った。工場という共通の場で，開発が工場を見る機会が増えて，こういうことをやりやすくなった。設計と製造が共同でルールをはずすことで，自由な設計ができるようになり，製品の革新性につながった。IXY DIGITAL の１円玉レンズのガラスモールドではこれを相当やった。」[27]

## 4.3　各製品事業に専門化していた光学技術を融合させる

宇都宮地区への集中の前，事業部制の下，各製品事業部のために活動して

きた各光学技術部門は，それぞれの事業部の製品に特化した技術を育て，製品の特徴に適した特徴を備えるようになっていた。たとえば，放送機器のような産業財商品であれば理論的に厳密に詰めていく体質，小型カメラのような民生品であれば差別化や商品としてのまとまりの良さを強く意識する体質，ビデオカメラ用手ブレ補正機能付きレンズユニットのようなOEM商品であれば言い訳なしの日程管理・納期の徹底とコストを強く意識する体質だ。測定器や測定技術もそれぞれの事業の特徴に合わせて固有に進化していた。

　キヤノンのように放送機器という産業財とビデオカメラという民生品の両方をもっている会社の場合，産業用製品で技術を鍛え，その技術を民生品に展開する，あるいは民生品で鍛えられた量産志向の技術を産業財に展開するのは，産業用製品に特化した，あるいは民生品に特化した企業に対する競争優位の源となりうる。しかし，それを実行するのは容易ではない。まず，転用による効果があるのかどうかについて必ずしも事前に明らかではない上に，実現可能性についての判断も事前には難しい。さらに，経営資源の制約もある。技術を提供する側の部門の規模が小さい，あるいは好調で多忙である場合には特に難しい。理想が現実にならない理由をキヤノンのマネジャーは次のように説明した。

　「一眼レフ用EFレンズや双眼鏡には手ブレ補正が入っている。この技術は民生品アナログ8ミリビデオから始まり，この製品に大きな競争優位をもたらした。それを放送用TVカメラに応用した。ゴルフ中継などでは鉄塔が揺れて定まらないので是非とも必要だった。そこで，外付けで手ブレ補正機能を追加してはいたが，しかし，本格的な手ブレ補正技術の統合は起きなかった。

　これは，そういう技術があることを知っている，知っていない，の問題ではない。放送機器の開発センターは以前は武蔵小杉にあった。同じキヤノン内に技術があるのは知っていても，いざ製品に本格的に入れるとなるとエネルギーがいる。アルゴリズムも変えなければならない，意図的なパーンと手ブレの違いなども区別しなければならない。技術的に他社に先行してはいるけれど，はたして放送機器に応用できるだろうか。実現には確信がなかった。それに，ビデオカメラ部門は自分たちの商品開発で忙しいので，放送用TV

カメラ開発の立ち上げ時からプロジェクトに入ってやることはなかった。ビデオカメラ部門は小さい事業だったから余力もなかった。手ブレ補正機能の内蔵は，放送用TVカメラを担当する放送機器事業部が1996年に宇都宮に移転して初めて可能になった。」[28]

　技術を取り込む過程で，技術ばかりでなく，仕事の進め方についても学習が起こった。たとえば，産業財の性能の要求水準を民生品の設計者が吸収するというように，異なった手順やプライオリティや価値観が互いに影響を与え始めた。
　宇都宮に集中後は，また，これまで別々の製品事業部に属していた技術を組み合わせることによって，競争力を高めることに成功した。レーザビームプリンタは，その光学系に一眼レフレンズの要素技術を取り込むことによって，競争力のある光学系を開発することに成功している。また，非球面レンズの製造技術は，これまでレンズ事業部の工場に埋め込まれていたため，事実上，他の製品事業部には利用できないものであった。しかし，宇都宮地区に集中されたことによって，放送機器など他の製品にも応用されるようになった。さらには，新たな製品分野に参入ができた事例も生まれた。液晶プロジェクタである。

### 4.4　光学としての視点の強化

　光学技術部門が各製品事業部に属していた時には，完成品のニーズから光学系の仕様が落とし込まれる傾向があった。しかし，レンズ事業部に集中したことによって，光学としての視点が強化され，光学系から見た商品，光学系の特徴を生かせるような商品の提案が行なわれるようになった。つまり，これまでは商品設計／ニーズ主導で製品が開発されていたものが，光学系技術／シーズの視点や発言が強くなったことにより，二方向からの視点がせめぎあうような製品開発が可能になった。これらの異なった視点からなされる計画案の統合は，商品開発の中期計画と光学関係の開発活動に関する中期計画のすり合わせの過程で行なわれる。
　また，光学系技術／シーズの視点が強くなったことにより，製品側からは

必ずしも要求されないような技術が，さまざまな商品に積極的に応用されるようになった[29]。

### 4.5 コア技術としての自覚の発生

レンズに関する技術は，キヤノンのコア技術である。これは自他ともに認めるものであるし，キヤノンの社長が歴代強調してきたことでもある。しかし，一眼レフ用交換レンズは，いくら技術イノベーションの先端を走っていてもカメラ本体の性能が話題の中心となってしまうことが多く，また他社も既存技術で巻き返しを図るなどにより，保守的なカメラ市場では大きなシェアの変動がおきにくかった。一方で，デジタルカメラやビデオでは，明らかにレンズの性能や小型化によって製品がシェアを伸ばしたという事例が多く生じ，コア技術として強く意識されるようになった。これらの製品担当者と一緒になったことで，組織全体としてコア技術の担い手としての意識が高まり，モチベーションも高まると同時に，いい意味での競争意識が芽生え，切磋琢磨するようになった。

## 5. 宇都宮地区集中の効果を高めるための仕組み

宇都宮地区へ関係部署が集中した効果を最大限に引き出すためさまざまな仕組みが用意された。

第一が，課長以上の人材のシャッフルである。これまでに培った専門性を生かすために，レンズ事業部においても製品分野別の組織単位は変えられていないが，上司に，これまでと違った製品分野を担当させた。部下はそれまでのやり方で効率的，安定的に仕事をしているのだが，上司が新しい視点を持ち込み，こういうやり方もあるのではないか，という問いを投げかけることによって，仕事の見直しや担当者間での学びあいのきっかけとなった。人事交流は徐々に進み，その後，室長クラスや主任研究員を移動させている。さまざまな場で上司同士が顔見知りになることによって，部下の人事交流がやりやすくなっている。

第2に，幾層にも組織を横断するさまざまな情報交換の機会の設定である。

以下に主要なものを列挙する。

- 「事業部連絡会」月一回，製品事業部，工場，開発センター，外販部隊の所長，課長以上（工場は部長以上）が参加。新製品の売れ行き，立ち上げ状況，開発状況，事業部財務諸表について情報共有（キヤノンでは事業部レベルで連結業績計算制度が導入され，開発，生産，販売，アフターセールスサービスまでを含めた業績を把握している）[30]。
- 「光学技術フォーラム」 春と秋に年2回実施。研究発表会とポスターセッション。製品分野，技術分野の横のつながりを促す。
- 「開発工場連絡会」センター所長，部長クラスが出席。工場量産技術，材料，基本技術，生産技術センター，内製化委員会が参加。ガラスモールドや3D自由曲面加工などの生産技術について議論。
- 「要素技術報告会」 週一回レンズ開発センターにおいて。課長以上が担当する要素技術について。担当者あたり2ヵ月から3ヵ月に一度発表の機会が回ってくる。上に立つものが現場の情報を得る機会。報告書を見ていても苦労しているのがわからないが，直接プレゼンテーションを聞くことで，どこで苦労しているか把握できる。把握できれば舵取りができる。
- 「朝会」 2ヵ月に一回，レンズ開発センターにおいて。要素技術，新製品開発進捗，パテントなどに関することの情報共有。居室で自席に着席したまま行なう。会議室に入らない。設計者は忙しいし，全員が会議室に入ると時間がかかるから。また，会議室に入ると，何かを議論しないといけないような気になって，短時間で効率的な情報共有の妨げとなる。
- 「ワーキンググループ」テーマ毎に組織の境界に関係なくメンバーが組まれる。月に2回から3回のペースで活動を継続している。
- 「共有ホルダー」 レンズ開発センター，コアテクノロジー開発本部，品質保証部門など，各組織単位が自分たちの活動をイントラネットにアップし，共有可能にすることで，継続的に情報がしかも容易に手に入るようにした。ガラスモールドやステッパーなどの研究開発活動の経験が登録されているので開発者が設計に行き詰ったときなどにはア

クセスして解を探すことができる。多様な市場や商品の情報が仕事の中で自然と入ってくるようになったことで，開発者の視野が広がった。
- 「図面検討会」　図面検討会は，従来から行なわれてきた設計と量産技術のすり合わせの場である。製品の設計ができあがった段階で，光学，機械，電気の専門家に加えて工場も同じレベルで参加し，性能やコスト削減の可能性について議論する。これを境にプロジェクトの責任が設計部隊から工場に移行するので，「試作品検討会」（次項参照）と並んで開発プロセスの重要なマイルストーンである。宇都宮地区集中後の変化は，図面検討会前から継続的に行なわれる設計と製造の間の非公式なすり合わせにある。
- 「試作品検討会」　試作品検討会は，試作品を前に，図面検討会と同様のメンバーが設計意図の実現性，設計者が意図しなかった効果の同定と解決のために行なわれる。図面検討会と同様に，以前から行なわれていた開発プロセスのマイルストーンである。通常の製品開発は試作レス化によって開発費用と開発期間の削減が図れるが，新規性の高い製品ほど試作品によってさまざまな検証を行なう必要があり，その重要性が高い。

第3に，設計と工場の社会的関係性の構築である。キヤノンは元来フラットな社風を持ち，設計と工場が対等の立場にあったということであるが，道路一本をはさんだ距離に位置するようになったことで，仲間意識と緊張関係が両立するような社会的関係が構築できた。その様子を，ある開発担当マネジャーは次のように表現している。

「図面検討会にはメカ，電気の専門家に加えて工場も同じレベルで参加し，性能やコスト削減について議論する。フラットな組織で工場の社会的位置づけが同じなのが昔からの伝統だが，宇都宮で道路一本はさんだ距離に移動したことで，開発が工場を見る機会が増えて，設計と工場の間に一体感と緊張感の両方が生まれた。設計が工場の中に入ってしまうともっと工場の発言が強くなるのだろうが，スープの冷めない距離にいるのがいいのではないか。」[31]

## 6. 宇都宮地区集中の本質は何か

　キヤノンの戦略は，独自性のある要素技術（技術プラットフォーム）とものづくりの力の両方を社内で育成し，これらを有機的に綜合することによって他社に作れないような独自性のある製品を，要素技術を核に多角化した事業分野で作り続ける，垂直統合型かつイノベーション重視の差別化戦略である。先に紹介した同社の技術マネジメントの特徴は，この戦略に基礎を置いている。

　この文脈の中で，レンズの研究開発と生産工場の宇都宮地区への集中は，レンズ技術のイノベーションを促進した。宇都宮地区への集中がもたらした変化は何であったかを分析すると，垂直統合型イノベーション企業が技術プラットフォームを強化するためのナレッジ・マネジメントに何が重要か，が明らかになる。

　宇都宮地区への集中とは，各製品事業部に分散していたレンズの研究開発部門を宇都宮地区の光学技術研究所とレンズ事業部へ集中し，これを工場に隣接させたことを意味するが，その結果，起こった変化は，主に以下の4点であった。

(1) 設計と製造の間に継続的で建設的な問題解決の対話が行なわれるようになり（コンカレント・エンジニアリング），その結果，製造しやすい設計や，試作段階での設計変更などにおいて，より迅速に，より効果的に，意思決定と問題解決ができるようになった。

(2) 設計・製造ルールの見直しがより効果的・迅速・頻繁に行なわれやすくなった。たとえば，積層型回折光学素子の開発に見られたように素材から製造技術まで新しく開発するような新規性の高い開発が，より短期間で可能になった。

(3) 製品分野別に深化していた光学技術の融合が起こり始め，一眼レフカメラの技術がレーザビームプリンタに応用されたというような製品分野を超えた光学技術の応用が起きた。

(4) 光学技術というコンポーネント起点の商品提案が活発化した。

これらは，いずれも，要素技術と製造技術という異なった分野において，あるいは，要素技術の異なる指向性の間において，組織がもつ能力を，組織の壁を超えて総動員できるようになったということに他ならない[32]。ここには，本章の冒頭で提示された技術プラットフォームの進化の2つのメカニズムのいずれもが現れている。多角化先の製品分野から技術プラットフォームへのフィードバックと，研究開発と生産技術その間の相互作用である。

これらの相互作用を可能にしたものは何だったのか。宇都宮地区への集中の本質は何か。本節では，これらの変化とそれを支えたものを，知識という切り口で見つめなおしてみたい。

### 6.1 新しい場を形成することで知の組織を変える

宇都宮地区への集中によって，光学技術としてのコア意識の高まりや，製品への光学技術利用の提案が活発化した。宇都宮地区への集中は，組織知の構造の変更である。それまでは知のくくり方が製品単位であったものに，要素技術という知の単位を新しく加えたのだ。その結果，要素技術という視点の強化が生じた。

知のくくり方は個々の組織に特有のものであるが，必ずしも公式な組織単位が知のくくり方を代表しているわけではない。むしろ，組織の中にいる個人が，自らの知識世界をどう構築するか，に依存する。個人の知の構造に影響するのは，誰とどういう知をやり取りするか，である。したがって，組織として知のくくり方に影響を与えようとするならば，公式組織の組織図を書き直すよりも，公式非公式を含めた日常の情報と実践の共有のパターンに影響を与えるべきだ。

この意味において，光学技術研究所は非常に興味深い。なぜならば，光学技術研究所に属している研究組織は，それぞれ異なった公式組織に所属しているのであり，光学技術研究所は一種の寄り合い所帯で，そのものは，キヤノンの公式な組織図には描かれない。端的にいってしまえば，光学技術研究所は，建物の名前である。しかし，本質的には，それは，「場」の名前なのだ。異なる専門分野をもつ光学技術研究者が交流し，互いを知る場である。手ブレ補正技術が放送機器に，あるいは一眼レフカメラの光学技術がレーザ

ビームプリンタに応用されたように，研究者達は，互いの専門性を理解し，自らの意味世界を広げ，他の分野における可能性を発見した。同時に，キヤノンという会社の事業全体における光学技術という全体観を手に入れ，同社における光学の意味を強く意識するようになった。

要素技術を起点とする発想は基本的に，技術の潜在的可能性を実現しようとする技術プッシュの発想である。一方で，製品事業部がもつ製品全体を起点とする発想は，顧客のニーズや競合との差別化などをにらみながら，製品として何を成し遂げるか，機能とコストのバランスとまとまりを重視する。要素技術起点の発想の強化は，それまでに確立していたシステムに不均衡を持ち込むことによって，イノベーションの焦点化装置として働き，新たなイノベーションの源泉となることができる（Rosenberg, 1982）。

### 6.2 異なった視点の間の対話と弁証法的綜合

要素技術視点の強化を上回って現場の実感が強かった変化は，コンカレント・エンジニアリングの強化であった。設計者が自由に設計したものが，そのまま量産ラインに流れるということはほとんどない。多くの場合，設計の変更が必要になる。また，一般的に，設計は際立った機能を求め，製造は作りやすさや製造費用を求める。その結果，設計と製造は往々にして矛盾する主張をする。だからコンカレント・エンジニアリングが求められる。しかしこれが成功するためには，設計と製造が互いの視点を取り込み，全体観をもって設計や製造工程の開発を行なうことが必要だ。それには両者の間の継続的な対話が求められる。コンカレント・エンジニアリングの成功は，キヤノンのような垂直統合型企業にとって非常に重要なのにもかかわらず，宇都宮集中前には，これを行なうことは簡単ではなかった。真のコンカレント・エンジニアリングを行なうことはそんなに容易なことではない，ということであって，これは注目すべき点だ。

では，何がこれを可能にしたのか。異なる意見が妥協ではなく創造的解決に向かうためには，それぞれが自らの意見を主張すると同時に，協力的な態度で臨むことが必要だ。主張を協力が上回れば妥協になり，協力を主張が上回れば争いになる。野中・勝見（2004）や野中他（2004）は，自分の専門性

は捨てずに，相手の文脈に立って相手の真の意図を理解し，2つの視点の間を往還しながら相手と対話を続けることで，弁証法的な対話が可能になると指摘している。まず，相手の主張を理解するためには，受け手の側にもある程度の知識が必要だ（Cohen and Levinthal, 1990）。さらに，集団で解を創造するような集団による知識創造の議論には，多様なメンバーの参加と，互いへの尊敬と信頼，失敗に対する安心感，政治的軋轢の排除が必要だ（Amabile, 1983; 1997）。そうでなければ，なるべく自らの不足を認めない，自己防衛的かつ対決型の議論に陥ってしまい，集団による創造的な解は得られない。

3D CADの進化は情報のやり取りを容易にし，また，設計ソフトに製造ルールを埋め込むので，設計者は自然と製造の視点を取り込むことができる。これが，コンカレント・エンジニアリングに重要な貢献をしたことは間違いない。しかし，3D CADはあくまで補助的な技術であって，どうすれば両方の要求を満たす新しい解に到達できるのかを示してはくれない。そこで，宇都宮地区への集中がもたらした変化に注目したい。

最も明らかで最も興味深い変化は，場の近接性である。地理的に活動の場が近くなったことにより，日常的に相手の働く空間を訪ね見る，時間を共有する，試作品や加工機など同じ物を目の前にして話すことが可能になった。これによって，互いが働いている，あるいは，互いが考えている文脈を理解することができる。つまり，対話が成立するために必要な共通の知識の基盤が形成される。さらに，相手の顔がわかり，思いが伝わることによって，社会的関係性が構築され，相手を尊重することができるようになる[33]。

しかし，これが馴れ合いの妥協に終わらずに，前向きの解決に向かうのはなぜだろうか。先に述べたように，妥協に陥らないためには，個々の視点が，協力的でありつつ強い主張を続けることが必要だ。野中・勝見（2004）や野中他（2004）が自己と他者の視点を往還する，と指摘するのも，いずれの片方にも支配されないということを意味している。それには異なる視点の間のバランスが重要であり，前の節で紹介した光学技術研究所という場と光学視点の強化は，製品視点とのバランスを改善することによって弁証法的対話に貢献する。

協力的になるための第二の要因として，共通の大きな目標の存在もまた，助けとなった。宇都宮集中にあたってキヤノンのミドルマネジャー達は，デジタルの本質は何か，デジタルではどういうレンズが求められるのか，といった本質論を議論した[34]。これが宇都宮地区に共通の，攻撃的な目標をもたらした。同時にこの議論は，何のためのチャレンジかを明らかにすることで，仕事に本質的な意味をもたらし，その結果，個人を内在的に動機づけ，対話を前向きに推し進める動力となった[35]。

第三の要因として指摘しておきたいのは，負の影響を排除した経営の仕組みである。御手洗冨士夫社長が普及させた連結経営や連結ベースの業績把握のシステムは，局所最適へ固執することの意味を薄め，また，組織単位間の政治的軋轢を減少させ，複数の視点を取り込んだ議論を可能にする基礎となっている。

### 6.3　進化するルール

宇都宮地区への集中がもたらしたもう1つの変化として，製造ルールの見直しを伴うような新規性の高い開発が短期間でできるようになったという事例が，1つならず報告されている。これは，組織のイノベーション能力にとって非常に重要な変化だ。なぜか。たとえば，製造ルールは，過去の経験によって製造品質が確保された水準のことであり，これを守っている限り，製造の効率性や信頼性は確保される。その成果を効率性や信頼性で測られることが多い製造部門は，多くの場合，製造ルールを書き直すことに抵抗がある。もし見直せば効率性が大幅に低下することは明らかだからだ。企業としても，製造ルールを長く維持することで効率性が得られる。生産の効率性重視が製品のイノベーションにマイナスの効果をもたらすという意味において，これはある種の生産性のジレンマだ（Abernathy, 1978）。

これを知という切り口から見れば，知の活用と知の創造の間のせめぎあいと理解することができる。企業は既存の知を活用することによって現在の利益を得，新しい知を創造することによって将来の利益を得る（March, 1991）。現状維持の価値観が強い組織や，現在の収益性を強く求める組織は，既存の知の活用を重視し，短期的には効率性が低下する新しい知の創造を選

ばないので創造性を破壊する組織となる。

しかし，キヤノンの目指しているイノベーションは，積層型回折光学素子に代表されるような，他社が作れない精密加工技術に基づいた製品イノベーションだ。製造ルールの更新は避けて通れない。

既存のルールにのっとった開発は機能別組織や軽量級プロジェクトマネジャーの組織でも可能だが，新規性の高い開発には，重量級プロジェクトマネジャーに率いられた統合度の高い組織が必要だ（Wheelwright and Clark, 1992）。新規性の高い開発の難しさの本質はルールを新しく作り出すことの難しさにある。宇都宮地区への集中は，研究部門と設計と工場の間の機能別組織の壁を低くし，より重量級プロジェクトマネジャーの組織に近い環境を作り出した。

### 6.4 文脈をつなぐリーダー

最後に，宇都宮地区への集中とキヤノン全体のマネジメントについて考察を加えておきたい。キヤノンという会社の強さは，自己破壊的技術の開発というスローガンに表されるように組織の創造性を重視しながらも，同時に，競争戦略やビジネスモデルといった経営企画の視点から見ても非常に強力な仕組みを作り上げており，これらが矛盾することなく一体となっている点にある。その結果，イノベーションを継続的に起こし，また，利益も稼ぎ出す，維持可能なシステムが実現している（多くの企業にとって，残念ながらイノベーションが常に利益につながるとは限らない）。以下では，一連の革新運動に注目しながら，キヤノンという会社の知の戦略的なマネジメントを振り返っておきたい。

宇都宮地区への集中は，そもそも，設計革新を行なうために設計者と工場を地理的に隣接させたいという経営陣の意図に端を発した，一連の経営革新の一部である。その全体を俯瞰すれば，効率化とイノベーションがうまくかみ合っている。キャッシュフロー経営，生産革新による在庫の圧縮と短納期化，開発革新による設計品質の向上と設計期間の短縮化，試作費用の低減といった低コスト化，効率化のためのさまざまな試みと並行して基礎技術強化が行なわれたが，前者によって技術研究の原資を作り出し，今の収益性を高

めることによって長期的な投資を強化することを可能にしている。設計品質の向上と設計期間の短縮はまた，次つぎと新製品を投入することを可能にし，デジタルカメラのような新製品投入期間の短い市場においても製品の陳腐化を免れ，利益率を維持することを可能にする。これはまた，基礎技術研究の原資となる。効率性が創造性を抑圧するのでなく，効率性が創造性を支える仕組みである。

　なぜこれができるのか。基礎技術開発を担当する「オプティクス技術研究所」は純粋なコストセンターだが，ここへの投資額は経営トップが決め，資金は各事業が負担する。また，レンズ事業部の中で横串をさしたワーキンググループも，長期的な組織能力向上のための投資である。つまり，キヤノンの中では，長期的な投資が組織の中で幾重にも重層的に行なわれている。その背後には，デジタルとは何か，差別化された技術とは何か，つまり，「何をすべきか」ということに対する真摯な問いかけがあって，これらの活動を支えている。セル生産方式で数十億円のコスト削減をした，と大きく報道されるが，キヤノンの基本戦略は差別化戦略だという点にゆらぎがない。

　御手洗冨士夫社長のイニシアチブは，生産革新に始まり，サプライチェーン・マネジメント，開発革新と動いているが，その全体は有機的につながっている。個々の変革イニシアチブは，現場をある方向へ集中させ，文脈を提供して知識創造を導く働きかけである。これらの文脈が企業のレベルで有機的に結びつくようにアーキテクチャを構想し，連結しているのが御手洗冨士夫社長の果たしている役割だ。知の文脈を有機的に結びつけ，システムとして継続的に機能し続ける組織を作るためには，トップに文脈のアーキテクトが必要なのである[36]）。

　最後に，場について考察を加えてこの章を終わりたい。野中・勝見（2004, p.96）は，「何をつくりたいのか」「何のためにあるのか」という意味をベースに形成される組織が場であり，「意味がベースになるため，特定の空間と場所と人との関係性が湧き上がってきて，場が人を求めるようになり，レーダーのように探知し始めます。(略)これが開かれた場のダイナミズムです」と，場が開かれたシステムであり，意味の関係性に基づいて自由に場の境界が変化する様子を強調している。既存組織の慣性にとらわれずにイノベ

ーションを起こすためには，このように柔軟でダイナミックな性質が求められる。

　しかし，組織の現実を見ると，そのようなダイナミックな場を生み，スモールネットワークをつないでいくことは容易ではない。野中・勝見（2004）が，場が動き出すきっかけとなる人材の必要性を強調するのはそのためである。そのような，個の自発性に基づいた機動的な場の生成を阻害しないマネジメントは必要であるが，同時に，企業が能動的にすべきことは，意味ある目標に支えられた場を，組織メンバーの日常の中に，作り出すことではないだろうか。日常性の違いこそが，宇都宮前と後のキヤノンの違いなのだ。

　本章では，これまで多角化の核として捉えられてきた技術プラットフォームの進化に注目し，多角化先の製品分野からのフィードバックと，研究開発と製造技術の間の相互作用の 2 つが，技術プラットフォームを進化させるメカニズムであることを示した。このメカニズムが機能するための組織的な条件として，物理的に近接する場，共通の目標が与えられること，場のメンバーの日常的な知のやりとり，主張と協力に基づいた弁証法的な対話が必要であることを，最後に改めて強調したい。

---

【注】

1）光を感じて記録する半導体。撮影素子ともいう。CCD や CMOS センサーを含む。アナログカメラのフィルムに相当する。

2）御手洗冨士夫氏の社長就任後，多角化戦略の整理の結果，パソコン，FLC ディスプレイ，電子タイプライター，光カードなどから撤退済みである。これら撤退した事業の中に，レンズ技術関連の事業がないことに注目されたい。これは，レンズ技術がキヤノンにおける多角化戦略の 1 つの核を形成していることを示すもので，レンズ技術に関係しないと多角化に成功しないという意味ではない。レンズ技術と直接関係がないにもかかわらず成功している多角化事業にインクジェットプリンタがあるが，インクで色を出すためのカラーバランスのマネジメントなどは，レンズ技術の開発で培った光学技術が活かされている。

3）「人物－編集長インタビュー　御手洗肇氏　キヤノン社長」『日経ビジネス』1995 年 3 月 13 日号。

4）「キヤノン生産革命はなぜ成功したのか－原価率62%が50%へ 8 年で10%以上下がった－御手洗冨士夫／キヤノン代表取締役」『週刊東洋経済』2003年12月27日号．
5）御手洗冨士夫社長談。「インタビュー　売り上げ規模より「利益」を重視　御手洗冨士夫（キヤノン社長）」『エコノミスト』2002年2月19日号，p.91．
6）キヤノンによる積層型回折光学素子の開発については「小型軽量化する超望遠レンズ　画質不変、大きさ 7 割に」『日経ビジネス』2002年6月27日号に詳しい．
7）キヤノン宇都宮工場（当時：現　光学技術研究所）専任主任の壇勝男氏談。日経産業新聞「超テク人」2003年7月7日1面．
8）キヤノンの名匠制度については，日経産業新聞「モノづくり考現学　キヤノン名匠制度　技能極める意欲評価」2002年6月21日16面，日経産業新聞「キヤノンが技能認定制度　開発力・生産性向上へ布石」2001年6月8日13面に詳しい．
9）山路敬三氏（故人　元社長）談。『日経ビジネス』1992年4月27日号．
10）山本碩德氏　取締役　コアテクノロジー開発本部本部長　ディスプレイ開発本部本部長（当時：現　常務取締役　コアテクノロジー開発本部本部長）談。『日経エレクトロニクス』2003年1月6日号，p.104．
11）キヤノンは，必ずしも商品化という形で自己破壊的技術を業界に率先して導入できたというわけではない。たとえばカメラのデジタル化は他社に先行された。ここでのポイントは，技術者のマインドセットとして自己破壊的技術を遠慮なく開発することを奨励する文化がある，という点にある．
12）御手洗冨士夫社長談。『エコノミスト』2002年2月19日号，p.91．
13）筆者によるインタビュー。2004年4月19日実施．
14）市川潤二氏　常務取締役　生産本部本部長（当時：現　光学機器事業本部本部長）談。『日経エレクトロニクス』2003年7月21日号，p.186．
15）山本碩德氏　取締役　コアテクノロジー開発本部本部長　先端技術研究本部本部長　SED開発本部本部長（当時：現　常務取締役　コアテクノロジー開発本部本部長）談。『日経エレクトロニクス』2004年1月5日号，p.87．
16）筆者によるインタビュー。2004年7月28日実施．
17）筆者によるインタビュー。2004年7月28日実施．
18）筆者によるインタビュー。2004年4月19日実施．
19）筆者によるインタビュー。2004年4月19日実施．
20）御手洗冨士夫社長談。『週刊東洋経済』2003年12月27日号，p.134．
21）全社レベルの製造技術開発部門の多くは，茨城県阿見町にある．
22）質問票調査は，「研究開発部門と工場が宇都宮地区へ集中したことによってあなたの

仕事にどのような変化がありましたか」という問いに対して重要なものから3つ自由記述方式にて回答。筆者と研究助手2名がそれぞれ独自に全回答を分類し，分類先が異なる回答については全員で協議のうえ再分類した。回答者は，レンズ開発センター，レンズ事業部，宇都宮工場に所属する研究開発，製品開発，製品技術，製造技術開発，生産技術（量産技術）を担当する技術者。無記名。サンプル数10。2004年8月31日実施。

23) 筆者によるインタビュー。2004年4月19日，2004年7月28日実施。

24) コンカレント・エンジニアリングは，研究部門と設計と製造の垣根を越えて互いの視点を取り入れ，継続的に製品にとって最適な道を探索しながら開発を進める方法を意味する。対照的なのは，シークエンシャルなアプローチで，まず研究，次に設計，最後に量産技術の開発と順次行なわれる。コンカレント・エンジニアリングの利点は，たとえば，量産移行時に初めて明らかになる設計上の問題を初期段階で製造技術者が指摘したり，あるいは製造しやすい設計をすることで，開発期間を短縮したり製造費用を削減できることにある。

25) 筆者によるインタビュー。2004年4月19日実施。

26) 筆者によるインタビュー。2004年7月28日実施。

27) 筆者によるインタビュー。2004年7月28日実施。

28) 筆者によるインタビュー。2004年4月19日実施。

29) 宇都宮で他の製品分野の光学技術者と近くなったが，これは同時に，製品事業部からの距離ができたということでもある。宇都宮集中の逆機能として，製品のセット志向とのすり合わせが難しくなることが予想される。製品事業部内部にいた時には無意識に行なわれていた情報交換や意思決定が，維持されるような仕組みが必要となろう。この点について，キヤノンのマネジャーから貴重な示唆を受けた。

30) この仕組みは，宇都宮集結以前から行なわれていたが，臨時開催を含め頻度が上がった。その理由は，場所が近づいたことと，必要性が高まったことの両方にある。連絡会の必要性が高まった理由は，新製品比率目標が高く設定されたこと，過去5年くらいはアナログからデジタルへの技術変化が起きて要求される技術も変化した結果技術陣も自己革新が必要になったことなどであった。

31) 筆者によるインタビュー。2004年7月28日実施。

32) 組織の壁がいかにメンバーの視野と知の交流を規定するかは，Henderson and Clark (1990)がアーキテクチャル・イノベーションの概念によって指摘したところだ。

33) 大薗（1998）も，ソニーとフィリップスのCDシステムの共同開発のプロセスの分析から，互いの研究施設に開発担当者が3カ月間の駐在を経た後，この駐在経験者達が

互いの文脈を理解した通訳の機能を果たすようになり，共同開発がスムーズに運ぶよ うになったことを報告している。
34）本質論に基づいた議論から導かれる目標は，野中・勝見（2004）や野中他（2004）の いう絶対価値や自分は何をするために生きているのかといった存在論に基づいた目標 に相当する。
35）内在的な動機付けとは，仕事のやりがいや興味の充足といった，仕事そのものから派 生する動機付けを意味する。個人の創造性にとって必要不可欠な要素。金銭的報酬や 上司の管理，締め切りなどは外在的動機付けと呼ばれ，個人の創造性にはあまり影響 しないことが明らかになっている。詳しくは Amabile（1983, 1997）を参照。
36）この点につき，野中郁次郎氏に貴重な示唆を受けた。

**【参考文献】**

Abernathy, W. (1978), *The Productivity Dilemma: Roadblock to Innovation in The Automobile Industry*. Baltimore, MD: Johns Hopkins University Press.

Amabile, T. (1983), *The Social Psychology of Creativity*. New York: Springer-Verlag.

Amabile, T. (1997), "Motivating Creativity in Organizations: On Doing What You Love and Loving What You Do," *California Management Review,* 40 (1), pp. 39-58.

Baldwin, C. Y., and K. B. Clark (2000), *Design Rules: The Power of Modularity*. Cambridge: MIT Press.

Cohen, W., and D. Levinthal (1990), "Absorptive Capacity: A New Perspective on Learning and Innovation," *Administrative Science Quarterly*, 35 (1), pp. 128-152.

キヤノン株式会社（2003/2004）*Canon Fact Book*.

キヤノン株式会社 *Canon Technology Highlights*.

キヤノン株式会社（2003/2004）*The Canon Story*.

キヤノン株式会社　レンズ事業部・レンズ開発センター・カメラ開発センター監 修（2003）『EF LENS WORK III: The Eyes of EOS』

Hamel, G. and C. K. Prahalad (1994), *Competing For The Future*. Harvard Business School Press.（一條和生訳『コア・コンピタンス経営』日本経済新 聞社，1995年）

Henderson, R. and K. B. Clark (1990), "Architectural Innovation: The Reconfiguration of Existing Systems and the Failure of Established Firms," *Administrative Science Quarterly*, 35 (1), pp. 9-30.

March, J. (1991), "Exploration and Exploitation in Organizational Learning," *Organization Science*, 2 (1), pp. 71-87.

日本経済新聞社編（2001）『キヤノン高収益復活の秘密』日本経済新聞社．

野中郁次郎（1990）『知識創造の経営』日本経済新聞社．

野中郁次郎・勝見明（2004a）『イノベーションの本質』日経BP社．

野中郁次郎・遠山亮子・紺野登（2004b）「知識ベース企業理論」『一橋ビジネスレビュー』AUT，東洋経済新報社．

野中郁次郎・竹内弘高（1996）『知識創造企業』東洋経済新報社．

大薗恵美（1998）『対話としての共同開発』一橋大学博士号（商学）取得論文　一橋大学．

Osono, E. (2004), "Strategy-Making Process as Dialogue," in H. Takeuchi and I. Nonaka, *Hitotsubashi on Knowledge Management*. John Wiley & Sons, pp. 247-286.

Porter, M. E. (1996), "What Is Strategy?" *Harvard Business Review*, November-December 74, pp. 61-78.（中辻萬治訳「戦略の本質」『ダイヤモンド・ハーバード・ビジネス』Feb-Mar，6-31ページ，1997年）．

プレジデント編集部編（2004）『キヤノンの掟：「稼ぐサラリーマン」の仕事術』プレジデント社．

Rosenberg, N. (1982), *Inside the Black Box: Technology and Economics*. Cambridge: Cambridge University Press.

Takeuchi, H. and I. Nonaka (1986), "The New New Product Development Game," *Harvard Business Review*, January-February, pp. 137-146.

Takeuchi, H. and I. Nonaka eds. (2004), *Hitotsubashi on Knowledge Management*. John Wiley & Sons.

Teece, D. (1986), "Profiting From Technological Innovation: Implications for Integrating, Collaborating, Licensing, and Public Policy," *Research Policy*, 15 (6), pp. 285-305.

Tushman, M. and C. O'Reilly (1996), "The Ambidextrous Organization: Managing Evolutionary and Revolutionary Change," *California Management Review*, 38 (4), pp. 8-31.

Ulrich, K. (1995), "The Role of Product Architecture in the Manufacturing

Firm," *Research Policy*, 24 (3), pp. 419-440.

Wheelright, S. and K. Clark (1992), *Revolutionizing Product Development*. New York: Free Press.

―――, (2000)「キヤノン，小型高精度レンズ－圧縮成型凹凸加工（メカフロンティア）」日経産業新聞　5月29日　15面.

―――, (2001)「キヤノンが技能認定制度　開発力・生産性向上へ布石」日経産業新聞　6月8日　13面.

―――, (2002)「モノづくり考現学　キヤノン名匠制度　技能極める意欲評価」日経産業新聞　6月21日　16面.

―――, (2003)「超テク人」日経産業新聞　7月7日　1面.

―――, (2003)「驚異の「キヤノン生産方式」－競争優位を高めるため開発革新を極める」『週刊東洋経済』12月27日号.

―――, (2003)「キヤノン生産革命はなぜ成功したのか－原価率62％が50％へ8年で10％以上下がった－御手洗冨士夫／キヤノン代表取締役」『週刊東洋経済』12月27日号.

―――, (1992)「特集－第2部－もっと影響力を持ちたい－共生の理念伝えるために規模拡大を的絞り資源集中，特許で固め先手必勝」『日経ビジネス』4月27日号.

―――, (1995)「人物－編集長インタビュー　御手洗肇氏　キヤノン社長」『日経ビジネス』3月13日号.

―――, (2002)「小型軽量化する超望遠レンズ　画質不変，大きさ7割に」『日経ビジネス』6月27日号.

―――, (2002)「インタビュー　売り上げ規模より「利益」を重視　御手洗冨士夫（キヤノン社長）」『エコノミスト』2月19日号.

―――, (2003)「Cover Story　キヤノン　山本碩德氏　取締役　コアテクノロジー開発本部本部長　ディスプレイ開発本部本部長」『日経エレクトロニクス』1月6日号.

―――, (2003)「Interview　編集長が斬る－今どき最高益　自分でやるんですよ　中国に負けないものを－市川潤二氏　キヤノン　生産本部本部長　常務取締役」『日経エレクトロニクス』7月21日号.

―――, (2004)「特集　研究開発トップが語る」『日経エレクトロニクス』1月5日号.

# 第4章
# 松下電器産業の躍進
──デジタル家電への挑戦──

児玉　充

## 1. 破壊と創造と躍進

　2004年1月9日に松下電器は2004年度から向こう3ヵ年にわたる中期経営計画「躍進21計画」を発表した。2006年度には連結売上高8兆2千億円，連結営業利益率5％以上という目標を掲げた。松下電器の中村邦夫社長は2000年6月に社長就任後，「破壊と創造」というテーマで改革に取り組んできた。2001年度に創業以来という大赤字を出したが抜本的な構造改革の下，急速に業績は「V字回復」した。改革の1つの柱である事業部制の解体は，経営資源と事業ドメインの選択と集中を可能とした。たとえばマーケティング本部による戦略的な商品企画とビジネスユニットにおける開発・生産とが一体となった有機的な組織運営により，ユーザから見たものづくりの存在価値を問い直した。これによりDVDレコーダー，デジタルテレビ，デジカメなどに代表されるデジタル家電製品である「V商品」を生み出していくことが可能となった。

　松下の構造改革には日本における製造業の復活という中村社長の強い信念が反映されている。「昨今，製造業が衰退したが何とか復活しなければならない。今後は技術ポテンシャルをいかに集中して特色あるメーカに変身していくかが重要である。90年代の松下電器は分散自前型で研究開発の層が薄か

った。大量生産時代はマネシタ電器でよかったが，デジタル化が進展していくなかでは特色ある製品を早期に開発していかなければならない。戦略の最も重要なことは他社がやっていないことをやることであり，そのためにはブラックボックスタイプの技術開発に集中していくことで，日本も製造立国として成り立っていくことを確信している。」（中村社長へのインタビュー）

松下の「躍進21」を牽引する「Ｖ商品」はブラックボックス技術，環境配慮型（省エネ，リサイクル），ユニバーサルデザインという３つの特徴を有しており，2004年度は71品目の「Ｖ商品」で市場シェアNo.1，売り上げ１兆５千億円を目指している。一方これら「Ｖ商品」のマーケティングや開発・製造などを支えているのは，これまで事業部制では希薄であった，ビジョンを有したミドルマネジメントや若手の積極的活動である。今回の構造改革の１つの特徴は，従来の事業部制のピラミッド組織を最大13階層から４階層へと変更し，フラット＆ウェブ型組織へと改革していった点である。そしてBU（ビジネスユニット）長やチームリーダーという新しいポストを設置し，これにより意欲のある若手（主事・主任といった組合員など）が主役になり活躍できる舞台装置が出来上がったところにある。ミドルや若手が当事者意識で事業に参画できる「場」をこの「中村改革」が生み出したのである。

## 2．DVDレコーダーの革新

### 2.1 「垂直立ち上げ」神話の実現——PM本部

中村社長は2002年度の経営方針発表で，「Ｖ商品」で市場占有率トップを維持または奪回し収益のＶ字型回復を目標とする意向を発表した。「Ｖ商品」の代表として位置づけられているDVDレコーダーは，従来のビデオテープ録画に取って代わるデジタル映像の録画・再生装置であり，松下では2005年にはVHSを凌駕すると予測している。そしてDVDレコーダーの市場拡大により松下はDVDの記録再生方式の１つである「DVD-RAM」の世界的なデファクト化を図っていくことを狙っている（図表4-1参照）。

ポストVHS事業の創造に向けたこの新商品の販売戦略を担うのは，各事業部から切り離されたパナソニックマーケティング本部（以下，PM本部）

図表 4-1　DVD レコーダー事業戦略

ポスト VHS 事業の創造
1. DVD-RAM のデファクト化推進
2. DVD 搭載商品レンジの拡大

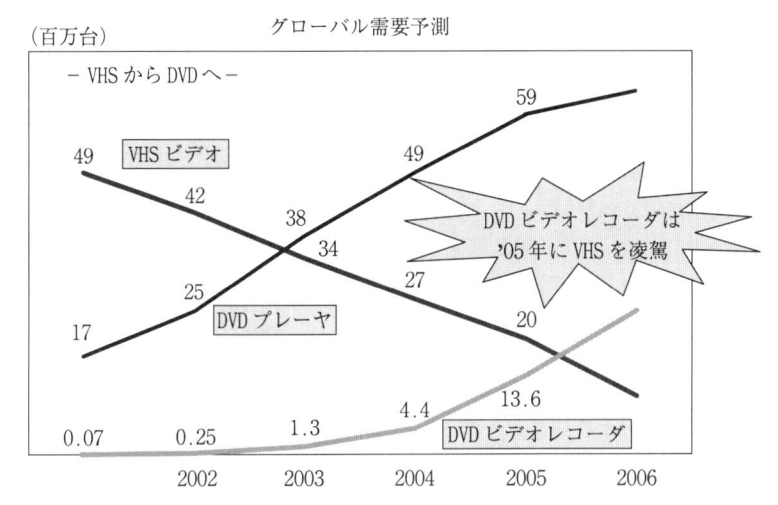

(百万台)　　　　　　グローバル需要予測

－VHS から DVD へ－

VHS ビデオ: 49, 42, 38, 34, 27, 20, 13.6

DVD プレーヤ: 17, 25, —, —, —, —, 59 (曲線上: 49, 59)

DVD ビデオレコーダ: 0.07, 0.25, 1.3, 4.4, 13.6

DVD ビデオレコーダは '05 年に VHS を凌駕

2002　2003　2004　2005　2006

出典：松下電器提供資料

である。PM 本部は商品のマーケティングから販売までさらには商品全部を買い取り，商品主管としての責任をもつ。この点が従来の事業部制の時代と大きく変革した点である。製品を作れば売れるという大量生産時代の事業本部体制では営業と技術のなれ合いの仕事の仕方でも済んでいたが，商品のライフサイクルが短いデジタル技術の世界ではこのような仕事の進め方が全く通用しなくなったのである。PM 本部の特徴は商品の責任者が当事者意識で新製品の企画から販売までコミットするところにある。セールス＆マーケティングの核は「人」である。PM 本部長である牛丸俊三氏は，PM 本部発足当初から多くの社員との徹底的な対話を通じて改革と新市場創造に向けての価値観の共有を図り PM 本部内での一体感を高めていった。そしてフラット＆ウェブ型組織の導入により，PM 本部の約600名の社員がより顧客に近いところで迅速かつ柔軟に「V 商品」の「垂直立ち上げ」を目指していった。

　PM 本部の組織構成は次のようになっている。AV 商品のマーケティング

を主に担当する組織である「商品企画グループ」がある。その中に商品のカテゴリー毎に分割されているチームの1つとして「ホームAVチーム」がある。石原氏はホームAVチームの一員でDVDレコーダーのマーケティングの責任者である。一方,「商品企画グループ」と並列に「コミュニケーショングループ」があり広報・宣伝・販促・Webなどを担当している。大坂氏はDVDレコーダーの広報・宣伝を担当している広報チームの責任者である。さらに「営業企画グループ」は,販売会社や販売店を統括し全ての商品を販売管理をするセクションである。PM本部設立以前の事業部制の時代は,それぞれの事業部で独立してこれらの業務を進めており松下全体としてのシナジーが生み出せていなかった。PM本部になってからは組織のフラット&ウェブ化により情報の共有化や意思決定の迅速化が格段に進展していった。

「事業部制の頃の商品企画は単体の商品の範囲で全て発想がスタートしており,たとえばビデオならビデオのことだけを考え,販売・開発・生産も単品で考えていた。その中に広報・宣伝も事業部のくくりで存在していた。これに対して大きく変化した点はパナソニックブランドを商品の軸としてデジタルネットワークという幅広い範囲の考え方の下,情報共有が密になってきており,広報・宣伝との有機的な連携のなかで商品としての最適な全体像が見渡せるようになったことだ。また組織が格段にフラットになったので,本部長と実動部隊との距離が近くなり意思の疎通がよくなった結果としてスピードが出てきた。当時はわれわれも突然PM本部に異動し,各事業部の営業出身者が集まってきたが,これまでの仕事のやり方はそれぞれ異なり,その中からPM本部として何が最適なやり方なのか色々と模索し,最終的に共通したやり方に統一していった。そして組織のフラット化に伴い各商品の責任者が明確になりマネジメントしやすくなった。日常的に関係部門とよく意思疎通ができるようになりマーケットの視点に立った商品企画が出来るようになった。」(石原史康氏　ホームAVチーム)

「事業部の頃はバラバラでそれぞれに多くの階層があったが,PM本部ではこれらを一緒にして組織をフラットにした。これまでは情報発信もなかなか出

来なかったが現在では意識合わせや意思決定は迅速に決まる。PM本部では商品の責任者が権限をもっておりDVDレコーダーの広報に関しては石原と私で意識合わせしこれを上部に報告していく。商品に関するキーパーソンが決まっているので重要な話は少人数で決定することが可能だ。」（大坂仁志氏コミュニケーショングループ広報チーム）

　PM本部はDVDレコーダーに対してこれまでと全く異なった販売戦略を実行した。この販売戦略は「垂直立ち上げ」と命名され，新商品を発売と同時に大量に売り約1ヵ月の間に一気に高いシェアを獲得するものである。そのモデルの売れ行きが鈍ると次に新商品を大量に売る。これを繰り返すことによりマーケットシェアを獲得しつづけることを意味しておりスピードが問われる戦略でもある（図表4-2参照）。
　過去松下はビデオレコーダーの販売で圧倒的な生産力と販売力を活かして「2番手商法」により国内No.1のシェアを維持してきた。しかしデジタル技術の発展が商品の開発期間とライフサイクルを短くしさらに価格の低下スピードを速め，これまで松下の強みであった大量生産や系列店での販売力が活かせなくなってきたのである。つまりデジタル家電ではこれまでのビジネスモデルは全く通用しなくなってきたのである。

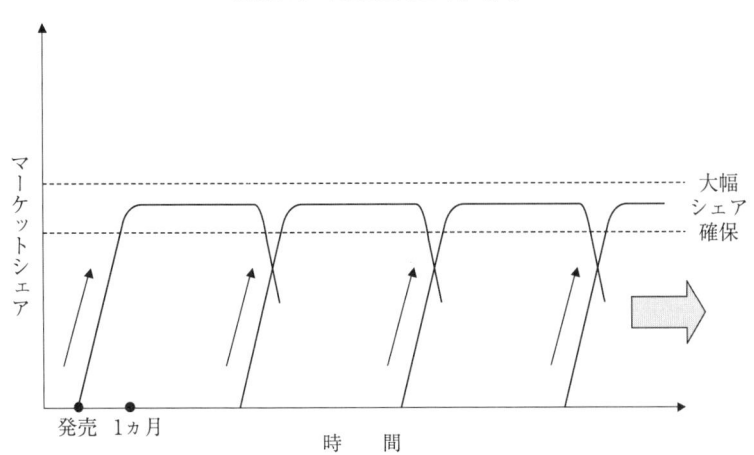

図表4-2　「垂直立ち上げ」戦略

松下初のDVDレコーダー「E-10」（2000年6月に販売）は当時25万円したが，PM本部の徹底的なマーケティング調査と顧客動向調査から2番目の新商品である「E-20」（01年7月）を13万5千円で販売した。さらには02年3月には10万円を切る9万3千円という「E-30」を投入した。続いて03年3月にはオープン価格（6万円前後）である「E-50」を発売。このようにわずか3年ほどで「垂直立ち上げ」によりDVDレコーダーの市場を日本および世界で大きく立ち上げ，松下の販売シェアを一気にNo.1へと成長させていったのである（図表4-3参照）。この「垂直立ち上げ」を実現できた背景にはマーケティング－広告・宣伝－販売－開発－生産におよぶ一連のビジネスプロセスの有機的なコラボレーションがあった。

　この有機的なコラボレーションはさまざまな組織間での重層的で濃密な「場」の形成（Nonaka, Toyama and Konno, 2001）により生み出されている点が大きな特徴である（図表4-4参照）。たとえばPM本部内ではマーケティング－商品企画－販売－広報・宣伝にいたるさまざまなセクション（商品企画グループ，コミュニケーショングループ，営業企画グループなど）で有機的かつ重層的でクロスファンクショナルな「場」が形成され，「垂直立ち上げ」に向けたさまざまな戦略と戦術が絞り上げられている。またグループ会社である松下LECや松下CEなどの流通販売会社との「場」も積極的に形成され，量販店や専門店からの顧客情報やコンシューマ情報がPM本部と深く共有されている。さらにマーケティング－開発・生産とのコラボレーションに関しては，DVDレコーダーの新商品企画について機器開発・製造部門であるAVCネットワーク社や松下デザイン会社との濃密な「場」が形成されている。AVCネットワーク社と半導体社との間ではDVDレコーダーのブラックボックスであるシステムLSI開発に向けて濃密なコラボレーションの「場」も形成されているのである。

　特にAVCネットワーク社とPM本部との間の商品企画－開発・生産におけるプロセスでは常に激しい議論の「場」が形成され頻繁に新しい動態的文脈が生まれていっている。

　「われわれには市場に近いということでさまざまな顧客情報が常時あがってく

**図表 4-3　DVD レコーダー「垂直立ち上げ」の成果**

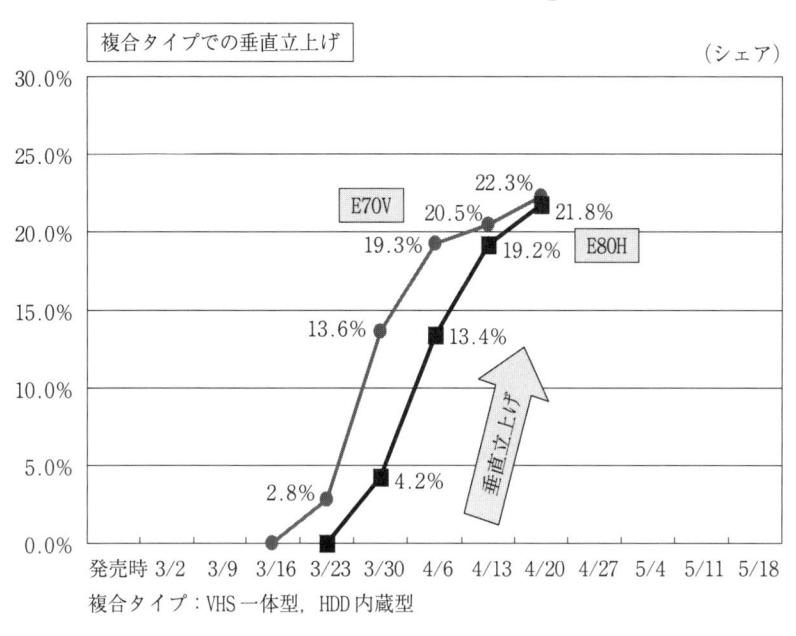

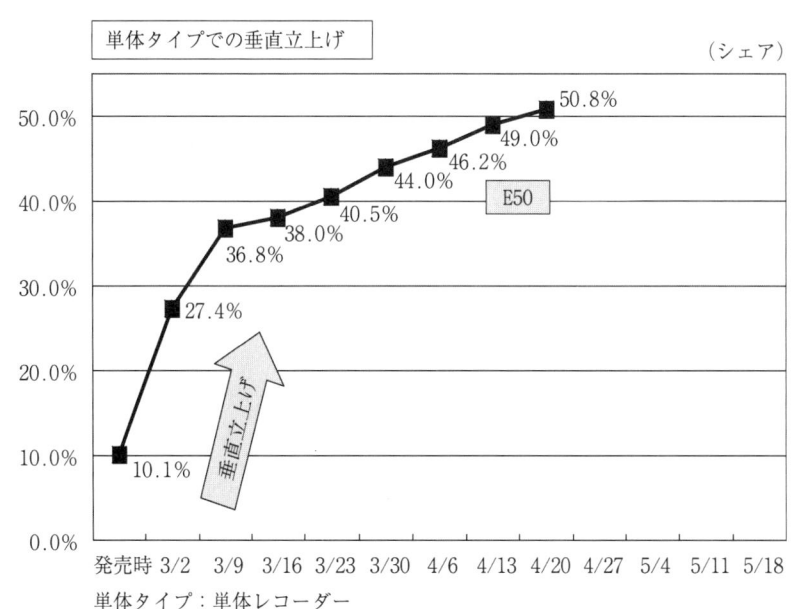

複合タイプでの垂直立上げ　　　　　　　　　　　　　　（シェア）

- E70V: 19.3% → 13.6% → 20.5% → 22.3% → 21.8%
- E80H: 2.8% → 4.2% → 13.4% → 19.2% → 21.8%

横軸: 発売時 3/2　3/9　3/16　3/23　3/30　4/6　4/13　4/20　4/27　5/4　5/11　5/18

複合タイプ：VHS 一体型，HDD 内蔵型

単体タイプでの垂直立上げ　　　　　　　　　　　　　　（シェア）

- E50: 10.1% → 27.4% → 36.8% → 38.0% → 40.5% → 44.0% → 46.2% → 49.0% → 50.8%

横軸: 発売時 3/2　3/9　3/16　3/23　3/30　4/6　4/13　4/20　4/27　5/4　5/11　5/18

単体タイプ：単体レコーダー

出典：松下電器提供資料

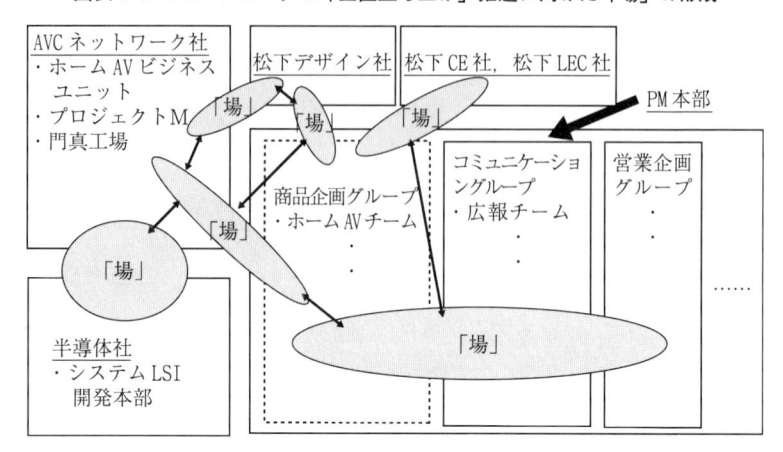

図表 4-4　DVD レコーダの「垂直立ち上げ」推進に向けた「場」の形成

```
AVC ネットワーク社          松下デザイン社    松下 CE 社, 松下 LEC 社
・ホーム AV ビジネス                                              PM 本部
  ユニット              「場」       「場」      「場」
・プロジェクト M
・門真工場                          商品企画グループ    コミュニケーショ    営業企画
                      「場」       ・ホーム AV チーム    ングループ        グループ
                                                ・広報チーム
半導体社                                  「場」
・システム LSI
  開発本部
```

る。DVD の商品企画に当たっては，市場の変化を感じて AVC ネットワーク社の商品企画や開発チームといろいろやりとりする。PM 本部としては売れる商品としてこうあるべきであるというのを示す。商品機能は市場や顧客の声はもちろん他社の動向を検討しながら企画していくことも重要であるが，われわれの感覚や想いを商品に組み込んでいくことも重要である。PM 本部は商品を仕入れて売らなければならない責任があるので，売りづらいものをAVC ネットワーク社から買い取るわけにはいかない。PM 本部の発言権は大きくなっているがそれだけに責任も重い。商品企画の中身については絶対妥協しない。商品のスペックやデザインも販売直前でかなり変更することもある。しかし最終的には困難な技術的な問題も条件付きでクリアされてしまう。」(石原史康氏　ホーム AV チーム)

「いままでの営業は事業部が作っていたのを流すだけであり，売れなかったら事業部に商品が戻っていただけであった。そして技術と営業の関係も，技術が作っても営業が売らないじゃないか，営業は技術がろくなもの作らないからだ，というなすり合いで終わっていた。しかし PM 本部になってからは買い取り制にしているので，売れなかったら PM 本部が責任をとらなければならない。よって PM 本部は AVC ネットワーク社に対してこういう商品を作

ってくれないと買わないよということができるようになった。AVCネットワーク社としてよく納得することで頑張って作るということになり，話が前向きになりいい方向になってきた。以前の営業は作ったものをただ単に売るというプロダクトアウトの発想が強かった。組織体制の見直しでPM本部とAVCネットワーク社とのやり取りが質とスピードの面で大きく変化しているのが実感できる。AVCネットワーク社には技術面や価格面でかなりきつい要求を聞いてもらっている。さらに商品企画の段階で，関連する流通部門に対しても色々な情報がお互いフィードバックされ，うまく仕事が回るようになった。その結果さまざまな組織間での信頼関係が構築できるようになってきている。」(大坂仁志氏　コミュニケーショングループ広報チーム)

一方，松下が機能面と価格面で常に前機種を上回るDVDレコーダーを開発できるのは，松下の組織改革で新たに誕生したDVDレコーダーの開発・生産を一手に引き受けるAVCネットワーク社と，DVDレコーダーのブラックボックスの1つであるシステムLSI開発を担う半導体社(後述する)の存在が特に重要である。

### 2.2　ものづくり改革への挑戦──AVCネットワーク社

PM本部が要求する目標価格を含めたDVDレコーダーの商品スペックは常に厳しい。しかしAVCネットワーク社ホームAVビジネスユニット長の松本時和氏とDVDレコーダーの開発責任者である河村一郎氏はPM本部からの要求条件を常にクリアーすべく次の3つの開発・製造に関する基本方針を貫いている。1点目は「モジュール化設計構想」である。これはハードウェアの標準化共用化設計，商品の多機種展開に対応していくためのソフトウェア開発のモジュール化そして設計・製造・資材調達・品質管理の一貫した体制づくりである。2点目はセット開発と半導体デバイスとの密なる結合に向けた社内の半導体社との濃密なコラボレーションである。3点目は「ものづくり改革へのアプローチ」であるセル生産の推進である。

この点に関して，松本BU(ビジネスユニット)長は次のようにコメントしている。

「開発技術の進め方の基本は次の3点である。1点目は各部品の標準化・モジュール化，2点目はセット部門と半導体社の密な連携によるキーデバイスの集積化とノウハウの蓄積，3点目は設計とものづくりの密な連携による製造しやすい設計方法などの基本的な進め方にある。DVDレコーダーの新しい機能追加・変更，日程の前倒しなどが突然出てきても懐を深く（吸収能力を高く）し対応できる体制を整えている。高機能，低価格は以上の3つの条件がクリアされているので結果的に達成できている。決して妥協はしない。しかし機能と価格のバランスについてはPM本部と話し合い微妙な調整をしていく。」

ものづくり改革として大きな威力を発揮しているのがセル生産である。開発と製造の1体化は製品スピードの向上と高品質化に向けて必須の条件でもある。DVDレコーダーの1つの機種を開発するには最初の構想段階から1年弱ぐらいかかるが，早い時期に今の工場のセル生産での問題点を改善・吸収していくことが重要であり，松下の特徴は工場の技術者・技能者と最初の構想段階から密に連携し最後に設計・製造プロセスの詳細をつめていくやり方である。金型を製作する前に試作品の開発を含めどうすれば作りやすくなるかや工程が改善できるかなどさまざまな提案や課題が工場側からセット部門にフィードバックされる。セル生産だから技能者のフィードバックがくるのである。

またDVDレコーダーのブラックボックスでもあるシステムLSI開発でも常にAVCネットワーク社と半導体社の両部門で技術ロードマップが共有され，経営者レベル，部長レベル，開発担当者レベルなどさまざまなマネジメントレベルで深い議論を展開している。松本BU長は半導体社とのコラボレーションに関して次のように述べている。

「かなり難しいLSIの要求条件でも日々担当者レベルで意識の共有をしている。ほぼセット部門の機能要求を聞いてもらっている。お互いに仕事のことや商売のことが分かってきているので，何が必要なのか，世界的なLSIのトレンドはこうやからここまでは必ず到達しなければならない。これに対して

どの程度がんばるかが鍵である。あとは日程をどうするかである。これはわれわれのいうところの半導体社の懐の深さである。セット側と中期的な商品のロードマップをある程度共有しているので，ある技術の流れでいったときにこんな商品が出てくるであろうという予測をしている。ぜんぜん突拍子のないのがでてくるのではなく，だいたいこんなものだろうと高い確率で予測している。来年は高いのから安いのまでこんなものを作るんだという情報を共有し製品のコンセプトが早い時期でできている。これが社内の強さである。昔（事業部制）にくらべて格段に敷居が低くなっている。」

この松下の開発と製造に関わる強さが現在のDVDレコーダーの技術革新を支えているといえる。それは「E-10」から「E-50」までのDVDレコーダーのプリント基板の変化に端的に表れている（図表4-5参照）。「E-10」から「E-20」へとプリント基板を小型化するプロセスで，映像や音声のアナログ信号をデジタル信号に圧縮するためのエンコーダーの機能は7.5個のICチップで動作させていたものを1チップにまとめ上げた。また同時にデコーダーの機能も6個のICチップを1チップに集約した。「E-10」ではプリント基板と製品内部の底面に置かれたマザーボードが9本の配線で接続されていた。それに対して「E-30」ではプリント基板をマザーボードに直接ピンで差し込む形態に改善し，さらにはプリント基板からのノイズ遮断に向けてLSIのパッケージ技術の見直し（周辺端子配列型の代表的パッケージであるquad flat packageから小型・高性能・多ピンのパッケージであるchip size packageに変更し実装面積を縮小）により組み立て工数を削減した。このように松下のDVDレコーダーは，システムLSI開発と高密度実装技術の高度化という自社の技術力により，製品機能高度化と製品価格低減という矛盾を両立させているのが大きな特徴である。

AVCネットワーク社の開発者はただ単にPM本部からの要求に対して受身的な行動のみをしているわけではない。彼ら（彼女ら）は開発者・技術者であると同時に自らが顧客・コンシューマーでもあることを認識している。新型のDVDレコーダーには技術サイドからの機能提案が盛り込まれている。

図表 4-5　DVD レコーダーの基盤サイズの変遷

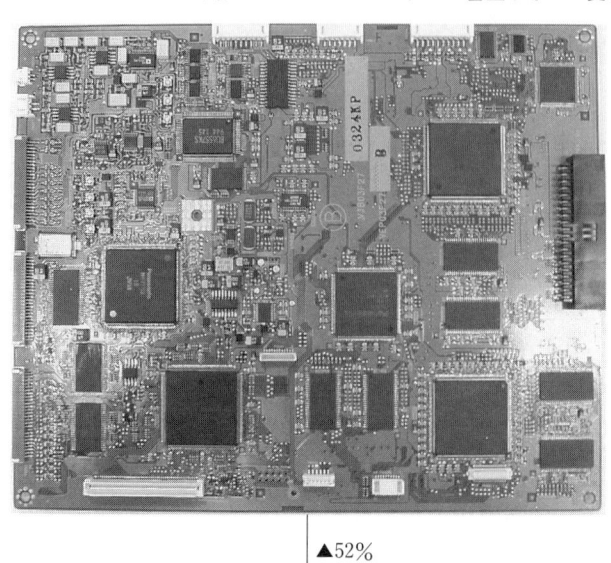

E10 Digital PB
230×184mm

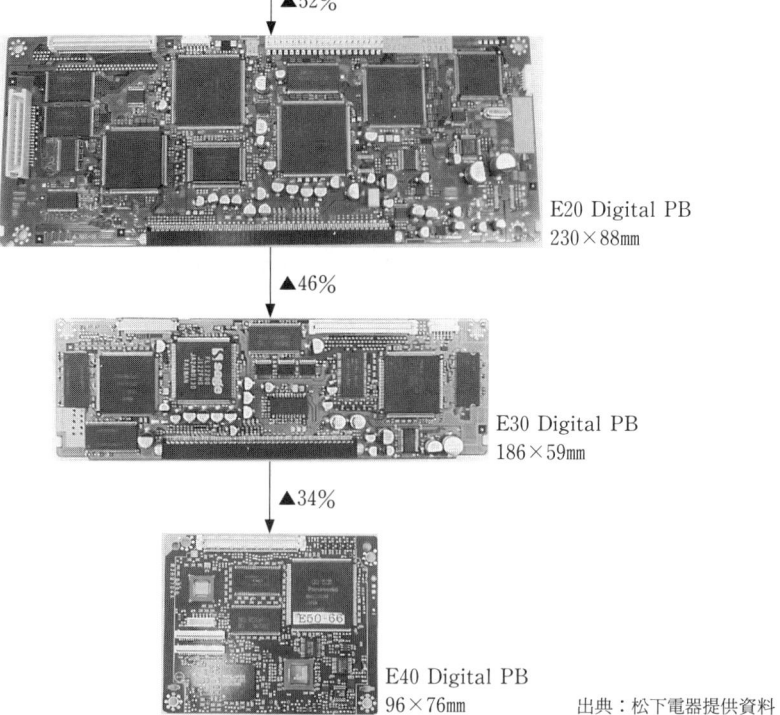

▲52%

E20 Digital PB
230×88mm

▲46%

E30 Digital PB
186×59mm

▲34%

E40 Digital PB
96×76mm

出典：松下電器提供資料

「DIGAのSDカードにMPEG 4の機能をE100シリーズから入れた。この機能の発想は技術の現場サイド（若い技術者）からの提案である。これはどういうことかというと開発側は常に1年〜2年先にどんな機能をいれていくかを検討している。DVDレコーダーを次に売るにはこんなことしなければいけないという発想が現場の技術サイドになんとなく醸成されてきて，来年はこんなことをやりましょうなどということをPM本部さんへ打診しながらコンセプトを作っていくというのがある。つまりある程度事前に技術サイドで可能性を検討しているため色々な要望に答えられている。ブレーンストーミングした結果でもある。お客さまからの発想だけではない。携帯電話を開発しているモバイルコミュニケーション社とも連携しFOMAのMPEG 4ファイル形式を合わせてすぐに開発した。こういうのがドメイン間，ドメイン内でやりやすくなり垣根が低くなった。」（河村一郎プロジェクトMリーダー）

「プロモーションや宣伝の検討がPM本部で必要となる。目新しい機能というのはお客さまはまだ知らない機能である。新しい機能（開発費をかけている）による新しい使い方をお客さまが理解できるように提案していく。カタログ，雑誌記事に出すなどいろいろ試行錯誤する。このように作る側から売る側にも情報発信し新しい機能，新しい使い方がお客さまに伝わって販売につながる。最初は売る側の要求を作る側が吸収し実現する。こんどは作る側がこんな技術でこんな機能を入れたらこんなのが出来るということをお客さまに意味のあるものにして売っていく。事業部制のころは組織の壁があってこんな話はなかなか出来なかった。今はすなおにできる。コラボレーションしていくことが目標だということが皆明確に理解しており自発的に行なわれる。」（松本時和BU長）

さらに2003年3月に発売されたDIGAはシステムLSIなどのキーデバイスが，国ごとに異なる電圧や放送方式の全てに可能となるように設計されており，世界同時発売・垂直立ち上げを実現した。このような世界同時垂直立ち上げによるマーケットの制覇を実現していくには，継続的に新製品を構想し実現していくマーケティング力と技術力が必要となる。この点に関して松

本時和BU長は組織連結力の重要性を示唆している。

「前線のPM本部は今の顧客要望である。それに対して技術側からの思想もある。これはPM本部と話し合いながらやる。技術のトレンド（CPUの性能，コア技術，プロセスの進化，集積度など）は比較的当たる。しかしこの技術を使って商品を作るかどうかは別の話である。そこはPM本部とよく対話しなければならない。セット部門は技術が予測できるベースで提案していく。PM本部と話し合いながらどういった技術を組み合わせて商品を出していくかが重要である。アナログ時代とちがってデジタル製品は必要な技術や機能を組み合わせてやればできる時代である。しかし市場の要望に応じてあらかじめ顧客ニーズを想定し技術のトレンドを見ていく。セット部門と半導体社で新製品に備えておく。すこし外れたときは即修正をかけて懐が深ければそれが吸収できる。しかし選択肢が多いのでどこに収斂させていくかである。PM本部の思想，セット部門の思想，半導体社の思想を融合していくのが重要であろう。」

## 3．ブラックボックス化への挑戦
### ——半導体社の技術戦略——

　松下電器産業は，社内にデジタル家電製品を開発・製造するAVCネットワーク社などのセット部門と，システムLSIの開発・製造を実施する半導体社である半導体部門の双方を有する垂直統合型の総合機器メーカである（松下の半導体社は半導体メーカーの分類からするとIDM［Integrated Device Manufacturer］と呼ばれ自社の機器向けと他社への販売の双方の機能を有するキャプティブメーカーであると同時にマーチャントメーカーでもある）。

　一方で現在のシステムLSIの産業構造は松下のような総合機器メーカー（松下以外には東芝，ソニー，富士通などがある）の他に，自社内にセット部門を有さない半導体専業メーカー（たとえば国内では，NECエレクトロニクスや日立と三菱の合弁会社であるルネサスなど，海外ではテキサス・インスツルメンツやインテルなど）がある。また半導体の生産ラインをもたず

システム LSI の開発・設計のみを担当する半導体開発専業メーカー（ファブレスメーカー）が存在する。また LSI を商品とせず CPU コアや機能ブロックである半導体 IP（Intellectual Property）などを開発・販売する知的財産権ビジネスを重視した「IP プロバイダ」という開発メーカーも存在する。さらにはシステム LSI の試作以降（LSI の製造）の作業を受託する専門半導体ベンダー（オープンファウンドリー・メーカー）が台湾などで台頭してきている。ファウンドリー・メーカーの代表的な企業は台湾の TSMC（Taiwan Semiconductor Manufacturing）などがある。ファブレスやファウンドリーのビジネスモデルは水平分業というよりもむしろ垂直分業に近い構造である。

さて半導体専業メーカーの場合，顧客である機器メーカーとの商談ではシステム LSI の設計フローのどのインターフェイスで受注するかでビジネス内容が異なってくる（図表4-6参照）[1]。図表4-6のケース1ではインターフ

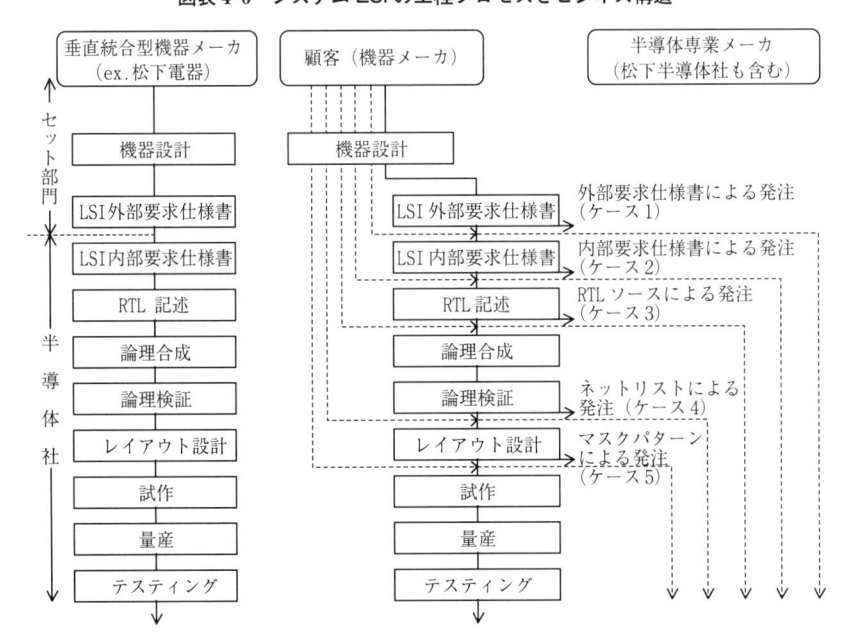

**図表4-6　システム LSI の工程プロセスとビジネス構造**

| 垂直統合型機器メーカ (ex. 松下電器) | 顧客（機器メーカ） | 半導体専業メーカ (松下半導体社も含む) |
|---|---|---|
| 機器設計 | 機器設計 | |
| LSI外部要求仕様書 | LSI外部要求仕様書 | 外部要求仕様書による発注（ケース1） |
| LSI内部要求仕様書 | LSI内部要求仕様書 | 内部要求仕様書による発注（ケース2） |
| RTL 記述 | RTL 記述 | RTLソースによる発注（ケース3） |
| 論理合成 | 論理合成 | |
| 論理検証 | 論理検証 | ネットリストによる発注（ケース4） |
| レイアウト設計 | レイアウト設計 | マスクパターンによる発注（ケース5） |
| 試作 | 試作 | |
| 量産 | 量産 | |
| テスティング | テスティング | |

出典：ICガイドブック JEITA や半導体関係者へのインタビューにより作成

ェイスが外部要求仕様書（システム概要，機能，性能，目標価格，品質レベル，納期など）のレベルである。松下の半導体社と社内顧客である AVC ネットワーク社との業務のインターフェイスがこのケースに相当する。ケース2ではインターフェイスが内部要求仕様書（システム LSI ブロック図などのアーキテクチャ設計書）のレベルである。ケース3ではインターフェイスが RTL（Register Transfer Language）[2] ソースコードでのレベルであり，論理合成以降を半導体専業メーカーで担当する。ケース4のインターフェイスが論理回路図（ネットリスト）のレベルであり，レイアウト設計以降を半導体専業メーカーで担当する。開発設計型のファブレスメーカーではケース1の外部要求仕様書レベルからケース4のレイアウト設計までを請け負うケースが多い。ケース5のインターフェイスはマスクパターンのレベルであり，試作以降をファウンドリー・メーカーが担当する。

　セットの開発に当たって，コアとなるシステム LSI を半導体部門とどのインターフェイスで分担するかはターゲットとする半導体製品の分野や目的によりまちまちだが，デジタル家電のようにライフサイクルが短く要素技術のブラックボックス化が要求される製品開発に関しては，セット部門と半導体部門との密接なるコラボレーション体制を構築している松下電器のように，セット開発から LSI 設計・生産の統合化と最適化を推進する垂直統合型ビジネスモデルの方が競争優位性を高める可能性は高い。中村社長は超・製造業に向け「強いデバイス事業の創出」を掲げている。システム LSI のようなデバイス事業はV字商品のブラックボックスとして位置づけられ，他社が追随できないような要素技術を開発してこれをいち早く民生用製品に搭載することで競争力のあるセットを開発・製造していくことを目指している。さらに，デバイスが埋め込まれたセットとネットワークサービスなどが一体となった，顧客向けのソリューションビジネスをより一層加速させ，従来になかった新たなバリューチェーンを構築していく狙いがある。これが松下電器の成長戦略である。

### 3.1　システム LSI とは？

　システム LSI とは，1つのチップ上にシステムを構築する機能の一部ま

たは全てを搭載する LSI のことを示す。たとえば，テレビ電話システムを一例にとる。テレビ電話システムは，音声・動画・グラフィックスなどを処理するデジタル処理部，テレビ電話システム全体を制御する CPU 部，データの蓄積等を行なうメモリ部など，複数の機能から構成されている。従来 LSI は，LSI の集積度の制限からデジタルロジック（いわゆるハードウエアの部分）のみを対象としていた。システム構築は，複数の LSI を組み合わせることにより 1 つの機能を実現していた。しかしながら，LSI の集積度が向上すると，デジタルロジックで構成されるデジタル信号処理部全てが 1 チップに集積可能になるだけでなく，制御部やメモリ等そのほかの機能もチップ内に搭載されるようになった（図表4-7参照）。これがシステム LSI である（システム・オン・チップ［SoC］とも呼ばれる）。一例として，図表4-8にテレビ電話システムで使用されるシステム LSI の一例を示す。CPU，DSP，メモリ，動画処理部，音声処理部，グラフィックス処理部等が 1 チップの中に構成されている。

**図表 4-7　システム LSI とは**

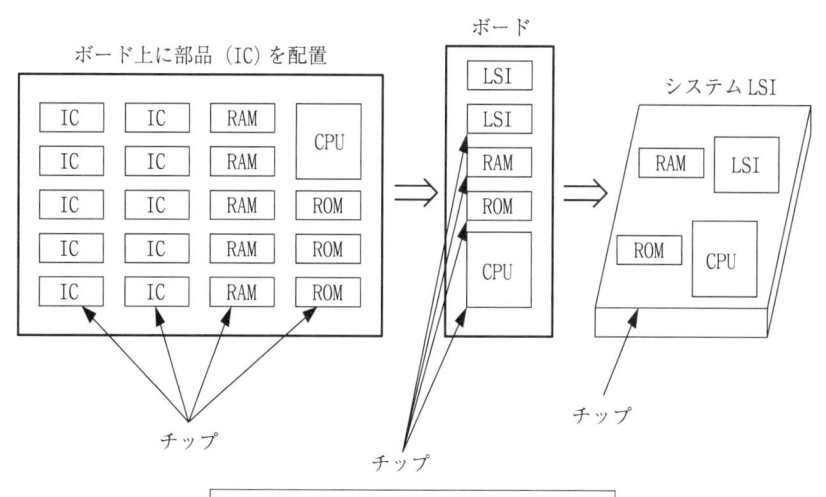

ロジック，ＣＰＵ，メモリなどが1チップに集積されて1つのシステムの動作を行う

図表 4-8　システム LSI の例

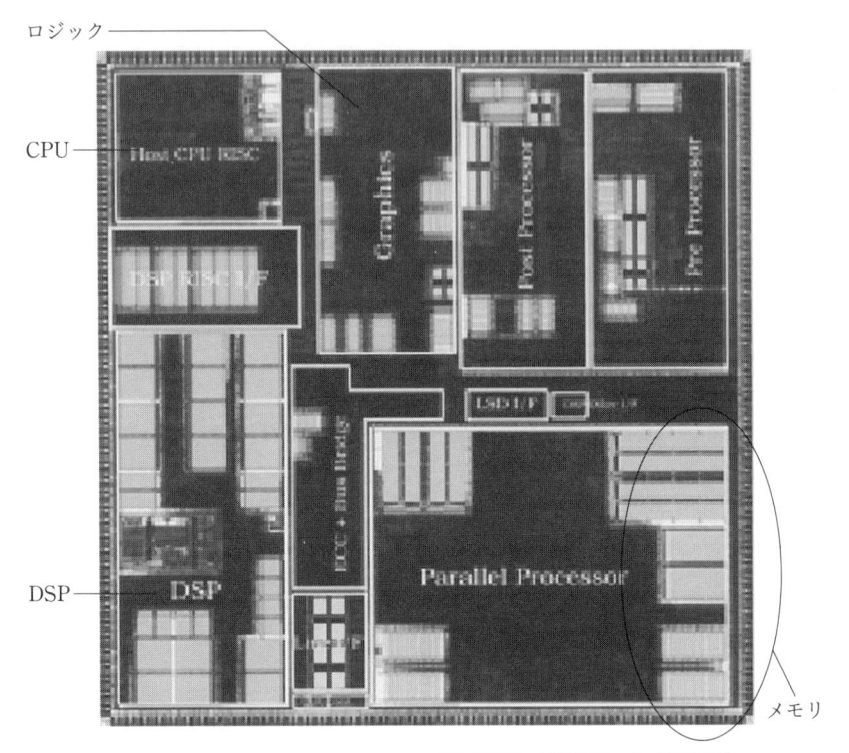

ロジック
CPU
DSP
メモリ

| Corresponding Standard | H.320, H.323, H.324 |
|---|---|
| Video Interface | NTSC, PAL |
| Video Coding Method | H.261, H.263, MPEG4 |
| Max Frame Rate | 30f/s (CIF) |
| Voice coding method | G.711, G.722, G.723.1, G.728 |
| Multiplex method | H.221, H.223, H.225 |
| Transport bit rate | 64 to 384Kbps |
| Number of gates | 3,163,989 |
| Power supply | 1.8 (Logic) 3.3 (I/O) V |
| Chip Area | 10.5×10.5㎜² |
| Power Consumption | 1.2W |
| Package Type | 336pin PBGA |
| Process | 0.18um 4-metal CMOS |

CPU DSP メモリ ロジックが1チップ内に集積

出典：ESSCIRC 2001から抜粋

### 3.2 システム LSI 開発を担う半導体社

「ここ数年，私は半導体社の社長として，特にシステム LSI 事業の立ち上げに心血を注いできた。結果，いつのまにかいろいろな分野の製品をシステム LSI が横断的につなぎつつある。半導体開発と機器開発は切っても切り離せない。だぶん社内の技術者の多くは，それを実感しはじめています。半導体が強いときは機器も強く，その逆も真であることは歴史を見れば明らかなんです。」（松下電器産業　小池進代表取締役専務)4)

松下のデジタル家電製品の心臓部であるシステム LSI の開発と製造を担っているのが半導体社である。半導体社の販売構成は2002年度実績でシステム LSI は約50％を占めている。その内日本の売り上げが約 7 割である。ここ数年でアジアの売り上げを伸ばしており，半導体の販路別で見る内販と外販が約半々である（図表4-9参照）。松下の主力商品であるデジタル AV 関連で 3 分の 1，アナログ AV が 1 割弱，情報通信関連（携帯電話や FAX などの周辺機器）が 2 割，あと産業用その他と構成されている。またシステム LSI の主力工場は国内 3 拠点（富山県の礪波工場と魚津工場，新潟県の新井工場）となっている。

松下は半導体事業の構造改革としてシステム LSI 開発を本気でやろうということで96年に社内にシステム LSI 開発センターを発足した。これは業

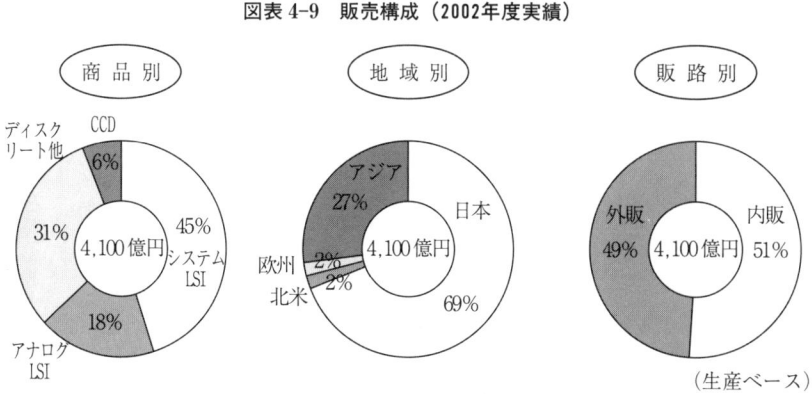

図表 4-9　販売構成（2002年度実績）

商品別　4,100億円：システム LSI 45％，アナログ LSI 18％，ディスクリート他 31％，CCD 6％

地域別　4,100億円：日本 69％，アジア 27％，欧州 2％，北米 2％

販路別　4,100億円：内販 51％，外販 49％（生産ベース）

出典：松下電器提供資料

界では最も早い取り組みであった。翌年97年には松下電子工業にあったプロセス技術，デバイス技術，製造技術を吸収合併し半導体開発本部を松下電器内に設置し，さらには松下電器インダストリー営業本部から独立した半導体営業本部を設置した。このようにして半導体事業の強化を図りいち早く松下グループ内での重複を解消していった。ちょうど96年ごろからDRAMが大暴落し98年に松下は正式に撤退している。01年には営業本部と開発本部を吸収し，開発・製造・販売の一貫体制の社内カンパニーである半導体社を設立した。

半導体社は「破壊と創造」である中村改革の先行事例として位置づけられている。02年には業界で最初で規模も最大$0.13\mu m$の量産を開始している。このように松下の半導体部門はDRAMからの事業撤退を背景にいち早く構造改革とシステムLSIへの戦略転換を図っていったのである。半導体社は松下電器グループの中で最もオープンで社内のセット部門のみではなく，社外の顧客ともコラボレーションし，デジタル家電分野を積極的に開拓していく組織体制へと成長していったのである。

システムLSIビジネスでは潜在市場を見通し，自社のコアとなる知識をベースに何をキービジネスへと展開していくかという「技術開発型マーケティング」が重要となる。システムLSIの開発生産性（後述する）を可能な限り上げるために，設計－ソフトウェア開発－デバイス－プロセス－生産までの上流から下流工程まで一貫した垂直統合型の能力を有した事業運営体制が必要不可欠となる。

従来はセットの発達に比較して半導体の開発がなかなか追随できなかったが，ここ数年で急激に半導体の微細化が加速し，将来的にセットの要求条件を追い越す可能性もでてきた。セットの性能と半導体の性能が交差した先でセット部門と半導体部門が一緒になって新しい市場を創出していくことが松下電器の大きな課題となっている（図表4-10参照）。

### 3.3 システムLSIの事業ドメインと戦略

松下ではセット全体の平均伸び率を年6.8％とみており，そのうちデジタル家電のセットの伸び率をセット全体の倍である年平均12％と捉えている。

**図表 4-10　半導体は機器との連携で新しいマーケットを創出**

今後の半導体の生成発展は，新しいマーケットの創出と，その主導性にかかっている．

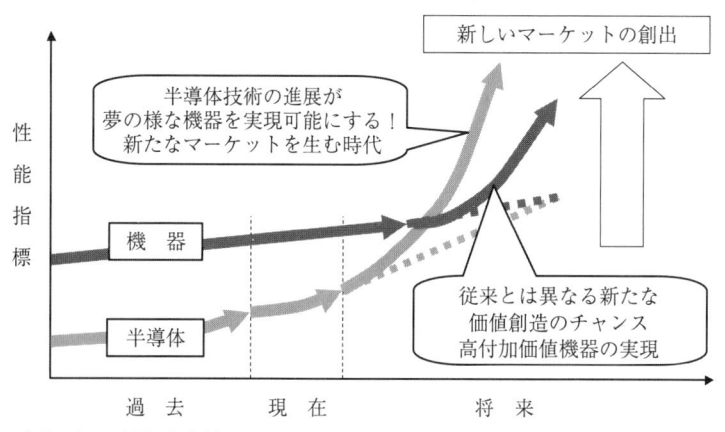

[図：性能指標を縦軸，過去・現在・将来を横軸とするグラフ．「機器」と「半導体」の成長曲線．「半導体技術の進展が夢の様な機器を実現可能にする！新たなマーケットを生む時代」「従来とは異なる新たな価値創造のチャンス　高付加価値機器の実現」「新しいマーケットの創出」]

出典：松下電器提供資料

　そのなかでシステム LSI は18％程度の伸び率と見ており，松下はここに戦略をフォーカスしている。このシステム LSI が中核となるデジタル家電の分野は，DVD，デジタル TV，デジタルカメラ，携帯電話，カーナビなどさまざまであり，さらにはブロードバンド化によりこれらのセットがネットワークでシームレスに結ばれる世界が期待されている（図表4-11参照）。

　半導体社の事業戦略は市場の成長性，セットの技術力そして半導体社が有しているシステム LSI の開発力を綜合して，5つの分野（光ディスク，デジタル TV，移動体通信・ITS，SD カード／ネットワーク，イメージセンサリング）にシステム LSI の事業ドメインを集中している。そのうちイメージセンサーは特に，03年の11月から携帯電話とデジカメの需要が爆発している中，開発可能なメーカーがソニー，松下，シャープ，三洋，TI のみとなっている。

　デジタル家電の技術革新とは次のような特徴を持つ。パソコンなど産業応用技術は消費電力というよりもむしろ高速性が重視される分野であり，一方家電の技術は高速性よりも電力を抑制し品質を上げる。しかしデジタル家電は信号処理が高度かつ複雑，高速処理，使いやすさ，低コストなどさまざまな課題を綜合していく必要がある。これらの課題を解決するのがシステム

図表 4-11　有望なデジタル家電のシステム LSI

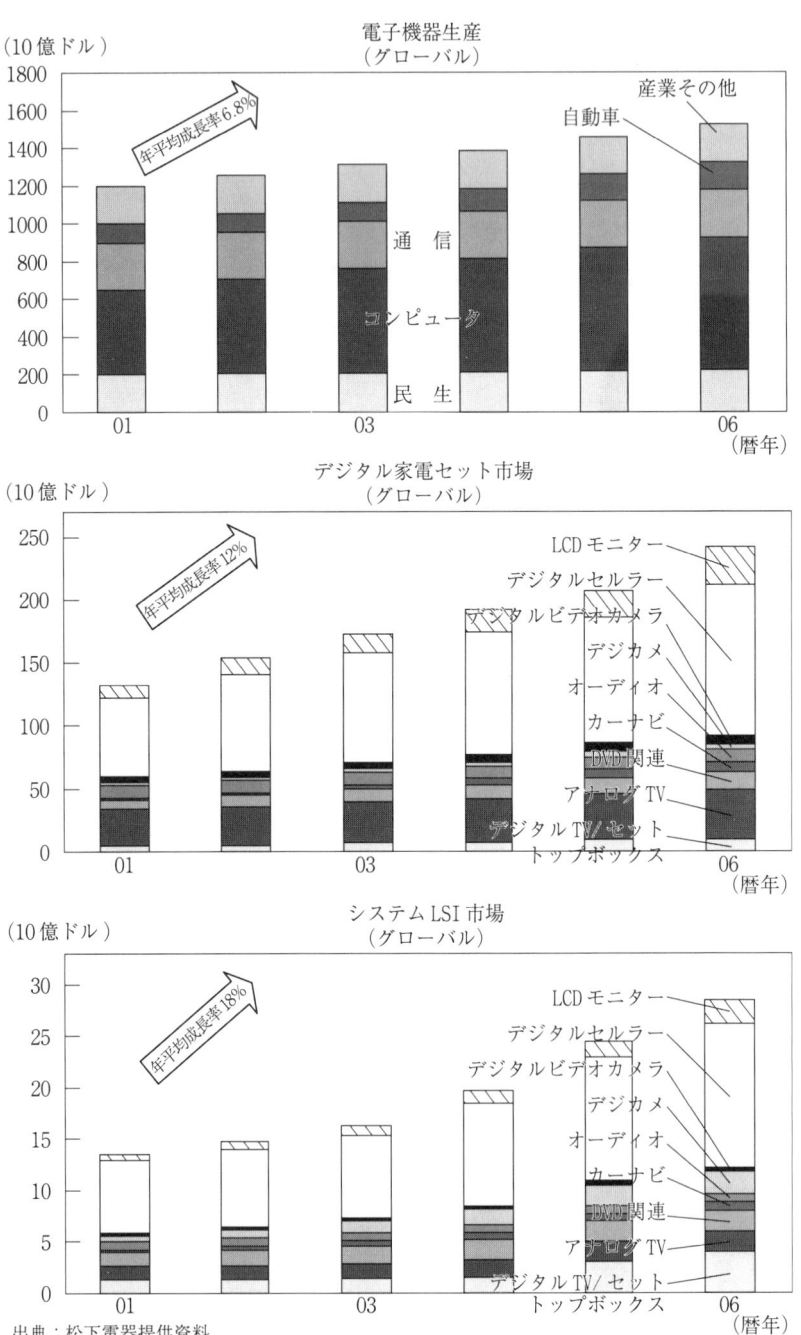

電子機器生産
（グローバル）
（10億ドル）
年平均成長率 6.8%

凡例：産業その他／自動車／通信／コンピュータ／民生

デジタル家電セット市場
（グローバル）
（10億ドル）
年平均成長率 12%

LCD モニター
デジタルセルラー
デジタルビデオカメラ
デジカメ
オーディオ
カーナビ
DVD 関連
アナログ TV
デジタル TV / セットトップボックス

システム LSI 市場
（グローバル）
（10億ドル）
年平均成長率 18%

LCD モニター
デジタルセルラー
デジタルビデオカメラ
デジカメ
オーディオ
カーナビ
DVD 関連
アナログ TV
デジタル TV / セットトップボックス

出典：松下電器提供資料

第4章 松下電器産業の躍進　　133

**図表 4-12　デジタル家電時代の技術革新とは**

2つの流れを統合した新たな技術革新が必須

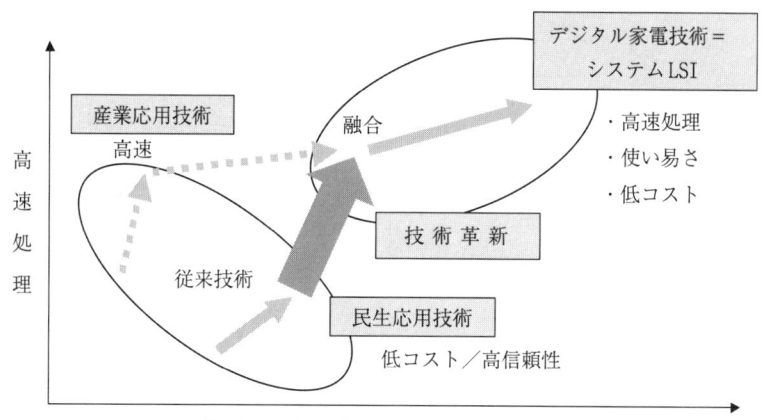

```
                                    ┌─────────────┐
                                    │ デジタル家電技術＝│
                                    │  システムLSI   │
                                    └─────────────┘
   ┌──────────┐       融合              ・高速処理
   │産業応用技術 │  ──────→              ・使い易さ
高  │   高速   │                        ・低コスト
速  └──────────┘
処        ↑      ┌──────────┐
理        │      │ 技 術 革 新 │
          │      └──────────┘
       従来技術
                 ┌──────────┐
                 │ 民生応用技術 │
                 └──────────┘
                  低コスト／高信頼性
                                                    →
         使い易さ（低消費電力・品質），低コスト
```

出典：松下電器提供資料

LSI である（図表4-12参照）。松下のシステム LSI には最高の技術と極限のコストの追求がある。またシステム LSI はいかに速く，という時間軸での大競争であり，DVD-ROM は現在の製品のライフサイクルは約3ヵ月程度へと短縮されている。アナログの VHS ビデオの時代は1つの技術プラットフォームを2年間利用でき，さらには若干改良すれば1年ぐらいは製品寿命が保持できたが，デジタル家電は最短3ヵ月毎に仕様が変わっていくという大きなパラダイム変化に突入している。

半導体社は事業領域の選択と集中により絞り込んだ5分野において次の3点で差別化している。まず，デファクト形成と多面的な回収の実行（投資した開発費などの回収も含む）のためには，自社ブランドのセットのみではなく他社に OEM するボードや半導体を売ることなどが重要となる。さらには IP（Intellectual Property）の拡販である。松下は過去それほど IP には積極的ではなかったが，たとえば SD カードが圧倒的に売れており，この中のセキュリティや暗号の技術は松下の IP となっている（図表4-13参照）。

1点目の差別化は，システム技術力（システムアーキテクチャー，システム設計，ソフトウェア技術），プロセス技術力（微細加工技術，多層配線技

図表 4-13　システム LSI の 5 事業ドメインと戦略の構図

高成長が期待できる分野に集中特化

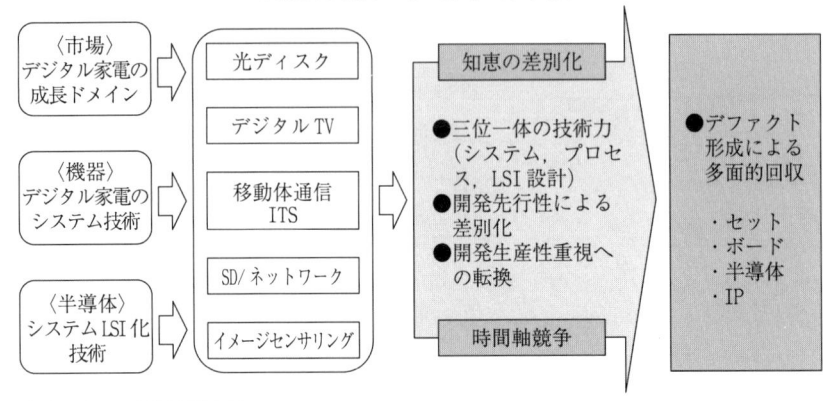

〈市場〉
デジタル家電の成長ドメイン

〈機器〉
デジタル家電のシステム技術

〈半導体〉
システム LSI 化技術

- 光ディスク
- デジタル TV
- 移動体通信 ITS
- SD/ネットワーク
- イメージセンサリング

知恵の差別化
- ●三位一体の技術力（システム，プロセス，LSI 設計）
- ●開発先行性による差別化
- ●開発生産性重視への転換

時間軸競争

- ●デファクト形成による多面的回収
  - ・セット
  - ・ボード
  - ・半導体
  - ・IP

出典：松下電器提供資料

術，パッケージ技術），LSI 設計技術力（メモリ混載技術，アナログ混載技術，ローパワー技術）の 3 位一体の技術力を活かしたシステム LSI の 1 チップソリューションにより顧客にトータルソリューションを提供していくものである。2 点目の差別化は，開発先行性である。このために，半導体のロードマップを社内のセット部門だけでなく社外の顧客とも共有し，キーカスタマーに関しては将来を共有し合って同じゴールを目指して開発するメカニズムを確立する。これがシステム LSI のビジネスモデルであり最終ゴールであるブラックボックス化につながっていく。特に社内で最大の顧客である AVC ネットワーク社とは経営トップから各ビジネスユニットの責任者，開発担当者まで大規模な意識合わせの会議を，年に最低 2 回は実施し，最終商品開発側であるセット部門と半導体社の開発ロードマップの共有を定期的に図っている。

「半導体社のロードマップはセット部門や研究所と各マネジメント層レベルで頻繁に議論し共有している。半導体社としてはセットの動向の10年先を見ており，将来必要になる半導体はきっちり開発していく。セット部門も同様なロードマップを作成している。」（半導体社　西嶋修システム LSI 開発本部長）

3点目の差別化は開発生産性重視への転換である。デジタルネットワーク家電時代の本格到来により，システムLSIの規模が増大し，設計工数と開発費用が増大しつつある。開発生産性を向上させタイムリーに顧客にソリューションを提供していくためには，ムーアの法則に実際の設計生産性を近づけていくことが重要である。米国インテル社のゴードン・ムーア会長が「3年でゲート規模と性能が4倍になる」と予測し，半導体産業では現在でもなおこの傾向が継続している。システムLSIのようなワンチップ化には高機能化，小型化などの大きなメリットはあるが，一方で微細化に伴う設計の困難さが増大している（いわゆる設計の危機と呼ばれている）。設計生産性を向上しLSI規模の増大とのギャップをいかに埋めていくかが課題である。半導体社では設計資産（IP）の有効活用などによる製品分野別プラットフォームの構築，EDAによる大規模論理回路設計の高速検証，さらにはデザインレビューの強化，イントラネットによる開発工程の情報共有を通じて開発スピードを向上し設計生産性を高めていくことを目標としている。これにより，いかに早く他社に先駆けて優れた製品を販売していくかという時間軸での競争力を高めようとしている（図表4-14参照）。

松下がこれほど早く多機種のDVDレコーダーを市場に投入できる背景について，半導体社　西嶋修システムLSI開発本部長は以下のようにコメントしている。

「まずマーケティングが終了してこんなのが売れるはずだ。そしたらセットにしてよし作ろう。じゃ次にLSIを作ろうということになるが，実際に松下が何故短期間に完成して勝負ができるかというと，全部パーツが手のひらにのっていて初めて出来ることである。DVDレコーダーの開発の歴史は長く，92年ごろに松下としては全社的に光ディスクをメイン事業にしようという意思決定があった。その当時は今のようなDVDレコーダーを作るという想いには至っていなかったが，当時から松下の研究所と半導体部門が必要な要素技術をずっと作り込んできている。その後2000年頃にマーケティング部門やセット部門が入ってきて具体的な商品開発が開始された。スピードがあるのはこれまで蓄積された要素技術があったことが重要である。そしてこの要素技

図表4-14 ムーアの法則と設計生産性伸び率

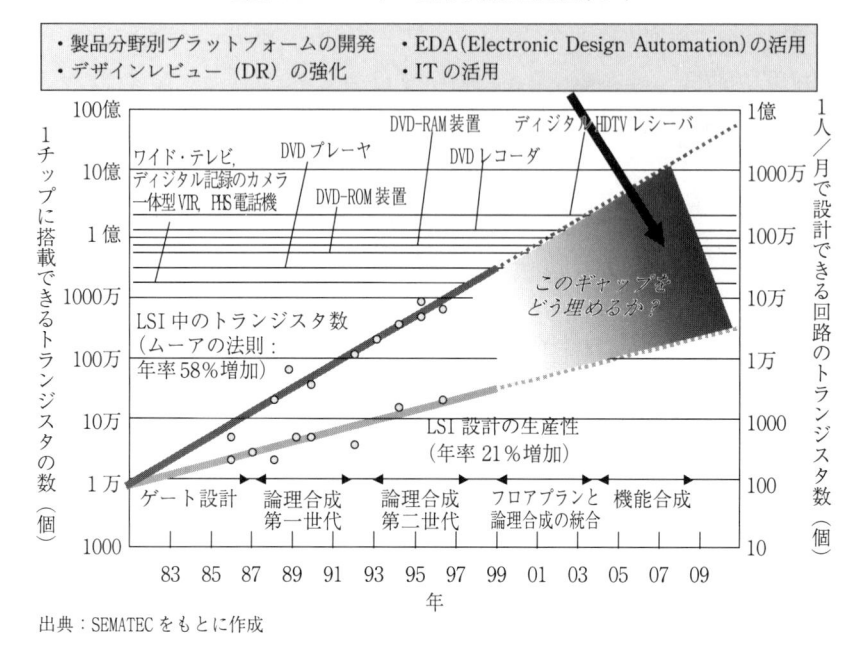

- 製品分野別プラットフォームの開発
- デザインレビュー（DR）の強化
- EDA（Electronic Design Automation）の活用
- ITの活用

出典：SEMATECをもとに作成

術をベースにDVDレコーダーのプラットフォームが出来上がっており，セット部門からの仕様要求に対しても既存のプラットフォームの拡張かあるいは新しい専用回路の設計などの新規技術要素の追加によりスピーディーに対応している。従ってシステムLSIの7割から8割が既存のIP（知識資産）で既に手の内に技術はある。重要なことはいかに先をみて要素技術を開発し蓄積していくかである。」

### 3.4 システムLSI開発に要求される知識創造活動

日本の半導体産業を競争力の視点で捉えると，DRAMはものづくり付加価値型であり日本の得意なカイゼンが活かされる世界であったが，システムLSIはさまざまなデジタル家電のコア部品であり知的付加価値型が重要となる。知的財産権の獲得といかにして早く製品を市場に投入していくかが課題となる。さらにはシステムLSIでは設計が重要であり設計歩留まりや設計工数のファクターなどがDRAMとは異なる。だからITやEDA（Electronic Design Automation）ツールを活用した設計精度の向上と設計工数の削減は，競争力強化策のひとつでもある。一方，各設計ステップで実施されるデザインレビューの中で，スペシャリストである半導体設計者の熟練の技術ノウハウ（暗黙知）を若手の設計者に伝授しつつ，全員で一体となってすり合わせていくシステム（システム LSI の機能ブロック間，モジュール間ならびにシステム全体の検証，要求仕様・性能確認など）が重要となる。システム LSI 開発には，機能仕様を正確に反映した HDL（Hardware Description Language：ハードウェア記述言語）の完成度の高さ，新しい設計手法の考案，回路の実現方法（IT による論理合成に頼らず，アルゴリズムを試行錯誤して改良し回路規模を小さくしたり，ぎりぎりまで性能を上げたりするなど）さらにはアナログ回路技術などのノウハウが，技術者に要求される。

「システム LSI 開発では上流工程ほどノウハウが必要である。つまり横軸を工程数，縦軸を LSI の性能と考えると，LSI の性能はだいたい抽象度の高いところで 8 割から 9 割決まってしまう。基本であるアーキテクチャーやアルゴリズムさらには RTL の質が高くないと性能のいいシステム LSI は完成しない。

　さらに EDA ツールはみな特有なクセがありどのような使い方をすれば効率が出るか，さまざまなノウハウを技術者が蓄積し皆で共有していく必要がある。標準設計フローのなかでどのようなツールをどのように使うかということを，マニュアルなどで決めている。設計の方法論はしっかり決めて，ツールの使い方のノウハウは個人が蓄積していく。新しいツールが出れば設計フローを見直していく。

　そして個人のノウハウ（暗黙知）は IT 化（形式化）していく。デザインレビューでは製品仕様に対して設計工程の節目節目（アーキテクチャーレベル，RTL レベル，論理レベル，レイアウトレベルなど）で，さまざまな技術者（スペシャリスト）が全員で多面的にチェックしていく。システム LSI 開発はソフトウェア工学から量子力学まで幅の広い技術領域であり，5,000 万個のトランジスタの 1 個でも欠陥があったら製品が使い物にならない。そのよ

うな欠陥を人間が把握するのは到底不可能である。そこはコンピュータシミュレーションのようなITを使い，形式知としての精度を高めていく必要がある。1回設計が失敗すると数億円飛んでしまうので，設計工程の質の高さが重要である。システムLSIの場合はメモリーのように単純ではなく，抽象度に応じた設計やエミュレーター（ハードによるシミュレーション）による多くの複雑な検証プロセスを必要とし，開発は1発勝負である。したがって誰がいつ何をやるかをあらかじめ正確に決めておく必要がある。コンピュータをフル稼働させロケットを打ち上げる宇宙計画のようなものだ。」（半導体社　西嶋修システムLSI開発本部長）

さらに松下の競争力のあるデジタル家電製品誕生の根底にある注目すべき点は，セット部門と半導体社間での奥深い暗黙知の共有と創造が大きなエネルギーとなっている点である。DRAMからの撤退を意思決定した時点で当時の小池社長はシステムLSI事業の強化に向けて，これまで蓄積した半導体部門のLSI設計技術力とプロセス技術力に加えて，外部顧客（機器メーカなど）の要求にタイムリーに応えていくためにシステム技術力の充実が必要であると考えていた。そしてシステム技術力を有するセット部門から優秀な技術者を半導体部門に配置転換し，半導体社のアルゴリズム設計，ソフトウェア開発，アーキテクチャー設計などの技術力をアップすると同時に，セット部門との壁を崩し異なる組織間でのコラボレーションを積極的に促進していったのである。

「松下にはセット部門から半導体社へ技術者が異動してきている。そういう意味で技術者のセットに対する理解の暗黙知は非常に高いレベルにある。もともと民生用のアプリケーションを主体に育った半導体なので，技術者の民生用機器の認知度や意識レベルは非常に高い。ロードマップは作成しているがそれ以前に暗黙知としてセットや半導体はこういうふうに変わっていくんだというイメージを皆もっている。その暗黙知に基づいて半導体サイドの要素技術開発は将来こんなのが必要だと認識しているのだと考えている。これが松下電器にしか出来ない半導体部門とセット部門とのコラボレーションやシナ

ジー効果そしてお互いに Win（半導体社）−Win（セット部門）の効果という部分はものすごくあると感じている。」（半導体社企画グループ　岡田隆秀グループマネジャー）

### 3.5　プロジェクトリーダー（シリコンマスター）育成の重要性

　システム LSI 開発でとりわけ重要となるのはデザインレビューの責任者であり「シリコンマスター」といわれるプロジェクトリーダーの存在である。プロジェクトリーダーの下にはサブタスクを専門に担当する何人かのスペシャリストが配置される。プロジェクトが大きくなればサブリーダーを配置してプロジェクト体制を階層化していく。しかし各工程のスペシャリストは流動的に幾つものプロジェクトの工程に参画していくパイプライン方式を実施している。

「このようなプロジェクト運営スタイルは半導体社の過去の経験の蓄積から実現されてきているものであり，各社の半導体のビジネスモデルにより異なるものである。松下の半導体社の場合はセット部門と先行して連携しながらロードマップを作成し開発効率を上げている。しかし仕様があいまいでも開発着手というのがいっぱいある。顧客側の仕様が固まってからこれに基づいて受注するセット部門を有さない半導体専業会社とは開発の組織形態や管理形態は明らかに異なってくる。DRAM とも根本的に異なる。」（半導体社企画グループ　岡田隆秀グループマネジャー）

　システム LSI 開発の鍵を担うのはプロジェクトリーダーである。優れたリーダーの数によってその企業のシステム LSI プロジェクトの数が決まり，セットの競争力も決まると考えられる。半導体微細加工技術の発展により LSI は2000年には既に5,000万トランジスタを超え，2005年には0.1μm技術をベースに約2億素子に到達すると予測されている。これはデジタル家電製品のほとんどにおいて技術的に必要な全ての機能を1チップのシリコン上に集積可能なことを意味している。つまりマイクロプロセッサも，メモリも，アナログ回路も，論理回路も全て組み込まれることになる。そしてそれが高速

化，低消費電力化を同時に進行させる。さらにマイクロプロセッサの性能向上がその中にアドオンされるソフトウェアの動作範囲をさらに向上させていく。したがってこのような技術トレンドの中，LSI 設計規模の拡大から開発費用，高性能化設計・高速機能検証の複雑化などさまざまな課題に対して，開発工程のプロセス全体を見通せる質の高いプロジェクトリーダーの存在が必須となる。プロジェクトリーダーは，システムアルゴリズムからシリコン技術トレンドまでの把握，ソフトとハードの双方の設計経験の保有，上流設計から下流設計までの幅広い経験の保有，EDA ツールの熟知さらにはアナログ回路設計への精通などさまざまな幅広い経験と能力が要求される。プロジェクトリーダーの役割は単なるプロジェクトの進捗管理ではなくさまざまな技術と経験を有し，プロジェクトの技術マネジメントを正確に実行できる人材である。

## 4. 階層と「場」

　松下の事業部制の時代は階層型の組織であり，社員にとってはユーザの顔が見えにくいところに大きな問題があった。今回の中村改革の1つである組織革新のポイントは，伝統的な事業部制の解体と軽くて速いフラット＆ウェブ型組織の導入である。最大で13階層存在していたピラミッド構造を4階層にフラット化した。IT 導入による経営の効率化はもちろん人と人との情報・知識の共有と意思決定の迅速化が大きな狙いであった。

　ビジネスユニット（BU）長，カテゴリーオーナー，グループマネジャー，チームリーダーなどはミドルマネジメント層での新しいポストである。ビジネスユニット（BU）長は商品分野などのカテゴリーを統括する事業責任者であり事業部長格である。カテゴリー間にまたがるリソースの戦略的配分と意思決定を実行しカテゴリー共通の設備投資と回収を一元的にマネジメントする権限を有する。またカテゴリーオーナーとは各商品カテゴリーの事業責任者でありグループマネジャー格（投資，回収，販売，収支，占有率の最終責任者）である。事業推進の視点から日常的に職能グループメンバーのパワーを結集するリーダーである。グループマネジャーは部長職であり職能グル

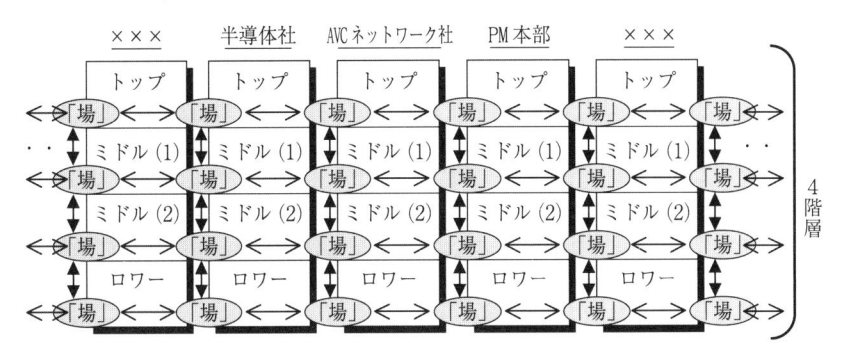

図表4-15　フラット&ウェブ型組織と「場」の形成（概念図）

```
      ×××      半導体社   AVCネットワーク社   PM本部      ×××
      トップ    トップ    トップ    トップ    トップ
  ←「場」←→「場」←→「場」←→「場」←→「場」←→「場」←
      ミドル(1) ミドル(1) ミドル(1) ミドル(1) ミドル(1)
  ←「場」←→「場」←→「場」←→「場」←→「場」←→「場」←      4
      ミドル(2) ミドル(2) ミドル(2) ミドル(2) ミドル(2)               階
  ←「場」←→「場」←→「場」←→「場」←→「場」←→「場」←      層
      ロワー    ロワー    ロワー    ロワー    ロワー
  ←「場」←→「場」←→「場」←→「場」←→「場」←→「場」←
```

ープ責任者として最大効率を発揮し，BU, カテゴリー間にまたがる戦略的配分を調整する役目を有する。チームリーダーは課長職であり担当するカテゴリー推進の実働部隊の責任者である。

　フラット&ウェブ型組織における4階層とはおおむねミドル層が2階層に圧縮され，その上下に最終意思決定者であるトップ層と，一般社員であるロワー層が加わる形になる（図表4-15参照）。たとえばPM本部での4階層とは（[PM本部長]－[グループマネジャー]－[チームリーダー]－[一般社員]），AVCネットワーク社のそれは（[AVC社社長]－[BU長]－[カテゴリーオーナー]－[一般社員]）という具合で極めてシンプルである。ミドルマネジメント層には以前と比較して大きな権限が与えられ社員全体のモチベーションが大きく高まり，事業に対する当事者意識が高まってきた点が注目される。

　フラット&ウェブのウェブとは組織内および組織間での情報の発信や共有がインターネット上のWeb（www）のようなオープンな環境で実現されていくことを意味しており，各組織内および組織間でのさまざまな重層的な「場」が有機的にネットワーク化されていることを示唆している（図表4-15参照）。このネットワーク化された「場」（以下，ネットワーク「場」と呼ぶこととする）が特に顧客やパートナー会社を含めた組織間でのインタラクティブな情報・知識に新たな意味を付与し新しいダイナミックな文脈としての知識創造の源泉となっていくのである。

　市場構造や技術革新などの環境の変化が激しく，常に新しい戦略が必要と

される企業に求められる組織形態の1つの条件は，松下のようにフラットな階層組織とネットワークとしての「場」の特徴を綜合化していくことである。ネットワーク「場」は，企業ビジョンや駆動目標を具体的な職務に表出化する際の創造性と柔軟性を保証する。ネットワーク「場」にも階層構造はあるがこれは効果的にスピードのある創造性を達成するために，組織内外のさまざまな階層に所属するキーパーソンとの文脈の共有と創造に向けた1つの手段でもある。一方，フラットな階層組織は職務を具体的に実行する際の効率とスピードを保障する。環境の不確実性に適応するためには状況に応じていかに官僚制組織とネットワークを使い分けていくか，あるいは同時に実行・綜合していくことで，組織構造を柔軟かつ即興的に変化させていくかが鍵となる。松下のケースは，ネットワークと官僚制組織の同一企業内での共存とこれらの綜合化により，それぞれ特徴の最大限のシナジーを生み出しているところにその特徴がある。

## 5．知のロードマップの実現

　松下電器は戦後高度経済成長の波に乗り，製品別に分割した事業部制，大量生産，大量販売方式で市場シェアを獲得してきた。一見すると事業部制はトップマネジメントからの権限委譲により開発－製造－販売という一連のビジネスプロセスの全体最適が可能かのように見受けられる。しかし企業活動トータルの視点で捉えると過去松下電器で見受けられたように事業部間での重複開発によるコスト増（部門間の壁）や事業部内での開発部門，生産部門，営業部門における社員の意識の隔たり（職能の壁）（各部門においては部分最適はなされていたが），さらには各マネジメント層の階層化によるスピードと情報共有の欠如（階層の壁）のために企業全体としての最適化が充たされていなかった。結果として90年代後半の松下電器の事業部制は顧客ニーズの多様化とデジタル化による外部環境の変化に追随していくことが困難となった。これは企業内に優れた人材を抱えつつも，個々人の情報・知識が発散し，共通の企業価値に根ざした知の集積とシナジーによる新しい知識創造が効果的に生み出されていかなかったことに起因している。

| 第4章　松下電器産業の躍進 |

これに対してここ数年の「中村改革」では「破壊と創造と躍進」という前の3つの壁を壊し企業ビジョンの下，大きな経営改革を成し遂げつつある。しかし，中村社長は経営改革にあたり「経営理念」以外のものは全て壊すと明言したが，経営理念は不易のものであるとも宣言した。

創業者である松下幸之助氏の経営理念には会社の基本目的・存在意義として，「綱領」，「命知」，「経営の進め方」，「社員のあり方」が定められている。さらにこの「経営理念」に基づいて事業に対する考え方を力強く簡素な言葉で表したものとして，松下電器の経営基本方針も定められている。松下の基本的価値観である「経営理念」は，トップマネジメントとの対話やさまざまなマネジメント層における研修などを通じて，各社員へ伝達され浸透しているのである（図表4-16参照）。

**図表4-16　松下電器の経営理念と伝統的価値観の浸透**

◆松下電器の経営理念
【基本目的・存在意義】
　綱領
　「産業人タルノ本分ニ徹シ，社会生活ノ改善ト向上ヲ図リ，世界文化ノ進展ニ寄与センコトヲ期ス」
　命知
　「我々はこの社会から貧乏を追放し豊かにするため，生産者としての使命を果すために働いている。」
【経営の進め方】
　正しい経営
【社員のあり方】
　人間大事

◆松下電器の経営基本方針
「経営理念」に基づいて，事業に対する考え方を力強く簡素な言葉であらわしたもの

【信条】（社員としての心構え）
向上発展ハ，各員ノ親和協力ヲ得ルニ非ザレバ得難シ，各員至誠ヲ旨トシ，一致団結社務ニ服スルコト

【七精神】（社員の日々の行動指針）
産業報国の精神，公明正大の精神，和親一致の精神，力闘向上の精神，礼節謙譲の精神，順応同化の精神，感謝報恩の精神

◆伝統的価値観の構築の考え方
松下幸之助は創業以来10年間は，いわゆる世間の常識，商売の通念に従って働いていたが，「ただ一生懸命，通念に従って働くだけで良いのか？」「何らかの精神指導が必要ではないか？」という疑問に応えるため，企業活動の目的を明確にする「綱領」を制定。

その後，「同業他社が相次いで倒産しているが，自分だけの発展を喜んでいいのか？」との思いのなか或る宗教団体本部への訪問をきっかけに「命知」をひらめいたとされる。

経営理念は不易のものであり，中村松下電器社長も経営改革にあたり，経営理念以外のものは壊すとコメントしている。

◆価値観の浸透の仕組み
〇経営トップからのスピーチ
〇経営トップのコメントをイントラネットに掲載
〇毎朝，綱領，信条，七精神を唱和
〇経営理念に照らし中間，期末業績を評価
〇新入社員研修，主任研修等で綱領，信条，七精神について議論
〇昇格時に経営理念を盛り込んだ発表会を実施

出典：松下電器会社概要とインタビューをもとに作成

中村の「創造と躍進」という企業ビジョンの底流には，この「経営理念」の基本的考え方である「社会生活の向上と世界文化の進展に寄与」，「生産者としての使命」，「正しい経営」，「人間大事」のキーワードが込められているのである。「社会生活の向上と世界文化の進展に寄与」という考え方は，将来のユビキタス社会における「新たな市場の創造」という目標に向けて企業の存在を問うものである。一方，「生産者としての使命」という考え方は，顧客視点に立った「ものづくりの復活」という製造業の原点回帰への問いでもある。

重要な点は，将来「どう在りたいのか」という企業としての「存在論」を，トップマネジメントを代表としてさまざまなマネジメント層で問い直すことである。これによりビジョンを具現化すべく企業としての新たな駆動目標が定まってくるのである。松下電器では将来に向けた問いを通じて，「新たな市場の創造」というビジョンは「垂直立ち上げ」，一方「生産者としての使命」というビジョンでは「超製造業・ブラックボックス化」という具体的な駆動目標が生まれている。DVDレコーダーの事例ではPM本部，AVCネットワーク社，半導体社のそれぞれが企業としての基本的な存在価値を自ら問い直し，具体的な駆動目標に向けて未来を創造すべく，強い意志と決意が形成されていった。これにより松下は自社の過去を内省すると同時に，未来と過去が一体となって，今現在自社は「何をすべきか」という思考が誘発され具体的に行動していく。一方，松下が駆動目標を実現しようとする時，「人間大事」の経営理念が根底にあり，結果として「正しい経営」にもつながる。

松下のDVDレコーダーの戦略には，「DVD文化の創造」，「録画革命」，「四角から丸へ」というビジョンが込められている。定期的に発表される松下のDVDレコーダー（DIGA）には松下独自のブラックボックス技術や高密度実装技術などがふんだんに取り入れられ，さらにこれまでの販売戦略である「垂直立ち上げ」をさらに加速すべく「超垂直立ち上げ」を目標としている。

デジタル家電市場という競争環境に打ち勝っていくためには，企業が連続的に新しい知を生み出し続け，知の正当化の結晶である「知のロードマッ

プ」を具現化していかなければならない。「知のロードマップ」とは「未来創造」のための戦略マップでもある。この連続的な新しい知を創出し「知のロードマップ」を実現していくための組織のエネルギーはどこからくるのであろうか。つまるところ自らのビジョン，信念，思いを抱いた「人間」の集団こそが知識創造の源泉ではないだろうか。

　「人間」はさまざまな世界観，価値観を有しているが個々人の生き方の根底には過去の体験に基づくパラダイムとしての思考や行動様式がある。PM本部のマーケッター達は自身の主観的視点（顧客と同化し潜在需要を捉えようとする視点）と客観的視点（競合製品や顧客データの分析）の相互作用を通じた弁証法的綜合により，「顧客に新たな価値を提供する製品を企画しなければならない」，「どのように顧客の潜在ニーズを把握し商品企画につなげていくのか」という新たな意味を絶えず生み出している。しかしマーケッター達は全く技術的な視点を持ち合わせていないわけではない。常に社内外の技術動向を把握し，「不確定性には満ちているがこんな技術が実現すればこんな機能やサービスが顧客に提供可能だろう」という具合に顧客自身が気づいていない潜在的な利用形態のコンセプトを検証していく努力も怠らないのである。これと同時にマーケッター達は，顧客や社外パートナーを含めたPM本部内でのさまざまな重層的な「場」を意識的に形成し，「場」における対話と実践を通じてマーケッターの視点からの「市場のロードマップ」を形成し，商品コンセプトの創造と内省を行なっていくのである。

　一方でAVCネットワーク社や半導体社の技術者達は，自身の主観的視点（自分はこれを開発したいという信念や思い）と客観的視点（技術トレンドの分析と評価に基づく集中と選択）の相互作用を通じた弁証法的綜合により，「顧客を満足させる技術を開発しなければならない」，「競合他社がまねできないコア技術を開発しなければならない」という新たな意味を絶えず生み出している。技術者達もまた市場観なる視点を全く持ち合わせていないわけではない。技術者独自の確かに実現可能なシーズオリエンティドの発想による顧客への提案がある。SDカードなどを通じたデジカメやFOMAやDIGAとの映像情報のやり取りの機能は，この代表例である。これと同時に，技術者達はAVCネットワーク社と半導体社との間に濃密で重層的な「場」を意

識的に形成し,「場」における対話と実践を通じて技術者の視点からの「技術のロードマップ」を作成・共有していくと同時に,コア技術のコンセプト創造と内省を行なっていくのである。

最後に,PM本部とAVCネットワーク社とで形成する「場」では,マーケッターとしてのパラダイムと技術者としてのパラダイムの衝突が新たなエネルギーを生み出し,より高次な文脈を形成していく。マーケッター達や技術者達は世界観や価値観の多様性を理解し,異なる組織間での弁証法的対話を通じて「相互承認」や「ルール設定(規律)」を生み出していく。さらに「市場のロードマップ」と「技術のロードマップ」がアブダクションを通じて統合され,超越的仮説としての新商品である知が,創造・実現されていくのである(図表4-17参照)。

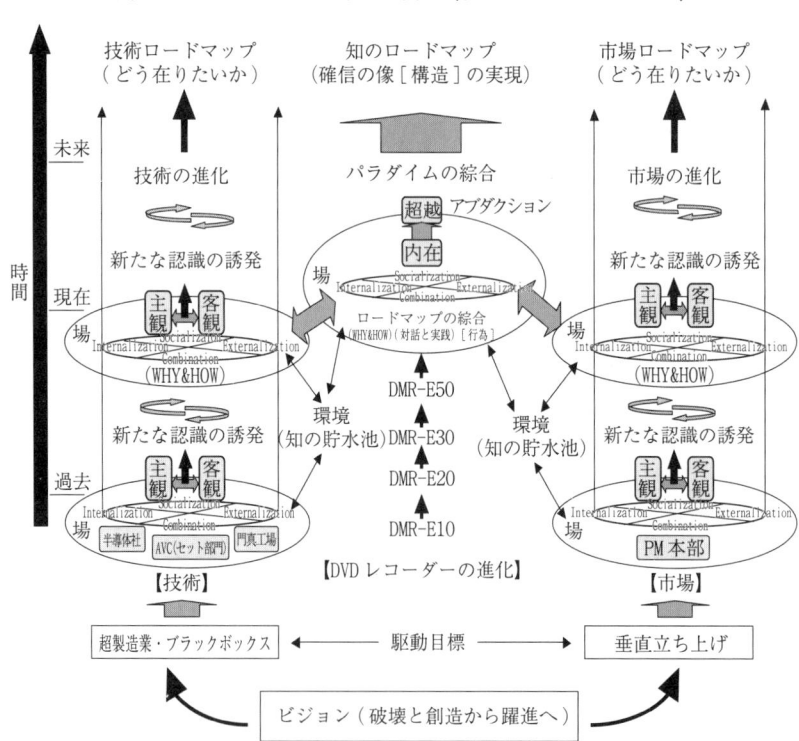

図表4-17 知のロードマップの実現(松下のDVD-Rのケース)

## 6.「知識差分」の吸収能力

　継続的な知識創造活動によってスピーディーに新商品を開発し「知のロードマップ」を実現していくための技術者の開発思考に必要なものとして，「知識差分」の吸収能力を取り上げたい。一般的に新製品・新サービスは突如として出現するものではなく，長期間組織内で蓄積されてきた知識資産をベースにインクリメンタルに成長・発展してきたものが大半を占める。「知のロードマップ」を技術的視点から定義してみると，製品またはサービスとして具体的に実現された技術の履歴である。デジタル家電製品に代表されるDVDレコーダー，デジタルTV，デジカメ，携帯電話などは過去のコア技術の蓄積に負うところが大きく，これらの商品群を構成する要素技術の多くは歴史を振り返ればアナログ技術からデジタル技術への変化にもかかわらずインクリメンタルな技術進化を遂げてきたのである。図表4-18に示す「知のロードマップ」の進化とは技術の新規性の度合いを意味するものとし，必ずしも技術の高度化のみを意味しているわけではない。この図からは，既存の知識資産を基礎に徐々に新しい知識を積み上げていく様子がわかる。

　「知識差分」とは論理的に「既存の知識資産の流用」&「既存の知識資産の改良」&「新規の開発要素」に分解可能である。技術者には既存の暗黙知（技術者＆技術者集団の経験・ノウハウ）と既存の形式知をベースに，目標とする製品の開発要素を［新規要素（既存知識の改良も含む）］と［既存要素（知識）］に分解・分析・再構築できる能力が必要である。つまり「知識差分」とは技術者たちが徹底的な議論を通じて新しいコンセプトを実現するために，「①既存の技術の流用，②既存の技術の改良，③新規開発要素」という概ね3つのカテゴリーに認識していくための能力の1つである。

　技術者にとって重要な点は，新規開発要素の程度（開発難易度，開発規模など）を迅速かつ正確に見極める能力が必要であり，これが開発コストや開発期間を決定していくということである。既存技術の流用と改良は，いわゆるこれまでの技術蓄積に強く影響を受け経路依存性が高い。新規開発は経路依存性は比較的弱く技術者たちが新たに獲得していく能力である。この能力

は自社内でゼロから新規に構築したり，あるいは他社との戦略的提携を通じた相互学習により獲得していく場合がある。また，環境変化が激しく複雑な技術の融合の必要性や新規開発要素のウエイトが大きい場合には，自社のコア技術を活用しつつ他社の有するコア技術に素早くアクセスしこれらを統合し新規開発を実現していくこともありうる（Kodama, 2006）。

　新規開発要素を的確に見出していくという「知識差分」の認識能力は，技術者の「コモン・ナレッジ」（たとえばCarlile, 2002; Cramton, 2001; Star, 1989）と関係していると考えられる。技術者たちがターゲットとする新製品開発に必要とされる領域固有の知識を獲得していくためにも「コモン・ナレッジ」の存在は必要となる。本ケースではさまざまな組織間で「場」の形成が行なわれ，これら個々の「場」ではさまざまな組織の技術者が，組織の境界を超えて共に文脈を共有・理解し，技術者間の「コモン・ナレッジ」（本ケースではDVD技術に関わるアーキテクチャー，動画・音声技術，半導体技術，ソフトウェア技術など技術者間での専門用語や過去の個々人が有する経験・ノウハウ，そしてこれらの形式知と暗黙知が相互で知覚・理解できる内容など）をベースに新規開発要素を見出していた。「新製品コンセプトを実現するにはいかなるアーキテクチャーがいいのか？　これを実現するにはどのようなコンポーネント技術やソフト開発が必要なのか？」などの問いに答えてゆく。「場」では「コモン・ナレッジ」というダイナミックな文脈が技術者間で共有され，さらに新たな文脈が生み出されていく。

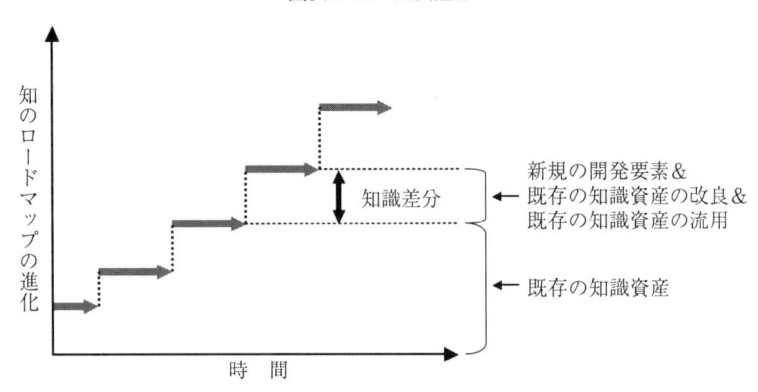

**図表4-18　知識差分**

松下におけるシステムLSI開発技術，光ピックアップ技術，高密度実装技術などのさまざまなブラックボックス技術は，過去からの積み上げの知識資産であり，これらをベースにいかにして新たな知識差分を見出して，これを正確かつ迅速にアブダクションを通じて吸収していくのかということが重要となる。松下電器はこれまでの知識資産をベースに，多様な顧客ニーズを新製品機能に反映するためのコア技術を的確に実現できる。つまり「知識差分」の吸収能力が高い。これが継続的な商品ラインナップをスピーディーに開発し実現できている理由でもある。

---

## 【注】

1) Hippel（1998，2002）は特定の業界（カスタムLSI, CTI分野など）において，顧客に対してツールキットが開発され，これを顧客が利用することでカスタム製品・アプリケーションを中心とした問題解決業務を顧客側に転化していくことが可能であることを指摘した。カスタムLSIのツールキットとは顧客自らが試作品を開発，設計，評価できるツールであり，LSIの場合は狭義のASIC［特定用途IC］で，FPGA［Field Programmable Gate Array］と呼ばれ顧客側で電気的に回路の論理レベルでの内容をプログラムすることで希望の機能を実現できるデバイスがこれに相当する。プログラムが書き換え可能であるため試作品の性能チェックが顧客側で自由に実施可能である。現在ごく限定された分野で実施されているカスタマ・アズ・イノベータは製品開発・製造者（企業側）が顧客ニーズを正確かつ詳細に理解する努力を放棄し，その代わりに顧客側にニーズ情報に関したイノベーションタスク（試作品の設計・試作－シミュレーション－評価など）の全てをシフトさせるところにある。その結果としてツールキットアプローチは製品・サービス開発タスクを顧客側のニーズ情報と企業側のソリューション情報に関連したそれぞれ2つのサブタスクに再分割することにより粘着情報の移転コストを劇的に減少させることが可能となる。そして企業側では高い粘着情報である顧客ニーズを詳細に理解する必要はなくルーチン業務に集中し，一方，顧客側はツールキットを使った実践学習により試行錯誤のプロセスを効率的に進め，真に顧客自身が望む所要の機能を実現することが可能となる。システムLSIツールキットなどの進化により顧客のニーズに応じたシステムLSI開発工程がいかにして開発・生産者（受注側）から顧客（発注側）にシフトしてきているかについてマルチメディア画像処理システムLSI開発の事例研究についてはKodama　and

Ohira（2005）を参照。
2）所望のLSIをレジスタの組み合わせ回路で信号のやりとりを表現した記述レベル。
3）システムLSI開発における開発・製造プロセスにおけるこのようなインタフェースが出現してきた背景には，システムLSI開発設計言語の抽象度の高度化やゲートアレイの出現さらにはシリコンバレーを中心としたEDAベンダーが提供する設計支援や検証効率化のためのEDA（Electronic Design Automation）ツール（コンピュータ支援によるLSIの設計自動化に活用される専用ツール）が充実してきたことがある。このようなツールが充実していない時代には半導体部門はゲートレベル記述（ゲートレベル記述：半導体の素子（ANDゲート，ORゲートなど）単位で記述を行なう設計方法）によりLSI設計を行なっていたため，設計上の経験則等（暗黙知）が必要になり半導体部門の専門技術者しか設計できなかった。セット側はシステムを構成するアルゴリズムをデータフローがわかるようにアーキテクチャ仕様書を作成し，その仕様書を基に半導体部門はゲートレベルで設計を実施していた。従ってこの設計方法では多くの期間とリソースを要していたが，その後HDL言語（HDL：Hardware Description Languageハードウェア記述言語。HDLはソフトウェアにおける高級言語であり，これによりゲートレベル設計の自動化，制御回路設計の簡易化，シミュレーションの早期開始が可能となる）が出現することでLSIの設計プロセスに変革をもたらした。HDL言語はレジスタトランスファーレベルの記述であり，ゲートレベル記述よりもより上位の概念の記述方法でかつソフト記述での設計の特徴があり大幅に設計効率の向上が可能となった。また，従来の半導体部門の経験則に頼っていた部分がコンピュータツール（CAD）に集約されることで，設計の経験則から開放されることになった。このHDL言語と各種EDAツールなどの出現により飛躍的にLSIの開発効率と完成度は飛躍的に向上していったのである。
4）『日経エレクトロニクス』（2003）「『何となく10年後』は許さへんで」9月号，p.121．

【参考文献】

Carlile, P. (2002), "A Pragmatic View of Knowledge and Boundaries: Boundary Objects in New Product Development," *Organization Science*, 13, pp. 442-455.

Cramton, C. (2001), "The Mutual Knowledge Problem," *Organization Science*, 12, pp. 346-371.

Kodama, M. and Ohira (2005), "Customer Value Creation through Customer-as-Innovator Approach-Case Study of Development of Video Processing LSI,"

*International Journal of Innovation and Learning*, 2 (2), pp. 175-185.

Kodama, M. (2006), "Knowledge-based view of corporate strategy," *Technovation*, 26, forthcoming.

Nonaka, I., R. Toyama and N. Konno (2000), "SECI, Ba and Leadership, A Unified Model of Dynamic Knowledge Creation," *Long Range Planning*, 33, pp. 1-31.

Star, S. L. (1989), "The Structure of Ill-Structured Solutions: Boundary Objects and Heterogeneous Distributed Problem Solving," in M. Huhns and l. Gasser eds., *Reading in Distributed Artificial Intelligence*. Menlo Park, CA: Morgan Kaufman.

von Hippel, E. (1998), "Economics of Product Development by Users: The Impact of Stick Local Information," *Management Science*, 44 (5), pp. 629-644.

von Hippel, E. and R. Katz (2002), "Shifting Innovation to Users via Toolkits," *Management Science*, 48 (7), pp. 821-833.

# 第5章
# ダイキン工業
―― 中国「べたつき営業」と「四現主義」――

谷地 弘安

## 1. ダイキンの中国における基本戦略

### 1.1 「20世紀最後の巨大市場」

中国は日本企業にとって国際競争の震源地である。その意味は2つある。

1つに,「世界の工場」という言葉で語られるように,グローバルなプロダクション・センターである。これは,中国という国が国際競争を展開するうえでのベースであることを意味する。

2つめに,「20世紀最後の巨大市場」と言われるように,成長するマーケット・センターである。それを求めて世界中の企業が参入するとともに,台頭する中国企業がくわわって,異種入り乱れた空中戦が繰り広げられている。

中国はこれら2つの顔をもつことで大きく注目されてきたが,WTO加盟というエポック以降,2つめの顔が大きくクローズアップされてきた。

しかし,かねてからマーケットを手中に収めようと進出した日本企業は,中国市場が期待とは異なった厳しい姿をもっていることをいやというほど味わってきた。つまり,中国市場をあてこんだビジネスは,多くの日本企業にとってたいへん難しい仕事になっている[1]。

そのなかで,エアコン・メーカーであるダイキン工業の業績がひじょうに高いことは,中国ビジネス関係者では有名である[2]。

大枠で「エアコン」という点からすると，同社の中国進出はそれほど早くない。初の現地法人設立が95年，操業・販売開始は97年の後発メーカーだ。しかも，中国エアコン市場は都市部を中心に供給過剰で激烈な競争が見られ，在庫増，価格下落が起こった激戦地である。

ところが，2002年度で中国市場における売上高は400億円強であり，毎年度30％アップで伸びてきた。驚くべきはその利益率であり，20％以上ある。初期投資は3年で回収し，その後の利益は現地での再投資に回している。

同社躍進の軌跡をたどっていくと，その中国市場戦略とオペレーション（実行）がブレることなく噛み合ってきたことがわかる。そして，そのキーポイントとなるのが，営業を中心とする日本人・中国人社員のインタラクションである。そこには，現地に派遣された日本人がさまざまな工夫をこらして営業知識の移転を続けてきた努力の跡がはっきりと残されている。その基本的な「型」が「べたつき営業」と呼ぶべきものであり，ルーツは「四現主義」と呼ぶべき日本国内での営業の考え方である。ここでのテーマは，このべたつき営業とそのルーツとしての四現主義の意味を明らかにし，それを知識ベース企業観で捉えることである。

### 1.2 「物件対応」の中国市場戦略

同社の中国市場戦略には大きな特徴がある。

まず，経営目標として，当初から売上高やシェアといったボリューム基準をあえて重視しなかったことだ。とかく中国というと，その潜在的な大きさからボリューム基準に目が行ってしまう。しかし，無理にボリュームを追い求めると，必ず目に見えない部分が発生し，値崩れが起こったりする。1つ1つの物件，そのキーとなる顧客を見極め，常にダイキン自身の目に見えるようにしておく。そして，量よりもむしろ一件一件から確実に利益をとることを目指したのである。

では，利益がとれる仕事とはどんなものだろうか。

#### ■「ビル用マルチエアコン」

なによりも武器となる商材では，業務用エアコンをメインとし，天井に埋

め込むカセット式室内機の VRV を投入してきた。

　VRV とは Variable Refrigeration Volume の略であり，冷媒制御技術である。高出力の室外機を数台置き，建物をゾーン管理する。各ゾーンに複数の部屋があり，それぞれに室内機を置く。こうすることで，ゾーンをまとめて冷暖房するのではなく，部屋ごとに冷暖房を稼働・停止・調節できるようにするのである。

　なぜこれが重要かというと，この技術を使わないと，1つだけの部屋，あるいは特定のゾーンを使うときに大きな問題が起こるからだ。たとえば，メーカーであれば週末は休みであるが，同じゾーンに週末も業務をしている不動産といったサービス業が入居していたらどうなるだろうか。室外機が需要に合わせて出力を調整できないと，受益者負担の原則が崩れてしまうのである。これに対応する商品をダイキン工業は「ビル用マルチエアコン」として販売している。

　業務用ということでは，それまでの中国は3〜5馬力の室外機1台で，1つの部屋を冷暖房する方式であり，室内機も床置き式，あるいは天吊り式であった。これは一般家庭用に毛が生えた程度のものであり，同様にライバルも多く，価格競争も激しかった。また，これでは部屋が多ければそれほど室外機も多く必要になり，建物の外側に墓石のように乱立してしまう。

　このような商品ではなく天井カセット式の VRV を投入したのは，中国メーカーが容易にマネできない技術をもつ製品でなければ，すぐにメーカーが乱立し，カットスロート競争に巻き込まれてしまうからだ。この点，VRV はまだ市場になかったし，中国企業に技術力もなかった。また，この技術はリバースエンジニアリングして必要部品を集め，組み合わせるだけでは思い通りの機能を出さない。

　一般家庭用も商品ラインにくわえなかった。すでに述べたように，ここはすでに多数の企業が参入し，熾烈な競争が展開されており，ほとんどの企業が収益悪化に苦しんでいた。そんな市場に後発参入して競争に巻き込まれることを避けた。そして，旧モデル，型落ちモデルではなく，「日本でいま売れている」一線級モデルを投入してきたのである。

　こうして見ると，同社が投入してきたカセット式の VRV システムは，中

国にそれまでなかったものであり，このことはダイキンが市場創造をしていく必要があったことを意味している。家庭用エアコンでもなく，それに近い在来型の業務用エアコンでもなく，これまでになかった方式の業務用エアコンにフォーカスを合わせ，マーケットを掘り起こしていったのである。売上が立っても利益が立たないのではどうしようもない。そこで，誰もまだ手をつけていない商品を導入する。あとから参入もあるだろうが，少なくともそれまでには先発の利益を得ることができる。このような読みがあった。カセット方式のVRV。これが同社の戦略商材であった。

### ■「上位10％」のターゲット

では，そのような業務用先端商品のターゲットは誰であろうか。

1つは商業施設，つまりホテルやレストラン，商業用・オフィス用ビルである。カセット式を求めるオーナーとは，内装をひじょうに気にする。そして，彼らはお金が入ったら内装に手をくわえる。新設ビルではいわゆるスケルトン[3)]にしておき，テナントが決まったところで内装や照明，エアコンを入れていくのである。言い換えれば，室内機は竣工時にセットされているのではなく，各フロア，各部屋で個別に入れるのである。

ここで重要なことがある。1つに，こうしたスケルトン方式で個別に室内機をセットしていくからこそ，受益者負担の原則がいきるVRVがセールスポイントになるということだ。2つめに，こういう流れになっているということは，中国では受注を受けてから短リードタイムで納入しなければならない。そのために，同社は現地生産に力を入れ，部材もできるだけ現地で調達する努力を続けてきた。同社の基準で製品を40パーツに分けると，すでに38パーツは現地で調達している。コスト削減だけではなく，需要へのクイックレスポンスという意味でも，現地調達・現地生産が重要になっていたのである。

もう1つのターゲットは官公庁，病院，学校で，やはり最新式を求めるような顧客を集中的に攻略対象としてきた。官公庁の建物は威信を示すシンボルとして設備にも高級なものを使いたがる傾向がある。病院でも学校でもそんな意味合いをもつところを対象とするのだ。そういうところは，家庭にも

あるような床置き式や壁掛け式，天吊り式ではなく，すっきりと天井にはまったカセット式をつけることで，一種の差別化を図ろうとする。悪く言ってしまうとコスト意識に鈍感なところである。ここを攻めることが高利益率に結びつくという考えである。

　中国のエアコン全体で見るのではなく，業務用，それも最新式を求める上位10％をターゲットにし，その10％を確実につかむことを同社は目標にしてきたのである。曰く「要するに，1万件のうち，9,000件は捨てた」のだった。しかし，折しも建設ラッシュが続く中国では，この上位10％がボリュームとしても大きく伸びており，それが同社の継続的成長を支えてきたのである[4]。

### ■「受発注構造図」の最深部へ

　しかし，一口にユーザーといっても，こういう業務用設備機器は少し複雑である。

　業界には「受発注構造図」というものがある。たとえば，1つのビルが建設されるとき，そこに関わるプレイヤーは多様だ。それを示したのが受発注構造図である。簡単に言ってしまうと，建物のオーナー（施主）がおり，設計院と呼ばれる建築事務所がある。中国の設計院は大きな組織であり，そこに空調設備を専門とする設計士がいる。そして施工業者としてゼネコンやサブコン，さらにはその下請けがぶら下がっている。

　実は当初，受発注構造図で重要だったのは設計院であった。この設計院がオーナーと相談して設置する機器のスペックを決めていたのであり，設計院の意見が強かったのである。ところが時間が経つにつれ，次第にオーナーの発言力が強くなってきた。つまり，「ものを言う施主」の出現により，ダイキンが攻めなければならないのは受発注構造図の最深部になっていったのだ。設計院だけではなく，オーナーまで貫通した営業戦略を展開する。その成否が決め手になると考えられた。

　この受発注構造図と，さらに業務用エアコンという商品特性ゆえに，同社の販売体制は2つの側面から見ることができる。

　まず，販売には顧客開拓から商談，成約までのプロセスがあり，さらに施工，

メンテナンスがある。顧客開拓から成約まで，そしてメンテナンスはダイキン自身とその販売店が行なっている。一方，施工は販売店が行なっている。

つまり，ダイキン自らが顧客を開拓し，成約に至った案件に対して販売店を「つける」。そうして販売店が施工を行ない，そのあとのメンテナンスを行なうというスタイルがある。もう1つは，販売店で独自にユーザーを捜し出して成約し，施工やメンテナンスを行なうスタイルがある。

このようなプロセスをふまえて，ダイキンは「営業」と「営推（営業推進）」に分けた体制をとっている。オーナーや設計院に対するアプローチのことを営推と呼んでいる。一方，ダイキンは施工はせずに製品をつくり，顧客の開拓を行ない，販売店に流すことから，販売店向けの業務がある。これを「営業」と呼ぶのである。販売価格や納期などの決定，リベート交渉が中身である。

取引条件であるが，同社は決済を完全前金方式にしている。実は，中国ではこれがひじょうに重要な意味をもつのである。というのは，中国では買い手が指定期日になっても代金を払わないという債権回収問題があるからだ[5]。そこで完全前金のような方法がとられる。だが，もう1つ重要なのは，このように買い手にとっての条件を厳しくすることが，結果として拡販を制約することだ[6]。

そこで，同社はここを出発点に戦略をつくった。ターゲットを絞り込むだけではなく，新規顧客情報の収集，技術セミナーの頻繁な実施，ソリューション提案，そして短納期の実現に力を入れる。そのなかで前金のような厳しい条件でも製品を買ってもらうような仕組みをつくってきたのである。

こうした基本戦略をダイキンは「物件対応」と呼んでいる。

お金を持っていて先端を求めるユーザーを確実につかみ，そうしてつかんだユーザーを最初から最後まで管理する。当初設定したしかるべき攻撃目標に売ることを堅持する。製品の流れ，お金の流れ，顧客の顔，すべてを把握・管理する。とにかくボリュームでプレッシャーをかけて不特定多数を相手にすることを避ける。結局，受発注構造図の奥深くまで行けることが同社の強みとなっている。

こうして見ると，絵図面としての戦略自体はひじょうに「美しい」。しか

し，問題はその実行だ。その上位10％は果たしてどこにいるのか。いかに物件情報をきめ細かく入手するか。そうして顔が見えたとして，それに対してどう売り込むのか。絵図面を現実とするには超えねばならない多数のオペレーション課題があったはずなのだ。実はそこにこそ，同社の強さがある。

## 2．「べたつき営業」
―― 営業マン育成をめぐる格闘 ――

「格闘」という言葉をタイトルにつけるのは不謹慎かもしれない。しかし，それほど同社は中国人社員の育成に心血を注いできた。

すでに同社の基本戦略については見てきたが，問題となるのは実際にそれをいかに行なうかだ。あたりまえのことであるが，日本企業といえども現地でのオペレーションを展開する主役は中国人社員なのである。日本からの派遣社員だけで事業は成り立たない。

同社でいう営業推進，すなわち顧客の開拓を中心に見ていこう。

営業マンといっても，最初はずぶの素人であった。主要市場の上海でも北京でも，最初の頃は営業の実戦経験のない人たちばかりだったのである。だから営業のイロハのイから教え込む必要があった。この草の根的な教育をやらないかぎり，いくら良い戦略や商材があっても実にならないと同社は考えた。

そこで，たとえ大きなコストがかかっても構わないというトップ方針のもと，日本人の営業経験者を20名ほど送り込んだ。そのほとんどが販社で営業を担当してきた名うての人材であった。また，人選の際のもう１つの条件は，中国に思いのある人であった。

本社副社長の川村群太郎は，「営業マンであれば誰でも良いというものではない。物件を見つけ，一軒一軒つぶしていく設備屋ルートの担当者を中心に国内の営業マンから人材を選定し，中国に派遣した」と述べている。そして，元北京事務所所長の高橋基人はいう。「新興市場を攻めるのに，二線級を持っていってもダメ。営業で鍛え上げられた人材，それも親元が絶対に手放したくないような人材。そんなのを持っていかないと勝負にならない。」

果たして中国人たちと接してみると，当初は顧客訪問の重要さすら十分に理解していないようであった。そこで，まずはそれを理解してもらうための草の根的な教育がこんこんと行なわれた。北京でそれを行なった高橋は言う。

「まずは本屋へ行ったんです。でもセールス術に関する本がない。そこで『新入社員50の基礎知識』という本を使い，それを中国語に直して毎日朝礼で紹介していったんです。それは見開きで1つのトピックになっている。これを2ヵ月弱でやると，再び最初のページからやるんです。あと，有名なフランク・ベドガーの英語の本からも題材をとってきて，自分で日本語の下原稿をつくり，それを日本語のできる中国人に翻訳させたんです。フランク・ベドガーというのは，昔野球選手やってて後でセールスマンになって，セールスマンの神様と言われた人です。その人の言葉で『球は見てからでないと打てない』というのがある。この人はもともと野球選手でそれをセールスにたとえたんだと。要するに客も行ってからでないとわからない。行くまえにこちゃこちゃ想像してもダメ。まずは行くことだと。客が答えを持ってる。それを学べと。そこで客から質問されることが問題解決につながる，成功につながる。だからこれはタイトル言葉なんだとね。そんな営業以前の翻訳の問題から始まって，そのうえで徹底的に仕込んでいったんですよ。」

そうしてこんどは中国人と一緒に行動し，率先垂範していった。

「そりゃあ大変でした。彼らと一緒にまわったんです，開発もして。わたしもわからないことがあったりもする。そこはメモして調べて。ここは大事だなあと思ったところをメモして，帰ってきて原稿に書き込んで。その繰り返しでした。営業のやり方でも，たとえば上海であれば，一緒に店に行って『お金の拾い方』という方法でアプローチをかける。店に行くと床置きエアコンが置いてある。そこで『エアコンの下にお金が落ちている。あなたはそれを拾わないのか』と切り出すんです。店主は『もちろん拾う』と言ってきますね。すると，『拾い方が間違っているんじゃないか』と。『エアコンを天井に入れたら，いままで置いていたところが空くだろう，そこにテーブル置いて

客が来たらお金が落ちるだろう。それがお金の拾い方だ』と。極端な言い方にしてますが，こういうアプローチを中国人社員の目の前でやってみせたんです。教えなければ理解できない，だから教える人間がやってみせる。とにかくまずは教える。だからこそ，一線の人間でないといけないんですよ。彼らは中国語のできる日本人を特に尊敬するわけじゃないんです。自分が知りたい，教えて欲しいことをきちっと教えてくれて，それがほかの人間と差別化できる，そんな人を尊敬するんです。」

ここで注意すべきは，日本人が一方的に国内での営業経験にもとづくノウハウを中国人に伝えているだけではないということだ。日本人も中国へ行くとわからないことがたくさんあった。つまり，中国人に随伴して現場に出るということは，彼ら自身の情報収集活動だったのである。現場で何が起こっているのか詳しくわからないのに，いったいなにができるというのか。まずは自分の目で見て耳で聞いて情報を収集しないと適切なマネジメントなどできないというわけだ。

その際，一人の日本人が面倒を見られるのは5人が精一杯だという。仕事そのものを教えることも重要だが，教える相手の体調，なにか気になっていることなど，周辺事情も把握していないと効果的な教育はできないというのである。その5人をまずは徹底的に鍛え上げる。その背後には，将来彼らに中国人営業マンの指導者になってもらう意図もあった。

中国人営業マンと一緒になって，まずはどんどん外へ出て物件情報を集めていく。設計院のキーパーソンを突き止め，その名前，住所，年齢に始まり，夫人の誕生日，結婚記念日，子供の数，年齢などプライベートなことも調べ上げるのだ。当初はこういう草の根活動が中国人にはなかなかできなかったのである。意識もないし，そのノウハウも初めはなかった。だからこそ，一緒になって現場で教え込んでいったのである。川村は，「あわてず，騒がず，怒らず，一緒に汗をかく」，このオペレーションが重要であることを強調する。高橋も強調する。「こういうのは目で見せないと絶対ダメです。口でいくら言っていてもダメ。とにかくケース，具体論で。彼らに教えるのに客観論・一般論では絶対ダメなんです。」

ここで，そうして仕込まれた中国人の意見を聞いてみよう。日本人の意図や意見だけを聞いても十分ではない。彼らがその体験をいまどう思っているかが重要だ。創業当初から上海にいた3名は，初代事務所長で現在は嘱託として北京に滞在する沢田伯文から手ほどきを受け，いまはマネジャーになっているが，当時の様子をこう語る。

「最初は人が少なくて，通訳，受付など，必要な仕事はなんでもやりました。自分が幸せだと思うのは，始めたばかりで沢田所長に中国人の副所長，あとは自分ともう一人だったので，なんでも教えてくれたことです。設計事務所に切り込んでスペックインさせることは日本でもやってきたことであり，それを中国でも展開したいという考えでした。そこに自分も関わったんです。まずは設計事務所の協会からアプローチをかけ，どこにどのような事務所があるかを調べました。そこから実際に各事務所を訪問したんですが，それ以外にも独自に調べて捜し出すようになっていきました。それらを日本人と一緒にまわったんです。沢田所長ひとりの時代から，どんどん日本人が増えていきましたが，みんながいろいろなことを教えてくれました。まさに一緒に仕事しながら学んでいきました。ほかの会社ではあまりないと聞いていますが，そうして中国人の幹部が育ったと思います。」（大金（中国）投資㈲上海分公司空調営業部副部長，営業推進一課課長　紀桃紅氏）

「入社時はもちろん仕事のことはなにもわかりませんでした。製品のことも十分にはわからなかったんですが，いろいろ教えてもらって，それから営業にまわりました。人が少ないのに，最初は市場を開発しなければならない。だから製品・技術のことも営業のこともなんでもやらなければならなかった。日本人もそうですが，上海事務所の副所長が中国人で，彼もよく教えてくれました。」（大金（中国）投資㈲上海分公司空調営業部副部長，営業一課課長　朱英華氏）

「入社してからはいろいろな仕事をしました。人事の仕事もしたし，販売店の開拓調査もしました。製品知識と合わせて営業技術の勉強もしました。3ヵ

月は日本で研修もしました。自分が幸せに思うのは，当初は人が少なく，沢田所長とすごくコミュニケーションすることができたことです。日本人は体系的な教育はあまりうまくないし，その意識もないと思います。やはり OJT で実際に仕事をしながらその都度教えて教わるというスタイルだと思います。最初のときは一緒に日本人と販売店やユーザーまわりをしていきました。自分はそのときの日本人の行動を見まねしていったんです。そうして考えながら，仕事のやり方を覚えていったと思います。」(大金(中国)投資㈲上海分公司空調企画部副部長，営業企画二課課長　王亦峰氏)

こうした日本人と中国人がペアになった営業活動を同社では基本的に「OJT」と呼ぶのだが，ここでは上海大金空調の総経理である伊東幸彦氏が使う「べたつき営業」という言葉で統一したい。

官公庁や病院など，見つけ出したターゲットに対しては技術セミナーを頻繁に行ない，そこからソリューション提案になる。べたつき営業から時間が経ってだんだんと営業マンが育ってくると，むしろこの仕事が彼らに向いているのがわかってきた。オーナーに攻めていくのに，中国人が独自に商品説明書やライバル製品との比較表をつくってみたりするようになった。

## 3. 営業マンから営業マネジャーへ

そうして営業マンが育ってきて，事業規模も大きくなってくると，営業マンの数も増えてくる。そうなると，勢い日本人のべたつき営業だけでは人材育成が追いつかなくなる。そこで，最初に鍛え上げた営業マンをマネジャーにして，こんどは彼らにも人材育成をしてもらう必要が出てきた。

ところが，営業マンから営業マネジャーへとキャリア・アップさせるときに大きな問題があった。彼らに後輩営業マンの育成という役割を期待したのだが，その意識が当初は彼らになかったのである。まずはそこから植えつける必要があったのだ。

北京の高橋は，マネジャー教育を意識するようになってから，ことあるごとに最初の 5 人に語りかけていった。

「教え込んだことはふつうはほかのヤツには教えません。敵に塩を送るようなことだから。だからこの5人には徹底的に言いましたよ。『なんにもしなければあんたらほかの人間になんにも教えないでしょう』と。『だったら一生職人でいたら宜しい。あなたがたは一生セールスマンでいたいのか、そう思うヤツは手を挙げろ』と。『でもこれからはマネジャーとセールスマンとは違うという土壌をつくる。マネジャーは人の集団を預かる身。人を育てないといけないし、場合によっては血を流さないといけないこともある。どっちをとるかあんたが決めろ』と。『おまえらは一人のトップに立ちたいのか、100人のトップに立ちたいのか。一人で良かったら手を挙げろ』と。そしたら誰も手を挙げない。」

こうして、最初に仕込んだ中国人はマネジャーを目指すことが確認された。そうして中国人マネジャーを育成するうえで、なによりも最初に必要なのは、仕事の範囲が広がるなかで、いかにそれをほかの中国人に按分していくか、それを決めるという力をつけてもらうことであった。高橋は語りかけていった。

「『おまえ何本手持ってる？』って聞くと『二本だ』と返してきます。そこで挑発するんです。『おまえらは一生俺には勝てないな』ってね。『俺は常に40本の手を持っている』と。『まず、おまえの手は俺の手だ』と、みんなに指さして言います。5人集まってると、それだけでも12本になりますよね。そこで『なんでおまえらもっといっぱい手をもたないんだ』とね。いま10の仕事が来た。ところが会社というのはみんな期限管理がありますからプライオリティがある。しかし、どう頑張っても自分には5しか能力がなかった。それならどうするか。僕はいつも問題投げかけたんです。ことわざでもあるじゃないですか、一人ひとりは龍だけど三人寄れば虫になるって。でも日本人はどう言うか。一人ひとりは虫だけど、三人寄れば大龍だと。それなら誰かを巻き込んで自分らと一緒にやる、それを体感させるんです。」

さらに、マネジャーとして中国人の部下をどのように指導していくか、そ

の基本的スタンスを確立させることも大切だと考えた。

「でね，日経新聞の記事にアメリカの学校の話が出てたんです。クラスを2つに分けて，一方ではスパルタ教育をした。もう一方は常に誉めるようにした。3ヵ月後にはね，スパルタ教育を受けたグループが伸びた。ところが半年経つとね，誉めたグループがもっと伸びた。そんな話を出してね，人は人から誉められるためにやるんだと。決して叱られたくてやるんじゃないとね。叱り方100選，誉め方50選っていいますよね。なんで叱り方が倍あるかというと，叱るのは誉めるよりも難しいからですけど，僕は言ったんです。『お前らそんな叱り方ができるくらい人生経験豊富なのか』って。」

「なにも知らないヤツに教えるのはしんどいんです。だからわたしはバカになって『なんでやなんでや』って聞きまくる。『おまえが先生になって，俺が生徒になるけども，人に教えるのは大変なんだぞ』と。自分がわかってないとできないんですよ。もっと言うと，自分がバカになるというのはものすごく難しい。だから『いっぺんバカになってみろ』と。『とんでもない質問がくる。それは自分がよく理解していないと答えられない。その苦しみをいっぺん味わえ』と，こう言ったんです。これは時間かけましたよ。命吹き込むためにね。なんべんもなんべんもやりましたよ。」

中国人に期待するのは，自らが学んだノウハウを後進に伝えるマネジャーである。しかし，教えられることと，こんどはそれを他人に教えることの違い，難しさを彼らは知ることになる。逆に言えば，日本人の役割は，こんどは教え方を教えるというものになる。

かくして，最初に鍛えられた中国人営業マンが，いまマネジャーとしてほかの営業マンの指導を行なっている。再び先ほどの上海スタッフ3名の声を聞いてみよう。

「マネジャーになって，いまは自分に中国人の部下がいます。日本人の幹部と中国人社員の架け橋になることを強く意識しています。日本人にはこういう考え方があり，こういうことを目指しているといったことを中国人社員が理

解しやすい言葉で発信するんです。でも，なかなか中国人社員が理解できないことも多い。だからこそ，自分は架け橋として何度も何度も彼らに日本の考え方を説明しています。そのときは決して中国人社員の考え方が間違いであるというニュアンスでは言わないようにしています。それが自分の大きな仕事です。」(紀氏)

「いま，中国人の部下を預かる立場になったら，彼らが昔の自分に見えてきたし，当時の日本人の立場も理解できるようになりました。部下にいろいろなことを教えてあげる，バランスをとるというのがいまの自分にとってすごく重要です。とにかく相手が理解できるように教えることが自分にとってひじょうに重要です。」(朱氏)

「自分がマネジャーになってみて，大きな役割が教育です。後輩を育てること。自分は中国人だから当然日本人よりも部下とのコミュニケーションはできます。中国人幹部としてのメリットや特徴を生かして，どんどんコミュニケーションしながら部下を育てることに努めています。もちろん教育していても，なかなか部下がわかってくれないこともあります。それに対して，自分は会社の考え方をしっかりと説明しなければならない。いきなりそうしろといってもダメで，理由というものをしっかりと説明しなければならないんです。」

ほかにも，華南地区の責任者はすでにエリア営業トップだった中国人になっている。その前は日本人を責任者にしていたが，だんだん伸び悩みが出てきていた。そこでこの中国人に変わってもらったところ，毎月30％増という伸びを出している。

## 4.「べたつき営業」の効果

日本人が中国人と一緒に現場をまわり，そこで営業ノウハウを伝えていく。日本人もそれを通じて現場情報を集め，より効果的なノウハウを伝える。一見すると，このこと自体がべたつき営業の目的・効果に思える。しかし，そ

れは少し違う。その目的はすぐれて戦略的なものであることを強調したい。一言でいって，それはダイキンが立てた中国市場戦略を末端のオペレーション・レベルで一致させることにある。実はこれが多くの企業にとって難しいことなのである。

中国人マネジャーは，教育していても部下がなかなか理解してくれないことがあるという。それは共通している。まさにダイキンの基本戦略なのだ。ダイキンは上位の高級セグメントに絞り込み，そこを徹底的に攻めて利益を上げることを重視している。しかし，これに対して中国人営業マンは疑問を投げてくるのである。曰く，「なぜ値下げをしないのか，高価格を維持し続けるのか。値段を下げればもっと売れるはずだ」。ましてやそれを完全前金で売れというのである。疑問や不満が出て当然かもしれない。

せっかく日本人がボリュームではなく利益重視の戦略を立てても，それを実行する中国人営業マンが納得してくれない。しかし，この状態をそのままにしておくとどうなるか。それはこれまでの日本企業のケースから見えてくる。

家電業界や二輪車など，比較的早くに市場が立ち上がった業界では，市況の悪化が起こっている。「20世紀最後の巨大市場」とまで言われるのに，それはどういうことか，疑問に思われるかもしれない。ここでいう市況の悪化とは，市場というパイが縮小したことではない。市場の成長以上に供給が拡大したということである。

これらの業界では外資系企業のみならず，中国企業の台頭に著しいものがあった。単に多くの企業が製品をつくりだしただけではない。品質も急速に向上してきた[7]。

ここから展開したのが増産競争であった。成長するマーケットをわがものにするため，各社は設備投資を積極的に行なった。この結果，次第に需要を供給が上回る状態になっていった。そのプロセスで価格競争が激しくなっていく。店頭価格の下落はますます購入者を惹きつける。結局，各社の予想をはるかに上回るペースで購買が一巡し，製品在庫がだぶついていったのである。家庭用エアコン市場もその1つだ。

このような恐怖のフローを横目で見ていたのがダイキンであり，だからこ

そ利益重視の戦略を立てたのである。しかし，こういう考え方への抵抗が中国人営業マンにもあった。これを放っておくと「ガン」のように全社的に転移し，どこからか戦略とオペレーションの不一致が発生する。それに対する事前の免疫療法として，日本人や彼らの指導を受けた中国人マネジャーたちが，なぜこのような戦略が重要なのかをねばり強く訴えてきたのだ。

その結果が数字に出ていると思われる。さらに，日本人も中国人も口にするのが，この戦略をいわば企業文化として全社的に定着させたことこそ，自社の最大の強みであるという点だ。

「ユーザーへユーザーへという奥深いところに突っ込むアプローチは中国人社員に定着しました。商品の品質に対するプライド，誇り，使命感もできています。売りの場面でも，ダイキンは高級品を売っている，顧客もそう思ってくれている，そういう意識が根付いたと思います。これは最初に送り込まれた日本人が一緒になって引っ張ってきた結果だと思うんです。一緒に地べたはってやったのです。」(大金（中国）投資㈲副総裁　中務克泰氏)

「こっち（工場）はこっちで最高品質の製品づくりに努力していますが，売りのところでも最高のものを提供するという考えが一貫している。ここがうちの強みだと思います。べたつき営業の成果だと思います。」(伊東氏)

この戦略は販売店でも貫徹させている。そのための努力も同社は怠らなかった。まず，販売店には絶対にまとめ買いをさせないことにしている。させると必ず価格が崩れるからだ。とにかく利益重視という方針を守り，高値をいかに安定させるかを重視する。高く売れれば，結局は販売店もメーカーも利益をとれる。このことを理解させるために丹念な説得と指導を行なってきたのであり，それでもおかしなことをした販売店はすぐに契約を解消した。

実際にそういう説得と指導をしてきた中国人も言う。

「ダイキンは完全前金を基本スタイルにしていますが，それでも売上や利益を伸ばすことができたのは，自分としては販売店に利益が出ることを心がけて

きたところにあると思います。もちろん，そのためには優れた製品が必要ですが，営業体制としては販売店が儲かるようにする。そのためにメーカーと販売店が一緒に営業をするようにしたり，販売店支援をしっかりと行なっているんです。これは会社の文化になっていると思います。営業マンで売れない者もよく売る者もここは共通している基盤です。この基盤づくりをずっとやってきたことが，なによりの強みになっていると思います。」(王氏)

　最近は日系企業の現地法人が加速度的に増えている。日本ではエアコン市場が伸びていないが，同じ顧客企業が中国シフトしているのである。そこで，こうした日系企業の物件情報を細かく集め，こんどは日本人の応援営業部隊を大量に派遣して攻略している。ここで注目すべきは，この場合でも中国人をつけていることだ。日本企業同士なら日本人同士で話をつけることも可能なはずなのである。その意図はやはり中国人営業マンを育成することにある。

## 5．顧客の囲い込み

　最初に鍛えられた中国人営業マンが，いま指導者としてほかの営業マンや後進の指導を行なっている。そうして物件情報を丹念に集め，施主という受発注構造図の最深部まで掘り下げてアプローチしている。
　一方，同社ではこれを支えるもう1つの武器がある。顧客の囲い込みである。
　確かに，これまでは先端商品を上位ユーザー向けに絞り込んで販売してきたし，そのために競合もほとんどなかった。しかし，中国はどの業界でもそうだが，しばらくすると雨後のタケノコのように地場を含めたライバル企業が台頭してくる。業務用カセット方式のエアコンでも，現在はすでに9社のライバルが確認されている。そうした競争激化に備えて，同社では顧客の囲い込みに力を入れてきた。
　ダイキン工業を見ると，囲い込み方法のキーワードは「クラブ組織」にある。その端緒となったのが，受発注構造図で当初絶大な力を持っていた設計

院の囲い込みであり，設計士のクラブ組織づくりであった。
　北京で組織づくりを行なった高橋は，単なるかたちだけの組織ではなく，設計士にとってこのクラブにいることが，どれほど魅力になるかを徹底的に考えてきたという。

　「最初は設計院の力が強かったし，ものを言う施主が出てきても，やっぱり設計院は大事だから。そこでまずは月いっぺんで20から30人規模，バス１台分です。あと年いっぺんで300から400人規模の集会をするようにしたんです。で，どうしたらみんな来るか，欠席率が低くなるかを考えました。まずはみんなが行けないようなところに行こうと。あと全部出席しないと揃わないようなプレゼントを出そうと。中国にはピューター（錫製のセット食器）があまりない。でも東南アジアに行ったらありますから，商社と契約してまとめて安く買います。いくら交渉しても来なかったらその分は渡さない。これを徹底したんです。そしたらちゃんと出席します。あと，奥さんにも理解してもらうことによって家庭のなかにダイキンが入る。誕生日，結婚記念日には花を贈れ，ケーキを贈れと。ケーキ１個贈るのになんぼかかると思います？ 80元ですよ。当時レートが15円で1,200円。30数人配ってなんぼいきます？費用知れてますよね，気持ちですよ。」

　「新入会員の先生が入ってきたらみんなに紹介します。でも最初はただ紹介してるだけだったんですよ。これじゃあダメだと。そこで，まずはドライアイスでスモークたくようにしました。そしてスポットライトをば～んと当てる。どんどん音楽上げていってパワーポイントで経歴をでっかく映す。本人がステージにやってくる，気持ち良いですよね。そしたら『あの会入ったら気持ちいいよ』ってことになって，どんどん紹介で入ってくる。要はみんな劇場人生で演出でしょう。気持ちよくさせるわけですよ。とにかく欠席できない，したくない状況を作ってきたんです。」

　しかし，このようなクラブ組織の展開をこよなく順調にやってきたかというと，そうではない。試行錯誤の連続であった。

「失敗と思考・試行の連続でしたよ。たとえば，自分たちがうまく運営できたと思っていても，あとで聞くと評判が悪い。なぜだと思って調べると食事の内容が悪かった。でも，いたずらに高級な料理にするわけにもいかない。そのなかで食事の内容を改善していきました。あと，最後までおらずに途中で帰る人間がいた。それは見ていて面白くなかったですよ。なんで帰るんだと。そこで，どうしたら帰らずに最後までいてくれるか。まずはテレビや洗濯機など，商品があたる抽選のくじ引きを最後にもってきてひきとめることにしたんです。すべてが揃わないといけないピューターをプレゼントにしたのもそうです。新入会員の紹介もそうです。もちろん，それは劇場人生で自分が主役になった気分にさせるんですが，もう1つは新入会員でもほかの会員とすぐにコミュニケーションできるネタになるからです。新規会員もすぐにとけこめるんです。頼んできてもらうか喜んできてもらうか。やっぱり後者です。地味だけど，こういう仕掛けを常に考えてきましたか，努力しましたかっていうと，それはやりましたね。」

このクラブ組織は「ダイキン・サロン」と呼ばれ，現在はその参加メンバーから13人を選んで理事になってもらっている。ダイキンの仕掛けでありながらも，顧客である設計院の人間にサロンの企画・運営を行なってもらっているのである。

顧客を囲い込むための重要なポイントはサービス（メンテナンス）にもある。

サービスについては中国でも日本と同じように，呪文を唱えるかのようにモットーを掲げてきた。それは「速さ，確かさ，親切さ」である。すでに述べたように，メンテナンスはダイキン自身と販売店が行なっている。しかし，中国のユーザーは，メーカーに直接コールすることが多い。

同社は2003年に，独資（完全所有）で別個に3社のサービス専門会社を設立した。それまでは，上海大金空調という現地法人に生産から販売，サービスを集約させる体制であったが，大きな決断である。というのは，会社を別個につくるということは，すなわち収益性を問われることになるからだ。言い換えれば，サービスだけを行なう現地法人が単独で収益を出していけるの

かという疑問がある。では，デメリットも想定されるなか，なぜ決断したのだろうか。

　サービスを展開していくにあたっては，方法としていくつかのオプションがあったはずである。1つに，そのまま内部に置いておくことである。2つめに，外部にある地場のサービス業者に業務を委託することである。3つめに，外部に出すとしても独資と合弁という方法がある。

　1つめであるが，内部に部門として置いておくと，「あくまでも修理屋」という発想から抜け出せない。顧客を長期的に囲い込んでいくにあたり，サービス面でのクオリティをいっそう向上させるためには，あえて部門を外部化し，事業化して収益を問う必要があるという考え方があった。これは，カギとなるサービス部門にエネルギーをたたき込む手段であったと言える。内部に置いておくと，どうしても黒子，裏方的になってしまい，志気が高まらない。サービスだけで収益を出していけるのかという疑問はあったが，そこをあえて外に出して陽の当たる場所に置いたのだ。

　2つめに，なぜ外部に委託する方法ではなく，自前で展開していくかであるが，ここでも同社の基本戦略である「物件対応」がキーワードになる。外部委託になると現場が見えにくくなるという懸念があった。サービスの現場で具体的にどのような活動が行なわれているか，金銭の授受がどのように行なわれているかなど，すべてをガラス張りにする必要があると考えたのである。くわえて重要なのは，外部の業者に委託すると，サービスの平準化が難しく，大変な苦労をすると予想されたことである。いくら高品質の製品を販売しても，サービスが悪ければその製品が悪いということになる。いつでもどこでも同じレベルのサービスが提供される体制を迅速に構築する必要があった。

　3つめに，会社として外部化するとしても，独資ではなく合弁という方法もあったはずだ。この点で独資にした理由は，とにかく操業後の意思決定スピードを重視したためである。

　こうした理由から，同社は独資のサービス会社を設立したのであるが，実は顧客の囲い込みという点からすると，サービスのレベルアップだけがねらいでもないのである。というのは，サービス会社を設立する際に，同社は他

社製品のサービス権限も当局から認可されたからである。これは，将来の顧客囲い込みという点できわめて大きな意味がある。なぜなら，普通ならば他社製品のサービス業務をできる権限が外資系企業に付与されることはまずないからだ。ほんの少数の例外を他業界に見ることもできるが，少なくともこの分野ではダイキン工業しかこの権限はいまのところ持っていない。ここはいかに同社の対当局交渉オペレーションが卓越しているかを示す生々しい実例ともいえる。

　こうした器づくりの一方，そこに属するサービスマンへのインセンティブを高める具体的なオペレーションがすでに始まっている。そのための方法がやはりクラブ組織なのである。この立ち上げを北京で行なった高橋は言う。

「営業の仕掛けを一生懸命つくってきたわけですが，そうなると埋もれるのはサービスマンなんですよ。でも，営業とサービスは絶対に切れないと思ってきましたからね。サービスがきっちりしてないと大変なんです。それが悪いと後々営業にまで響きます。ところがこのサービスマンがまた人に教えない。自分が学んだ良い方法は教えないんですよ。どうすれば教えるようになるのかを考えましてね。教えたら表彰してあげる，もっと教えた人はもっと表彰してあげる。そうやって正真正銘人に教えるサービスマンになったら専用のクラブ組織に加入できる，そんなのをいまつくっているんです。あと，良い道具をあげるとか。高いじゃないですか輸入工具は。それをあげるんです。最優秀者は日本に連れてきて研修させたり観光させる。技能オリンピックも始めました。やっぱり励みですよ，インセンティブです。」

## 6．知識創造としての中国「べたつき営業」

　後発参入にもかかわらず，ダイキンの中国エアコン事業がこれほどの成果を上げた理由はなんだろうか。
　同社の中国市場戦略については最初に説明した。標的セグメントからすると，この戦略はハイエンドユーザーに絞り込みを行なっている。しかし，中国は成長する巨大市場というイメージが一般的には強いはずである。その意

味では，一見すると標的セグメントを絞り込むのは，この市場の攻め方として異質に映る。だが，ダイキン工業に限らず，中国市場で現在成果を上げている企業の特徴はここにある。成功企業の発想は特有だ。

まず，だからこそ狙ったセグメントの完全掌握が必達課題となる。シェアに置き換えると，これらの企業はトータル・シェアではなく，特定セグメント内のシェア極大化を目標とする。そのためには何をすべきか。ここから市場戦略コンテンツを考え，実行するのである。

また，視点を長期化している。当初は規模が制約されるのは受け入れる。しかし，そうしてブランド・イメージを確立したうえで，それを最大限利用するかたちで標的セグメントを広げることを考えているのだ。そうでなければ結局は血みどろの価格競争に投げ込まれてしまい，市場のどこにも基盤を築けずに中国企業などにやられてしまう。このような見通しを立てている。

一方，多くの企業は成功企業が懸念した通りの状態になりがちである。

まず，特定セグメント内シェアというよりもトータル・シェアの極大化を目指していることである。トータル・シェア極大化とは，すなわちボリュームを追求するということでもある。中国を一枚岩の巨大市場と捉え，そのなかで成長するマーケットを一律に掌握しようと志す。しかし，それがこれまで見てきたような悲劇をもたらしてきたのである。それが最も先鋭に現れたのが家電業界だった。中国市場戦略がボリュームをひたすら追求するようなものである場合は，供給過剰，価格競争，回収難という恐怖のフローを経験してしまうことが多い。出発点である市場戦略目標がどのようなものであったか，それを貫徹できたのかが大きな分岐点となった。特定セグメントに標的を定め，そこを徹底攻略する。しかる後にそこで得られたブランド・イメージなどのテコを利用してほかのセグメントを狙っていく。

「シェアはあとからついてくる」。この思想にもとづく一点突破・背面展開型の市場戦略が奏功する可能性が高いことを教えている。

だが，この戦略だけでは成功しないのが中国なのである。重要な課題は，その絞り込んだ標的セグメント層を具体的にどのように識別するかにある。また，そうして顧客の顔が見えたとき，それらを掌握するためにどのような仕掛けをつくるかである。これができなければ，商いの規模はごく小さなも

のとなってしまう。ダイキンが成功した理由は，優れた戦略をオペレーションに完全にリンクさせたことにある。ダイキンの中国事業を見ると，「物件対応」という基本戦略と，それを支える現場でのオペレーションとの嚙み合わせがいかに大事なことかを思い知らされる。

　ダイキンの戦略は，実はその実行面で大変な難しさをもつことに留意しなければならない。なによりも，社内の中国人や外部の販売店がなかなかその戦略のことを理解してくれなかったからだ。くわえて，特に最初の頃は受発注構造を掘り進むこと自体の意味すら十分に理解されていなかったのである。

　ここからもう1つのカギが見えてくる。「べたつき営業」である。

　派遣された日本人が，単にオフィスのなかで現場の営業マンを文字通り管理しているだけではなく，中国人社員とともに受発注構造図の奥へ奥へと掘り進み，現場の営業活動を実践している。これは営業活動自体の実践というよりも，それを通じて中国人に戦略の意味を体で感じさせ，ひいてはそのためのさまざまな営業知識を移転することが目的だったのである。

　一方，これまでの営業研究は，大きくは2つの理由から営業知識の移転が難しいことを強調してきた[8]。

　1つに，営業状況がひじょうにバラエティに富んでいるため，どのような状況でどのようなやり方が成功に結びつくのか一意的に規定するのが難しく，またそれをマニュアルのようなかたちで形式化することが難しい。たとえ形式化しても，利用する人間にとってそれがどこまで役立つかに疑問符がついてしまい，せっかく手間暇かけたのに結局は使われずに放置されてしまうのである。

　「べたつき営業」は，このような特性をもつノウハウをなんとかして伝えようとする試みだ。現場から離れた社内で，言葉で重要だといっても中国人営業マンは理解できないところがある。そこで彼らに随伴し，率先垂範する。実際の状況を共有し，それを踏まえて具体的に営業マンとしての目のつけどころや対応のあり方を逐一指導していく。これが彼らに大きなインパクトを与えることができるという理屈である。

　2つめに，有能な営業マンがいても，そのノウハウをほかの営業マンに出したがらないという問題だ。1つめの問題が営業ノウハウの特性によって

「出したくても出せない」という「could」の問題とすれば，2つめは「出したがらない，出したくない」という「would」の問題ということができる。

　実際，現地に派遣された日本人はまずその問題を意識した。特にこれは特定の営業マンを育成し，後に彼らをマネジャーにするときに強く意識された。言い換えれば，マネジャーとは自らのべたつき営業経験から得たノウハウを後進に伝えるという役割として位置づけていたのである。

　そのような意識を持たせるために，日本人はしだいに議論のフォーカスをシフトさせていった。いかにして営業マンとして行動するかということから，マネジャーとはなにか，いま日本人がなにを期待しているのかを絶えず語りかける。中国人社員を少数ピックアップし，まずは徹底的に営業面で指導し，後にマネジャーとしての指導をしていった。

　ここに見られるのはスモールワールド・ネットワークのロジックだ。伝えたいことをしっかりと理解し，実践してくれそうな人材に目をつけて，まずは少数を徹底的に鍛え上げるのだ。そうして鍛えられた現地の侍を格上げして指導役に割り当てていく。いわばシンパと呼べるような現地人材を少数ながらも創り，そこをハブにしてそのプロセスを繰り返すことで繁殖させる。それがティッピング・ポイント（臨界点）を超えると，はじめて中国のダイキンは物件対応戦略を堅持しようとする日本の本社と一体になる。でなければ，現地のオペレーションとの間に乖離が発生し，いつまでたっても物件対応戦略は実を結ばなかっただろう。

　このロジックが必要になるもう1つの重要な理由がある。これはモノづくりと比べるとわかりやすい。営業という仕事は工場のような1つの事業所構内で行なわれるのではない。会社の外にいる数多くの取引先で実践される。もし日本人が各所各人に向けてこのような指導を行なうなら，大変な数のマンパワーが必要になってしまう。そのコストは駐在経費を筆頭に大変なものとなる。

　だからこそ，少数の人材に目をつけて育成し，こんどはその人材に教育役を期待するのである。べたつき営業には長期的で現実的なロジックがあることが見えてくる。

　次に注目したいのは，このべたつき営業というスタイルのなかにある，日

| 第5章　ダイキン工業 |

本人の具体的な実践の内容だ。

　そこではまず，いろいろなメタファーが使われていたことがわかる。アメリカの伝説的なセールスマンの伝記を翻訳させ，そのなかで野球のメタファーを使って顧客訪問の重要性を理解させる。また，マネジャー教育の段階になってもやはり自分がもつ手の本数や仕事の時間配分，ひいては古代のスパルタ時代にまでさかのぼった逸話を使っていた。

　一見すると，戦略と呼ぶにはおこがましいくらいの日常的な会話だ。だが，そこでは日本人と中国人の間で暗黙知と形式知がせめぎあいを続けている。日本人は自らの国内営業経験をベースにしながら，中国人とともに現場を共有し，見えにくい営業状況を可視化しながらノウハウを伝えていく。日本人もそうした経験をこれまでの知識に照らし合わせ，更新していく。現場や社内でメタファーを駆使して中国人が理解しやすいように営業の心得を伝えていく。中国人は得られた知識を継続的に営業実践を通じて強化・更新していく。

　中国人が育ったというのは，こういう知識スパイラルを通じての所産であるといえる。その中国人はいまマネジャーになって，こんどは教わる側から教える側に立ち，後進との間で知識スパイラルを展開している。華南地区ではそうしてマネジャーになった中国人が日本人以上の成果を上げている。こんどは日本人が中国人から学ぶ局面が生まれている。

　ダイキンの中国市場戦略のベースは「べたつき営業」にあると考えて良いだろう。そして，その背後にあるダイナミズムは営業をめぐる知識スパイラルであると見ることができる。中国事業ではそれが1つの「型」になっているのがダイキンの特徴であり，強みである。同社の営業面での本部は上海にあるが，そこに新しく統括として赴任した中務は言う。

　「まさか自分が中国に行くとは思っていなかったんです。そんな自分なので足を地につけて，自分の目で見て耳で聞いて，感じる。そこから具体的に何をどうすべきかを考えようと思いました。結局地べたをはって掘るようなことをやってますね。自分でやって見せたり，継続は力なりというように繰り返し繰り返し唱える。逆にそうでもしないとまわりはついてこないと思いまし

た。」

## 7．べたつき営業のルーツ「四現主義」

　中国におけるダイキンの強みが営業を中心とする知識スパイラルにあるとしても，このようなやり方は誰でもできるものではないのだろうか。もっと言えば，それは「あたりまえではないのか」という声もあるかもしれない。
　しかし，これは並大抵の作業ではない。
　理由の1つめはすでに出てきている。こういう日本人指導者のマンパワーが数として不足していることだ。少ない人数でこなすとしたら，ただでさえ日本人にはいろいろなタスクがあり，そういう役割にまでなかなか手が回らない。
　2つめに，イロハのイから始めなければならないなか，指導してもそのイがなかなか理解されない。これは人間として大変なストレスがたまる。重要性はわかっている。しかしわかっていても中途で頓挫することも少なくない。
　これを裏返すと，べたつき営業のようなことをする場合にはつぎのような人間観が要求されるのである。
　第1に，「知らない」，「わからない」からといって中国人営業マンを馬鹿にしないことである。誰だって最初は知らない，わからないことがあるのだ。であれば徹底的に教え込めば良いのである。繰り返し繰り返し同じことでも教え込むねばり強さが必要だ。
　第2に，中国人営業マンの方も，「教えてくれる」日本人に期待し，尊敬するということだ。中国語がペラペラだから中国人営業マンは日本人を尊敬するのではない。自分にとってためになる，自分の力を高めてくれるなら，懸命に努力するという人間観がある。
　第3に，そうして教え込むには，いったん教える自分が馬鹿になることが必要だという姿勢だ。わからない相手に教えるのはひじょうに難しい。「なんでそんなことを聞くのか」と疑問に思うような問いかけが来る。だから，まるで自分が馬鹿になったつもりで，教える内容のことをゼロから考え直さねばならない。このことは，相手に教えるには，なによりもまずは自分がわ

かっていなければならないことを意味する。

では，中国で日本人が展開した「べたつき営業」という「型」は，いったいどこから生まれてきたのであろうか。実は，北京で陣頭に立った高橋は自らの原体験を日本国内での営業に求めており，そのシンボルとして一人の人物を挙げる。現副社長の田中博である。田中はこれまで営業畑一筋に歩んできた人物である。その課長時代に，高橋は田中から「四現主義」と呼ばれる考え方をたたき込まれてきたという。田中は言う。

「たとえば，三人で道を歩いていて，一人が秋の気配がしたと言ったとします。じゃあ，いったいなにが秋の気配なんですかと。それはたとえばサッと自分の頬を風が走っていったと。そんなもんはね，感度・感性のない人間にはわからんのですよ。それをつかみきらないと。景気が良くなってきた気配がするってのはなんだと。現場，現物，現実からね，さらに現象を引き出せと，そうして初めて次の手が打てるんです。たとえば，数日前の日経新聞に載ってましたけど，お上の景気判断ではね，100円硬貨の流通量が判断材料になってるんですな。電車やバスに乗ったり日用品を買うのに使うからです。こういうのをみんな独自にやれと言いたい。データから現象を読みとって手を考えろということです。仮説とその確認をずっとやっていくわけです。」

「四現主義」とは，すでに一般名詞になったホンダの「三現主義」，すなわち現場・現物・現実に，もう1つ「現象」をくわえた考え方である。田中は三現主義にこれまで疑問を持ち続けてきた。というのは，三現主義は形だけ実践することはやろうと思えば誰にでもできるが，問題はそうすることでいったいなにを目指すのか，基本的な目的が忘れられていることが多いからである。

「三現主義では報告書はつくれますけど，そこからどう現象を読みとってね，だからうちはこれから拡大路線で行きますとか，設備投資をするですとかね。現象を読みとらないと絶対にダメやと。三現主義やりましたと，現場行って見てきましたと。で，聞くとね，『忙しそうにしてました』と。でも，その忙

しそうにってどういうことなんだと。どこから読みとったんだと。去年に比べて残業が2割増えたとか，そういう現象がしっかりつかめてないと，なにも手を考えられません。だから，わたしは会議では徹底的な具体論になるんです。『だんだん良くなってきました』ってなんだと。『徐々に』ってどういうことだと。3％伸びたのか5％なのか。」

田中が強調しているのは，現象そのものというよりも，そこから意味を読みとることである。そして，そこから独自の仮説をつくりだし，その都度検証していくことである。これは知識創造の方法論としての「仮説設定（アブダクション）」である。

営業畑を歩んできた田中は，その実践のなかでこのような方法論を体得してきた。そして，40代に岡山の販社社長として出向したとき，マネジメントとしてもその有効性・重要性を再認識することになったという。当時，業界でも下位であった家庭用エアコンも，いまではトップに立つことになったが，その端緒となったのがこの岡山地区での躍進だった。

そのとき，エアコンは松下が20％のシェアを握っていた。この松下を抜こうとするなら，系列店を攻めなければならなかった。当時はまだ量販店の比重が低かったのである。松下は周知のごとく家電の全商品を揃えていた。ここで，田中は系列店に商品を卸す問屋のライトバンに乗せてもらい，全部の店を回ったのであった。しかし，当時は下位メーカーであって，商品を持っていっても店主は「その辺に置いておけ」と言うだけで，松下，東芝，日立の奥に置いていくしかなかったのであった。

しかし，系列店を何件か回ってると，ナショナル・ショップといっても，ほかのメーカーの価格表ももっていることに気づいた。調べてみると，松下の販社はショップに与信限度を設定していたからである。この意味を田中は考えた。

「どういうことかというと，松下の販社が5,000万分の商品を流したら，それ以上は売るなってことです，担保がない限り。そのとき僕はね，これは勝ったと思ったんです。みんな集めて言いました。おまえら運が良いと。松下は

あれだけ商品もってる。それだけいろんな商品を勉強せなあかんと。けど自分たちはエアコンだけ勉強したら良いと。だから，たとえば5,000万のなかでエアコンを1,000万売ってるんだったら，エアコンだけ徹底勉強してその1,000万とってこいと。で，残り4,000万はほかの商品売らせたら良いと。絶対勝つと。あたりまえのことに聞こえるかもしれませんが，弱小で萎えてる現場に新しい仮説を訴えて，エネルギーを吹き込んだんですわ。さらにね，われわれはエアコンとカーペットはある。でもショップがない。で，どうやったら最終ユーザーまでたどれるか。同じように現場を回りながら考えていたんですが，田舎だったらLPガスの検針と集金がある。そこの店使って一緒に訪問することにしたんです。それでカーペット売り込む。そうまでせんと，うちは生きる道なかったんですわ。そうやって絶対勝つって言って3年間でシェア15％上げたんですよ，岡山で。2番手まで行った。あの経験が響いてるし一番嬉しかったです。自分の足で現場見て仮説立ててそれ確かめてやったことがね。結局15年かけて松下に勝ちましたけどね。」

　直接経験を通じた四現主義の重要性をたたき込まれた高橋ら日本人が，中国で「べたつき営業」を展開したことも不思議には思えなくなる。「べたつき営業」は営業ノウハウの移転手段としてだけではなく，日本人が中国の営業現場で現象を読みとるための手段にもなっているからである。営業マンや営業マネジャー育成，サービス体制の整備など，これまで見てきたダイキンのオペレーションは，現場に出て直接経験を通じて現象を読みとり，仮説をつくり検証していくことの連続だったといえる。そして，それは中国という異なる国にあって知識スパイラルをまわすという巨大なエネルギーを必要とする仕事だったといえる。

【謝辞】
　本稿の作成にあたり，以下の方々から多大なご協力を得た。心より感謝申し上げる。ダイキン工業副社長　川村群太郎氏，同　田中博氏，常務取締役　二宮清氏，同　空調営業本部企画部渉外営業専任部長　高橋基人氏，上海大金空調㈲総経理　伊東幸彦氏，大金（中国）投資㈲副総裁　中務克泰氏，同　上海分公司空調営業部

副部長　紀桃紅氏，同　朱英華氏，同　空調企画部副部長　王亦峰氏。

---

【注】
1) 中国市場でのマーケティング問題については，谷地（1999）および谷地（2003a）を参照。
2) 市販の情報誌では，たとえば『日経ビジネス』2003年3月17日号，『JMAマネジメントレビュー』2003年8月号を参照。
3) 内装を施すまえの軀体状態であり，中国では分譲マンションを中心にこれが販売対象となる。分譲後にオーナーが好みで内装を施す。
4) そのほかに，電力，郵電関係などの研究所，銀行からの受注も少なくない。
5) 最近のデータを挙げると，日本貿易振興会（現日本貿易振興機構）が2002年6月に上海市内および周辺地区所在の内販実施日系企業を対象に行なった調査では，回答企業（183社）の75％が債権回収の困難さを問題点として挙げている。詳細は日本貿易振興会（2003）第1部第1章を参照。
6) 中国での債権回収問題と市場戦略については，谷地（2003b）および谷地（2003c）を参照。
7) 家電を中心とする中国企業の競争力向上のメカニズムについては，安室（2003）を参照。
8) わが国での研究としては，田村（1999），高嶋（2002）を参照。

【参考文献】

高嶋克義（2002）『営業プロセス・イノベーション－市場志向のコミュニケーション改革－』有斐閣。

田村正紀（1999）『機動営業力－スピード時代の市場戦略－』日本経済新聞社。

日本貿易振興会（2003）『中国国内販売実態調査報告書』日本貿易振興会。

安室憲一（2003）『徹底検証・中国企業の競争力－「世界の工場」のビジネスモデル－』日本経済新聞社。

谷地弘安（1999）『中国市場参入－新興市場における生販並行展開問題－』千倉書房。

谷地弘安（2003a）「中国市場参入とその展開に見る7つの問題」日本貿易振興会『中国国内販売実態調査報告書』第1章総論所収。

谷地弘安（2003b）「日本企業の中国市場参入とその展開－債権回収問題をベース

とした家電業界のステージ・スケッチ―」『中国経済』(日本貿易振興会) 5月号.

谷地弘安 (2003c)「『草の根』的市場戦略こそ債権回収の要」『日中経協ジャーナル』(日中経済協会) 10月号.

## 第6章
# NTT DoCoMo のイノベーション
──モバイル革命への挑戦──

◆

児玉　充

## 1. はじめに

　今日,企業はさまざまな矛盾やパラドックスを革新的に統合する必要性に迫られている。たとえば,いち早く他社に先駆け新製品・新サービスを市場に投入するという「速度の経済」の追求と同時に,これら製品・新サービスの質や付加価値を生み出すための人・組織づくり(知識資産)という「忍耐の経済」という2面性の追求である。この実現のためには,企業は知識創造活動を促進し蓄積される知識の質を高めるための能力である「綜合力」が重要となる (Nonaka and Toyama, 2002)。綜合力とは,正,半,合のプロセスを通じて企業内外に分散する多様な知識を弁証法的に止揚し,一貫性をもった知識体系をダイナミックに創造していく能力である。この綜合力の中心的概念は「場」(Nonaka et al., 2000) における知識創造プロセスとしてのスパイラルな循環運動である SECI モデル (Nonaka, 1991; Nonaka and Takeuchi, 1995) にあり,構造化理論の中心的概念である環境(構造)と個人(行為)の相互作用プロセスの考え方 (Giddens, 1984) を参照しつつ,企業の知識ベース動態理論が展開されてきた (Nonaka and Toyama, 2003)。

　企業の知識ベース動態理論とは,個人(主体)と環境(客体)との相互作

用において，個人の行為と環境のどちらか一方によって知識が決定されるという二元論的対立ではなく，その中間形態として個人は環境に制約されつつもむしろ主体的に環境に働きかけ，「場」における弁証法的対話を通じて新たな知の創造と活用を追求し，環境を常に再構築し続けるという動的な綜合プロセスである。さらには弁証法的知識創造プロセスは，これまでのポジショニング観（Porter, 1980）か資源ベース観（たとえば，Wernerfelt, 1984: Barney, 1991）かという経営戦略論における二元論的対立をも統合し，環境と個の相互作用および暗黙知と形式知との相互転換という弁証法的綜合の視点から，知識を切り口とした新しい統合的戦略論への発展を示唆するものである。したがって，企業が持続的に競争力とイノベーションを生み出すためには，ポジショニング観だけでも資源ベース観だけでも不充分である。それには，綜合力が必要であり，綜合力は弁証法的知識創造プロセスから得られるものと考える。

　本項では，弁証法的知識創造プロセスを活用しイノベーションを生み出した組織のダイナミズムに関して具体的かつ詳細なケースを記述する。ケースは，インターネットとマルチメディアに関する移動通信サービスを世界に先駆けて開発し普及を図った，NTTDoCoMo社（以下，DoCoMo）によるiモードのイノベーションと第三世代携帯電話サービス（FOMA）である。本ケースが注目するのはDoCoMoが市場環境に制約されつつも，組織内外にさまざまな異質な「場」を自発的に形成し，これらの「場」での弁証法的対話の促進によりスパイラルな知識創造プロセスを通じて，日本および海外さらには新世代方式におけるモバイルインターネットとモバイルマルチメディアの創造と普及を通じて新しい市場環境を構築していったダイナミズムについての分析である。

## 2．モバイルインターネット革命
―― i モードによるイノベーション ――

　モバイルコンピューティングの可能性を広げその使い勝手を大きく前進させたのは，携帯電話によるデータ通信である。DoCoMoの「iモード」に代

表される携帯電話によるインターネットアクセス技術により，今日の携帯電話は「可搬型の電話機」から「情報端末」そのものへと進化している。モバイルインターネットの利用に関しては，日本が欧米より少なくとも2～3年はリードしているとの評価も得られている。また米国のジャーナリストは，日本を熱狂させている無線インターネットサービスが世界を制する可能性をも指摘している。現在 i モードは日本で約4,000万加入数を達成しつつあると同時に，i モードのビジネスモデルがアジアや欧米で拡大しつつある。さらに日本では DoCoMo を中心として世界に先駆けて第三世代携帯電話サービス（FOMA）による高速 i モードサービスも開始され，この新世代方式の世界への展開も期待されている。これら i モードのイノベーションプロセスに関して，過去から現在に至るまで時系列的に3つのフェーズに分けて順次説明することとする。

### 2.1　スタートアップ期（97年1月～00年8月）……i モードビジネスの開始

　DoCoMo 初代の社長である大星公二は，早くも1997年に音声通信の利用に基づいた携帯電話の加入者増という成長カーブは近いうちに飽和してくると予測していた。この結果，DoCoMo の収益はいずれ低下し DoCoMo の成長を危うくするであろうという危機感を抱いていた。このため大星は，音声通信にとって代わる新しいマーケットであるデータ通信市場に目を向け始めたのである。

> 「私は DoCoMo の発足時，携帯電話の市場規模を99年には日本国民の10％である1,200万台になると予測し，それでも当時は随分強気の予測だといわれた。しかし現実の普及スピードはそれをはるかに上回り，予測より3年ほど早い96年半ばにはその数字を実現してしまった。その速すぎる普及速度を見て，市場が飽和状態に達するのも，そう遠い将来のことではないと確信し，そのころから，音声通信分野以外の新マーケットを作り出す必要性を感じ始めていた。その有力分野がモバイルコンピューティング，文字やデータ通信のビジネス利用以外への応用だと考えた私は"ボリュームからバリューへ"の方向性のもと，一般マーケットにおける非音声領域サービスの創出と充実に力

をいれることにした。」（大星，2000）

　大星は，自ら立ち上げた日本の携帯電話市場はいずれ飽和しDoCoMoの成長は止まるであろうという危機感に対して，自分自身のこれまでの経験知を踏まえつつ，新たなる市場創造というビジョンを自分自身の頭の中に描きつつあった。そのなかでは既存事業の維持と，新規ビジネス立ち上げという相矛盾した課題を両立させていくという弁証法的な思考を巡らせていた。
　1997年1月，当時法人営業部長を務めていた榎啓一（現ドコモ東海社長，前NTTドコモ常務取締役，iモード事業本部長）は，大星から「一般ユーザー向けに携帯電話を使ったモバイルマルチメディアサービスを開発せよ」という命令を受けた。さらに大星は，榎に社外からの人材のスカウトや社内公募による人材募集と新組織の構築を命じ，榎に新サービス立ち上げに向けて全ての権限（人材面および資金面）を与えた。大星は言う。

> 「この新しい分野を生み出すのは組織よりむしろ個人の能力によるところが大きいことを，私はこれまでの多くの社員との直接対話から知っていた。つまり新しい商品の発想，企画，開発でもっとも重要なのはそれを誰にやらせるかなのである。斬新で奇抜な発想の多くは個人の頭の中から生まれてくる。そしてそれを市場に通用するかたちに育てたり，加工したり，洗練したりするのが組織の力である。」（大星，2000）

　榎は大星の考え方に大きな共感と興奮を感じていた。しかしモバイルマルチメディアを始めろといわれても自分は情報コンテンツについて全く素人である。かといって社長直々の命令を断るわけにもいかなかった。そこで予算も人事も好きにしていいという条件で，一人で準備を開始した。
　榎は，DoCoMoでそれまでに大星と一緒に仕事をした体験から，現行のDoCoMoのビジネス行為を制約している「音声通信というビジネスモデル」と閉塞しつつある携帯電話市場に対する危機感，新たな市場開拓の必要性を肌で感じ取っていた。そしてDoCoMoの明日の成長に向けて現状の環境（構造）をいかにして打破し，モバイルマルチメディアという新サービスを

いかにして開発するかについて，自分自身の過去のビジネス経験（DoCoMoの前身である日本電信電話公社時代における家庭向け情報端末「キャップテン」の営業経験）とDoCoMoでの携帯電話ビジネスにおけるこれまでの大星との共体験を思い出しながら，新たなる信念や思いをめぐらしていた。このように榎は，自分自身を環境の内部に組み入れ全身で環境の知と一体となって，新たなコンセプトの源となる暗黙知を獲得していった（図表6-1および図表6-2のスタートアップ期の共同化のモード）。

榎は社内外から異彩で有能な人材（リクルートからコンテンツの専門家である松永真理，ITベンチャー企業から夏野剛など）を集め，当初10名程度からなるプロジェクト（ゲートウェイ担当）をスタートし，97年8月には70名程度からなる新組織（ゲートウェイビジネス部：以下，GBD）を発足させた。そして榎をリーダーとするGBDが新サービス「iモード」の開発に向けて取り組んでいったのである。

iモードサービスを成功させるためには，コンテンツ・プロバイダー（以下，CP）が魅力的なデジタルコンテンツを継続的に提供していくことにより，iモード対応の携帯電話機を利用するエンドユーザーが増加し，これと同時により多くのユーザーに向けてCPのコンテンツがさらに充実していくといったポジティブフィードバックが必要であった。このようなポジティブフィードバックを実現するための課題の1点目に使い勝手のよいiモード対応携帯電話機の開発とコンテンツを流通させるネットワークシステム（サーバーシステムなど）の開発といったハード面での課題があった。

2点目には魅力的なコンテンツを有するCPの獲得といったソフト面での課題があった。榎はこれらのハード面およびソフト面の大きな2つの課題を解決し新しいサービスを実現するには，GBDの異彩な人材の有する暗黙知をベースとした新しい発想，視点と，DoCoMoの伝統的組織（GBD以外の既存のライン組織）が長年蓄積したスキルやノウハウとしての優れた技術力や販売力，そして社外の顧客であるCPが有するコンテンツなどの知識資産を，融合・統合させることが必要だと考えていた。そしてこれらの融合・統合された新しい知識がiモードという新しいビジネスモデルを構築しうる重要な要素となったのである。

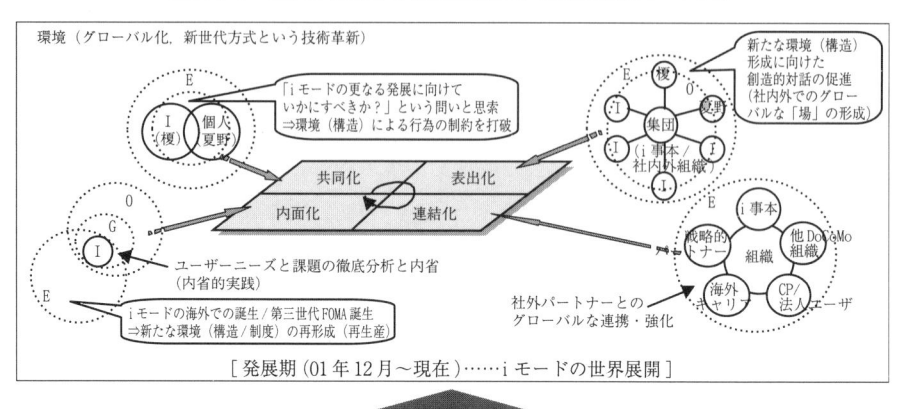

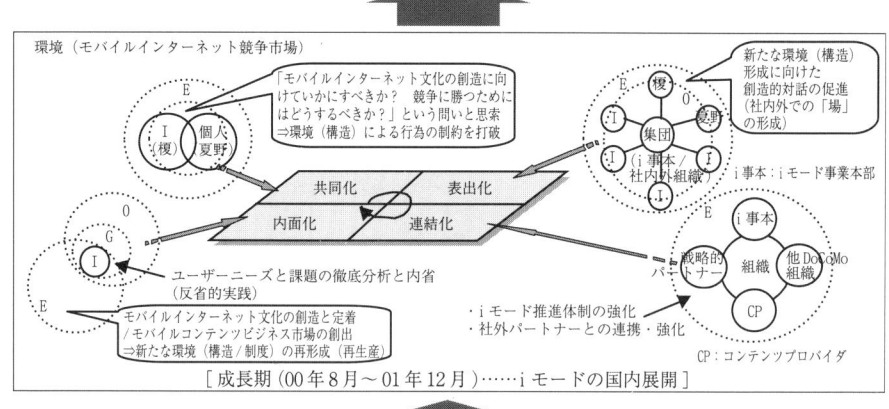

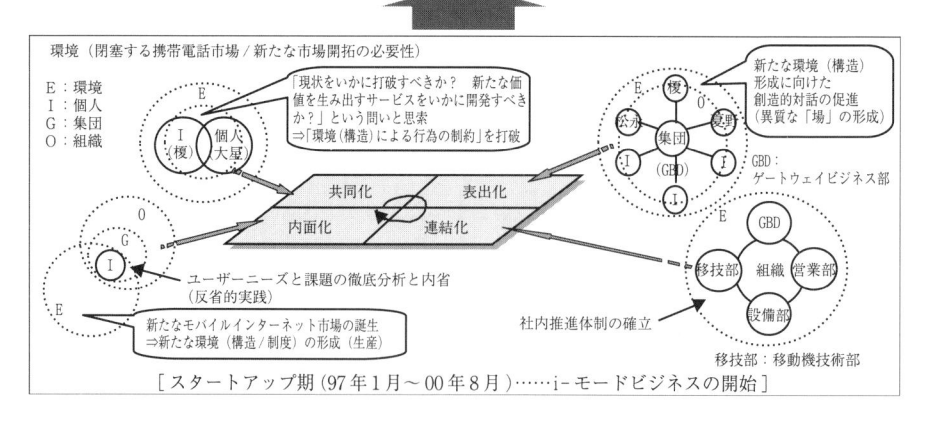

図表 6-1 組織と環境との相互作用による知識創造スパイラル

# 第6章 NTT DoCoMo のイノベーション

## 図表 6-2 暗黙知と形式知との相互作用による知識創造スパイラル

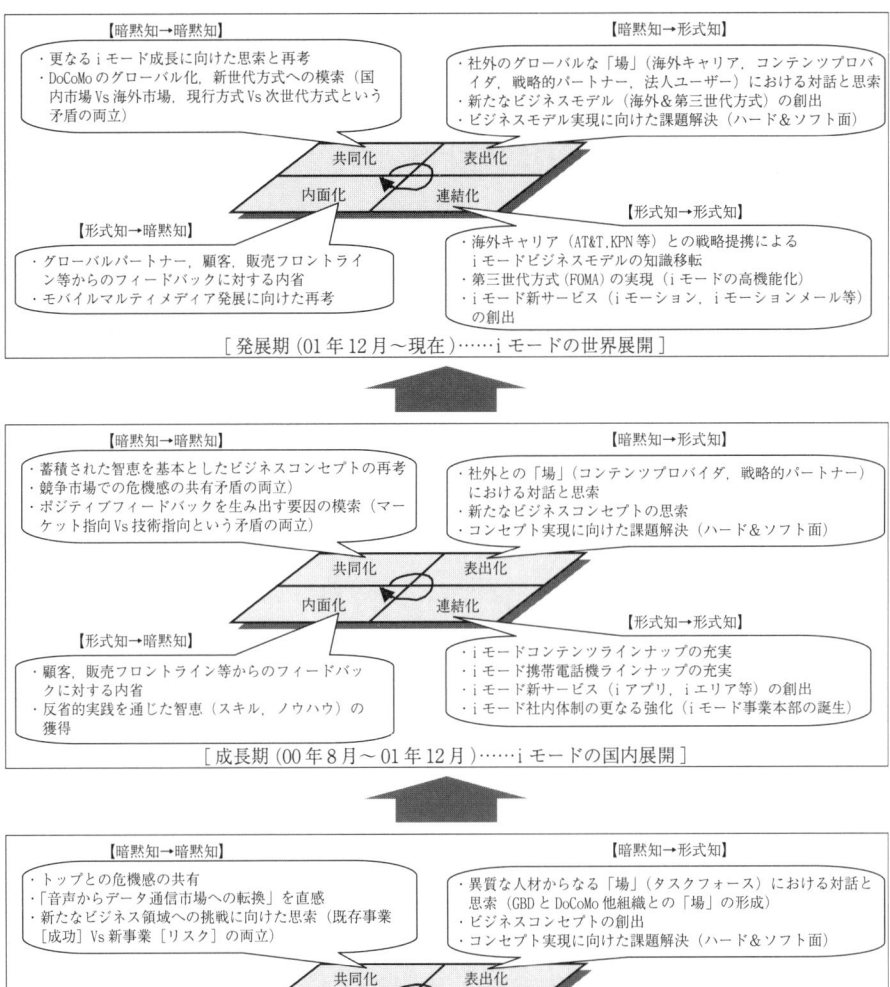

【暗黙知→暗黙知】
・更なる i モード成長に向けた思索と再考
・DoCoMo のグローバル化、新世代方式への模索（国内市場 Vs 海外市場、現行方式 Vs 次世代方式という矛盾の両立）

【暗黙知→形式知】
・社外のグローバルな「場」（海外キャリア、コンテンツプロバイダ、戦略的パートナー、法人ユーザー）における対話と思索
・新たなビジネスモデル（海外&第三世代方式）の創出
・ビジネスモデル実現に向けた課題解決（ハード&ソフト面）

共同化　表出化
内面化　連結化

【形式知→暗黙知】
・グローバルパートナー、顧客、販売フロントライン等からのフィードバックに対する内省
・モバイルマルティメディア発展に向けた再考

【形式知→形式知】
・海外キャリア（AT&T, KPN 等）との戦略提携による i モードビジネスモデルの知識移転
・第三世代方式（FOMA）の実現（i モードの高機能化）
・i モード新サービス（i モーション、i モーションメール等）の創出

［発展期（01 年 12 月〜現在）……i モードの世界展開］

⬆

【暗黙知→暗黙知】
・蓄積された智恵を基本としたビジネスコンセプトの再考
・競争市場での危機感の共有矛盾の両立）
・ポジティブフィードバックを生み出す要因の模索（マーケット指向 Vs 技術指向という矛盾の両立）

【暗黙知→形式知】
・社外との「場」（コンテンツプロバイダ、戦略的パートナー）における対話と思索
・新たなビジネスコンセプトの思索
・コンセプト実現に向けた課題解決（ハード&ソフト面）

共同化　表出化
内面化　連結化

【形式知→暗黙知】
・顧客、販売フロントライン等からのフィードバックに対する内省
・反省的実践を通じた智恵（スキル、ノウハウ）の獲得

【形式知→形式知】
・i モードコンテンツラインナップの充実
・i モード携帯電話機ラインナップの充実
・i モード新サービス（i アプリ、i エリア等）の創出
・i モード社内体制の更なる強化（i モード事業本部の誕生）

［成長期（00 年 8 月〜01 年 12 月）……i モードの国内展開］

⬆

【暗黙知→暗黙知】
・トップとの危機感の共有
・「音声からデータ通信市場への転換」を直感
・新たなビジネス領域への挑戦に向けた思索（既存事業［成功］Vs 新事業［リスク］の両立）

【暗黙知→形式知】
・異質な人材からなる「場」（タスクフォース）における対話と思索（GBD と DoCoMo 他組織との「場」の形成）
・ビジネスコンセプトの創出
・コンセプト実現に向けた課題解決（ハード&ソフト面）

共同化　表出化
内面化　連結化

【形式知→暗黙知】
・顧客、販売フロントライン等からのフィードバックに対する内省
・反省的実践を通じた智恵（スキル、ノウハウ）の獲得

【形式知→形式知】
・i モードコンテンツのラインナップ
・i モード携帯電話機と i モードサーバの仕様化
・販売体制の確立、ネットワークオペレーションの整備（i モード販売開始に向けた社内組織体制の確立）

［スタートアップ期（97 年 1 月〜00 年 8 月）……i-モードビジネスの開始］

■ **DoCoMo 社内における「場」の形成**

　iモード携帯電話機やiモードサーバの開発にあたっては，DoCoMo の伝統的組織である開発・技術・設備部門との連携は必要であった。しかし当初はこれらの組織には本サービスに対してネガティブな意見があり，GBD と他部門の社員達との間でサービスに対する考え方や意見の相違からコンフリクトが生まれていた。しかし GBD と他組織との間で生じるこれらさまざまな矛盾やコンフリクトに対しては，榎が最前線に立ち，関係部門との調整を粘り強い弁証法的対話とコラボレーションを通じて行ない，建設的かつ生産的に解決していった。そして GBD に集まったプロフェッショナルたちのプライドを賭けたiモードサービス成功への強い目的意識と GBD メンバー全員を取りまとめる榎のリーダーシップが，社内の組織を動かすエネルギーとなっていったのである。

　榎は，iモードサービスの実現に向けて強力なリーダーシップを発揮して他組織のリーダー達の理解や合意を獲得し，社内に「携帯ゲートウェイサービス導入推進連絡会」を発足させた。この連絡会は社長と榎を含む DoCoMo の全部門のリーダーからなり，iモードサービス実現に向けたトップマネジメントレベルでの情報・知識の共有と，ビジネス推進に向けた対話と意思決定の「場」と位置づけられた。

　一方，榎を中心とした GBD の各プロジェクトリーダー達は GBD と他組織のミドルマネジメントからなる 7 つのワーキンググループ（WG）（ネットワーク・サーバ WG，携帯電話 WG，設備構築 WG，設備保守 WG，制度・販売 WG，コンテンツ／応用 WG）を発足させた。この WG はiモードサービス実現に向けた個別具体的な問題点，課題について抽出し，対話議論していく「場」であった。さらに毎週火曜日には「ゲートウェイサービス仕様検討会」と称したiモード携帯電話機の開発および iモードサーバに特化したタスクフォースが結成され，iモードサービス実現に向けたサービス仕様，技術仕様が決定されていった。さらに GBD では自組織内での対話やコラボレーションの促進を図るため，毎週火曜日には全員参加型の定例会議が開催され，GBD メンバー全員の情報，知識の共有を図り，iモードサービスの実現に向けてメンバー全員の価値観や意識が共有化されていった。

## ■ CP との「場」の形成

　一方，GBD のコンテンツ企画プロジェクトにとっては魅力的なコンテンツを有する CP をいかに獲得していくかが大きな課題であった。コンテンツ企画プロジェクトのリーダーである松永と夏野がとった戦略は，CP と DoCoMo が双方勝利するという「Win-Win の関係」を構築することであった。i モードコンテンツをラインナップをする際に DoCoMo が特定の CP からコンテンツを一方的に買い込んだり，CP からテナント料を取るといったものではなく，CP と DoCoMo 双方が対等な立場でともに考え行動し，リスクと利益を共に共有していくといったコンセプトが，「Win-Win の関係」を成立させる重要な要素であった。このための１つの手段として DoCoMo は，CP に優れたコンテンツを作成してもらい，エンドユーザからサービス利益を得てもらうために「コンテンツサービス利用料金の回収代行」のためのプラットフォームを CP に提供した。

　松永と夏野は「Win-Win の関係」というコンセプトを多くの CP の責任者に説明し，十分な理解を獲得し，DoCoMo の考え方に共感してもらうことができた。そして DoCoMo と CP 双方の価値観が共鳴し，新しいビジネスの立ち上げに向けた「場」が形成されていった。この「場」では「エンドユーザーに真に喜んでもらいコンテンツサービス料金を支払ってもらえるコンテンツとはどのようなものか？」という課題の共有のもとに，コンテンツの速報性，正確性，継続性そしてエンドユーザーの満足度という観点で議論され，エンドユーザーに飽きさせない魅力的なコンテンツが創造されていった。

　松永と夏野を中心とした GBD のコンテンツ企画プロジェクトは次つぎと有力な CP（モバイルバンキング，クレジットカード，エアライン，ホテル，ニュース，新聞，雑誌など多数）を獲得していった。そして i モードサービス開始（99 年２月）までに 67 社の CP を獲得したのである。

　このように榎，松永および夏野は，GBD を中心としたトップマネジメント，ミドルマネジメントとの DoCoMo 社内での「場」と，CP との社外での「場」，さらには携帯電話機メーカとの技術討論の「場」を意識的に形成し，i モードによるモバイルインターネット市場という新たな環境（構造）形成に向けて，積極的かつ建設的な創造的対話を重ねていった（図表6-3の

図表 6-3　場の有機的配置（iモードのケース）

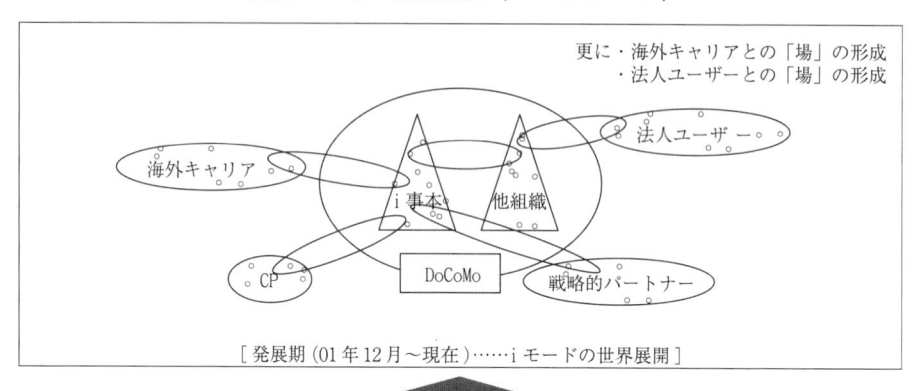

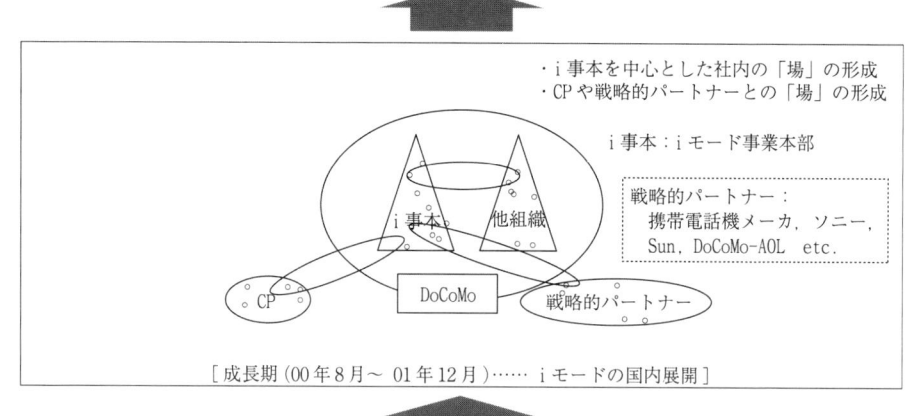

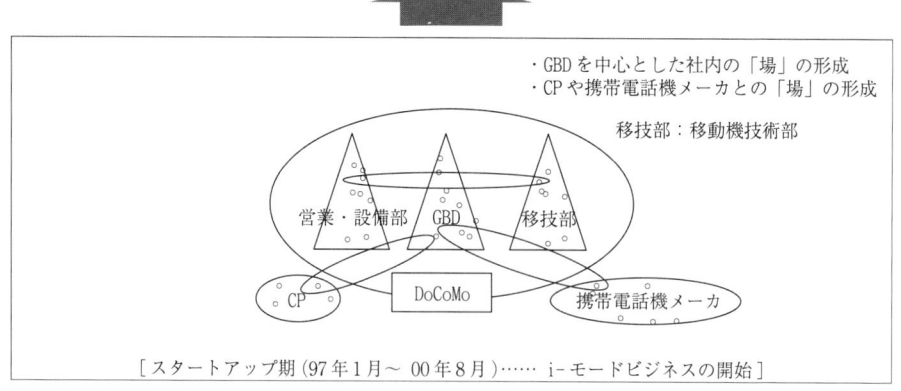

```
                              更に・海外キャリアとの「場」の形成
                                 ・法人ユーザーとの「場」の形成

     海外キャリア        i事本   他組織    法人ユーザー

              CP    DoCoMo    戦略的パートナー

[ 発展期 (01年12月～現在)……iモードの世界展開 ]
```

```
                       ・i事本を中心とした社内の「場」の形成
                       ・CPや戦略的パートナーとの「場」の形成

                              i事本：iモード事業本部

                              戦略的パートナー：
                                携帯電話機メーカ，ソニー，
              i事本   他組織      Sun, DoCoMo-AOL etc.

        CP    DoCoMo    戦略的パートナー

[ 成長期 (00年8月～01年12月)……iモードの国内展開 ]
```

```
                       ・GBDを中心とした社内の「場」の形成
                       ・CPや携帯電話機メーカとの「場」の形成

                              移技部：移動機技術部

        営業・設備部  GBD  移技部

        CP    DoCoMo    携帯電話機メーカ

[ スタートアップ期 (97年1月～00年8月)……i-モードビジネスの開始 ]
```

スタートアップ期)。

　これらの「場」では個々人が抱く暗黙知と現行の環境(構造)とのギャップや個人間のコンフリクトや矛盾を弁証法的に綜合，正当化し，ｉモードというサービスコンセプトを明示的な形式知に転換していったのである(図表6-1および図表6-2のスタートアップ期の表出化のモード)。

　表出化によってサービスコンセプトが明らかになると，ｉモードサービスの開始に向けて，DoCoMo社内の関連組織が有機的に連携し，サービスコンセプトをより戦略的かつ分析的なレベルまで完成度を上げていった。具体的にはｉモード携帯電話機やｉモードサーバーの仕様書，販売マニュアル，オペレーションマニュアル，コンテンツのラインアップなどの知識が形式知として組織的に作成，整備されていったのである。さらに社内ではｉモードの推進体制が構築され，ｉモードサービスの詳細仕様がDoCoMo社内で正当化されていった(図表6-1および図表6-2のスタートアップ期の連結化のモード)。

　99年2月にｉモードサービスはスタートした。そして約1年半後の2000年8月にはｉモード契約数1000万件を突破し，世界で初めて携帯電話によるインターネット市場を誕生させ，DoCoMoは新たな市場(環境／構造)を形成していったのである。ユーザーはｉモードによって，携帯電話でオンラインサービスのみでなくメールの送受信が可能で，PCでする時のようにインターネットやWeb接続を意識することなく，「気軽」に「いつでも」「どこでも」欲しい情報を手に入れることができるようになった。このような「携帯電話機のみ」と「気軽に」というコンセプトを実現したことにより，ｉモードはモバイルのマルチメディア化への第一歩を実現したのである。

　大ヒットしたｉモードのシステムは大きく次のシステム要素から成り立っている(図表6-4参照)。1点目はｉモード携帯電話機である。これはインターネットのサイトを閲覧するブラウザ(HTMLサブセット対応)を搭載した携帯電話機で，現行の第三世代携帯電話FOMAでは高速でのｉモードが楽しめる。2点目は通信ネットワークであるパケット網である。これはDoCoMoのDoPaと同じパケット網を利用し，ｉモードサーバーと接続されている。3点目はｉモードサーバーでありDoCoMoのネットワーク網とイ

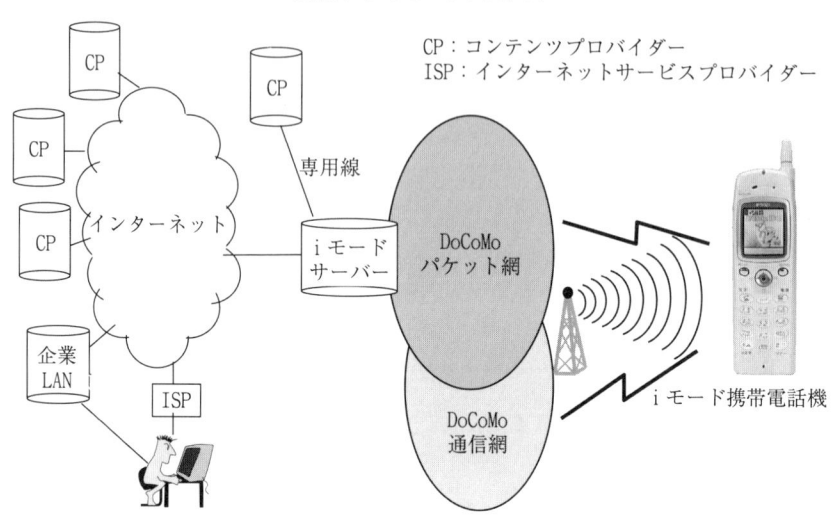

図表6-4 iモードシステム

CP：コンテンツプロバイダー
ISP：インターネットサービスプロバイダー

出典：DoCoMoの報道発表資料より筆者が作成

ンターネット網を結ぶ関門機能を担っている。コンテンツ配信やメールの送受信および蓄積，ユーザ管理やCPの管理を行なっている。4点目がコンテンツである。インターネットや専用線を介してCPがコンテンツを携帯電話ユーザに提供する。

　iモードがこのように大ヒットした理由としては次の点が考えられる。第1は，携帯電話で手軽にメールを実現し，「文字コミュニケーション」環境の中で育った若者たちのニーズに共鳴した。かつて「ベル友」と称してポケベルを使いこなしていた世代が97年ごろから携帯電話やPHSを利用してメッセージを交換するようになっていた。しかしこの頃はショートメッセージと称し，メールのやり取りは同じ携帯電話事業者の携帯電話どうしあるいはPHSどうしだけに限定されたものとなっていた。iモードはこれをオープンなものとし，インターネット経由で他の通信事業者の携帯電話やPCとの間でもメールの送受信を可能にした。第2は，豊富なコンテンツによりユーザニーズに対応した。iモードはモバイルバンキングやチケット予約などの「取引系」，レストランガイドや乗車案内などの「データベース系」，ニュースや天気予報などの「生活情報系」，番組情報やオンラインゲームなどの

| 第6章　NTT DoCoMoのイノベーション |

「エンタテイメント系」などの多種多様なコンテンツメニューをラインナップ化した（2002年3月末時点でコンテンツプロバイダは2,020社，2,994サイトにのぼっている。さらにiメニューサイト以外にもインターネット上にiモード向けに一般ユーザが用意した「一般サイト」と呼ばれるサイトが5万以上ある）。このような豊富なコンテンツがiモードユーザーの増加に貢献した。第3はCPとの「Win-Win」の関係構築である。iモードでは，インターネット上のコンテンツを記述するための言語として標準的に使われているHTMLを一部改良したものを，あえて採用した。HTMLはインターネットでは既にデファクトスタンダードとなっており，多くのCPはこれを改良したc-HTMLを利用して容易にコンテンツを配信できるようになった。つまり既存のCPにとって余分な設備投資なしに容易にiモードサービスに参画できるようになった。さらにDoCoMoはCPに代行してコンテンツ料金を回収するシステムを構築し，その結果，CPは小額のサービス料金を膨大な携帯電話ユーザから回収可能となった。つまりCPとDoCoMoの間で「Win-Win」（ともに利益を得る）の関係を構築することにより，携帯電話ユーザーに魅力的なコンテンツを提供するCPがポジティブなサイクルによって増加していったのである。

　GBDを中心としたDoCoMoのメンバーは，顧客（エンドユーザーやCP）からの反響やクレームへの対応，さらには通信トラヒックの急増によるiモードサーバーのダウンに対する緊急復旧活動など，さまざまな経験を実践的に体験し，新たなる知恵（スキルやノウハウ）を個々人の中に暗黙知として蓄積していった。DoCoMoの社員達は内省を通じて環境の知を内面化した知識として取り込むと同時に，新たな価値の提案を通じて環境に対しても主体的に働きかけていくことにより，環境（構造）と個人（行為）を弁証法的に綜合して行なったのである（図表6-1および図表6-2のスタートアップ期の内面化のモード）。

## 2.2　成長期（00年8月～01年12月）……iモードの国内展開

　KDDI等DoCoMoの競争業者がiモードと同様のモバイルインターネットサービスへ参入し，市場は次第に活性化していった。DoCoMoは1,500万

加入を達成したものの，彼ら（榎と夏野）は競争市場に対して常に危機感を抱いていた。彼らにとっては，「現在の環境をさらに変革し，モバイルインターネット文化の創造に向けていかにすべきか」，「競争業者に対して持続的競争優位性を獲得するにはどうするべきか」などの課題を，これまで蓄積されたスキル，ノウハウという暗黙知をベースに思索を巡らしていたのである。この課題への彼らのアプローチは，「技術が市場を牽引する」といった発想ではなく，より「市場本位」の考え方へ揺さぶることであった。つまり相矛盾する市場指向と技術指向という発想の間の絶妙なバランス（弁証法的綜合）が，ポジティブフィードバックを生み出す原動力になるであろうという考え方であった。この思想は榎や夏野が過去自らの経験から得た暗黙の理解でもあった（図表6-1と図表6-2の成長期の共同化のモード）。

　榎と夏野はｉモードの爆発的拡大に向けて次なる戦略をとった。1つ目は「ポータル戦略」でありｉモードを利用した魅力的な新しいコンテンツの開発である。2つ目は「端末戦略」であり新たな機能の追加を含めた新しいｉモード携帯電話端末の商品開発である。3つ目は「プラットフォーム戦略」であり，携帯端末以外のプラットフォームを利用してｉモードユーザーを開拓していくことであった。これらの3つのビジネス戦略は相互に関連し，かなりのシナジーが引き起こせるものであった。

　このようなビジネス戦略を推進していく上で必要となる行動は，社外のさまざまなパートナーとの戦略的提携による「場」を積極的に推進して具体的な成果を出すことであった（図表6-3の成長期）。この「場」ではモバイルインターネット文化の普及と定着という新たなる環境（構造）形成に向けて，常に創造的対話が行われた。そしてさまざまな問題点や課題が弁証法的に綜合され，ｉモードの新しいビジネスコンセプトが創出されていったのである（図表6-1と図表6-2の成長期の表出化のモード）。この成長期で形成された「場」は，スタートアップ期での「場」と比較して，社外に対して更なる広がりをもっていたことが大きな特徴である。

　これらの「場」が生み出したものは次なる連結化のモードとしての新たなる形式知としての成果が生まれることになった。具体的にはｉモードポータル上で広告配信ビジネスやネット専用銀行という先進的な金融サービスの実

現, JAVA対応の新しい携帯電話機（iアプリサービス）の開発, iエリアサービス, ゲーム機との連動（プレイステーションなど）, Cmodeサービス（自販機との連動）, コンビニ連携（ローソン）, AOLメールとの連携, カーナビ連携などのサービスの誕生である。

DoCoMo内ではiモード推進体制の強化に向けて, 2001年6月にGBDから独立組織として榎をトップとするiモード事業本部が誕生した（榎は取締役iモード事業本部長に昇格, 夏野はiモード企画部長に就任）（図表6-1と図表6-2の成長期の連結化のモード）。

DoCoMoは2001年12月には3,000万加入契約を達成した。iモードは日本で大ヒットし社会的にも話題となり, 若者を中心に新しいモバイルインターネット文化というライフスタイルを定着させていった。さらには携帯電話を活用したモバイルコンテンツ流通ビジネスという過去全く存在しなかった市場を大きく成長させた（着メロ, 待ち受け画面, ゲームなど年間約1,200億円のデジタルコンテンツ市場に成長）。たとえばサイバード, インデックス, バンダイなどCP約3,000社（公式に判明している企業数であり現在さらに急増中）がこの市場に参入し, これらの企業群をつつむより広い新たな環境が形成された。さらにパソコンによるインターネット市場全体から考えると, iモードはデジタルコンテンツ市場に対して大きな市場変化を生じさせたのである。iモードの成功は, 世界の移動電気通信事業者にも大きなインパクトを与えた。米国のビジネス誌（*Business Week*, 2000年1月）もDoCoMo特集を組み, その中で, 日本で「iモード」が急速にユーザを拡大していったようすを紹介し,「DoCoMoが提供しているインターネットサービスは日本を熱狂させており世界を制するかもしれない」と指摘した。海外のメディアの多くがDoCoMoに高い評価を与えたことで, 多くのDoCoMo社員は改めてDoCoMoのパワー, 可能性を認識すると同時に, 明日への更なるイノベーションに向けて大きな動機づけとなったのである。

以上のようにDoCoMoは自らの行為でスタートアップ期とは異なるさらに新しい環境（構造）を再形成（再生産）したのである。そしてDoCoMoの社員はさまざまな現場でのiモードサービスの提供という実践を通じて, さまざまな知恵を獲得・蓄積していったのである（図表6-1と図表6-2の成長

期の内面化のモード)。

### 2.3　発展期（01年12月～現在）……iモードの世界展開

　01年12月頃,マスコミの評価としては,そろそろiモードもS字カーブの飽和点に達しているのではないかといわれ始めた。iモード3,000万契約数を達成したDoCoMoの次なる課題と挑戦は,1点目が国内市場から海外市場へのiモードの普及拡大であり,2点目は現行の第二世代方式から第三世代方式への移行であった。「iモードの更なる発展に向けて新たなビジネスモデルを生み出すには」という問いに対して,榎と夏野は自らが作り出した環境（構造）に満足せず常に革新の精神を抱いていた。しかも,榎と夏野の所属するiモード事業本部のみならず,iモードの成功を受けてDoCoMoの組織内に,「21世紀のモバイルによる新しいコミュニケーション文化の創造と新しい知識社会の実現」というビジョンが形成されつつあった。そして国内での第二世代方式によるiモードの成功という榎,夏野を始めとした社員個々人に蓄積された知識（経験知,スキル,ノウハウ）が,DoCoMoの関係部門の各マネジメントレベルで共有され,さらなるDoCoMoの発展に向けて新たなる問いと思索を生み出していったのである（図表6-1と図表6-2の発展期の共同化のモード）。しかしこのフェーズの大きな課題は,収益を生み出している現行方式による国内市場の成長と,海外市場や新世代方式といった新ビジネスに対するリスクの双方を,DoCoMoとして両立させていくことであった。

　そしてDoCoMoのグローバル化と新世代方式への対応という大きな課題と挑戦に向けて,iモード事業本部や他のDoCoMo組織は社内外のパートナーとグローバルな「場」を形成していった。具体的には欧州,アジア,米国通信キャリアとiモードの海外展開に向けた「場」の形成や,新世代方式（FOMA）を活用した法人ユーザーとのさまざまな実験の「場」が積極的に展開されていったのである（図表6-3の発展期）。そこでは次なるS字カーブの波を起こし,新たな環境（構造）を形成していくための創造的対話が促進された。そしてこれらの「場」でさまざまな問題点や課題が弁証法的に綜合され,海外でのiモードのビジネスコンセプトや第三世代方式（FOMA）

| 第6章　NTT DoCoMo のイノベーション |　　　201

による高速 i モードサービスのコンセプトを創出していったのである（図表6-1と図表6-2の発展期の表出化のモード）。この発展期で形成された「場」は，グロースフェーズでの「場」と比較して，グローバルでありかつ社外の法人ユーザという顧客に対して更なる広がりをもっていたことが大きな特徴である。この結果が次なる連結化のモードとしての新たなる形式知としての成果が生まれることになった。

　具体的にはドイツ，オランダ，台湾，ベルギー，フランス，スペイン，イタリア，米国の通信キャリアとの i モードのライセンス契約の締結と海外での i モードサービスの開始である。また国内では FOMA による高速 i モードサービスが開始され動画メール（i モーションメール）や動画配信サービス（i モーション／ｖライブ）も提供可能となった（図表6-1と図表6-2の発展期の連結化のモード）。

　そして DoCoMo は2003年9月に i モード契約数3,900万件を達成（図表6-5参照），さらに同年11月には FOMA 契約数150万加入を達成したのである。このように DoCoMo は自らの行為で成長期とは異なるグローバル化および新世代方式の実現というさらに新しい環境（構造／制度）を再形成（再生産）していった。そして DoCoMo の各社員はさまざまな現場での i モードサービスの提供という実践を通じて，成長期と比較してさらに質の高いさまざまな知恵を獲得・蓄積していった（図表6-1と図表6-2の発展期の内面化のモード）。

### 2.4　ネットワークとビューロクラシーの綜合

　DoCoMo のケースで観察されたように新しい価値創造やイノベーションのための重要な視点について説明する。まず社員個々人が顧客やパートナーを含めた社内外におけるさまざまな「場」を意識的に形成していく。そして「場」における弁証法的な対話を通じて環境と個の相互作用および暗黙知と形式知とのスパイラルな相互転換により絶えず新しい知識を継続的に創造していくが重要となる。この綜合力を生み出す DoCoMo の組織構造の特徴について概説する。

　DoCoMo では異質で新しい知識資産を有する有機的組織である GBD（後

図表6-5 iモードのイノベーションの各ステージ

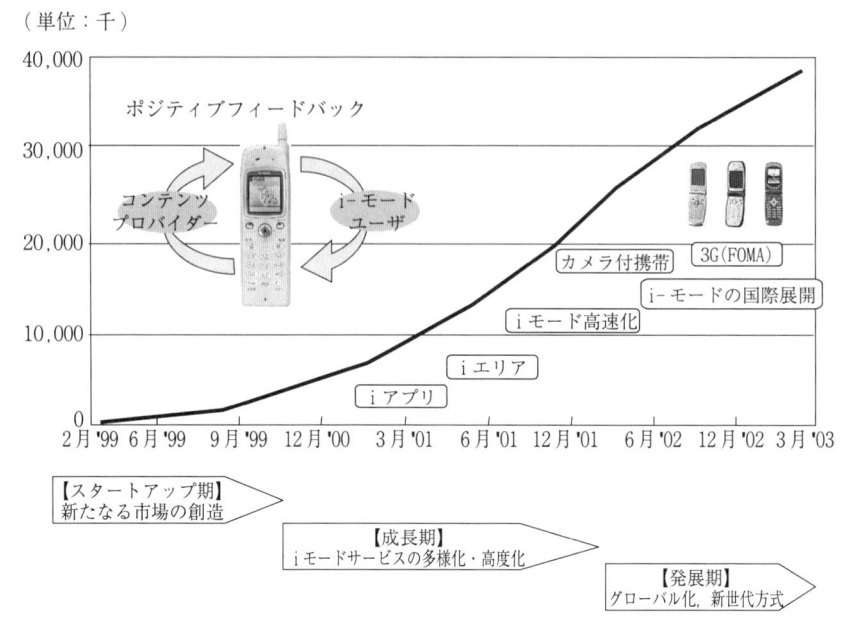

(単位：千)

ポジティブフィードバック
コンテンツプロバイダー　　iモードユーザ

カメラ付携帯　3G(FOMA)
i-モードの国際展開
iモード高速化
iエリア
iアプリ

2月'99　6月'99　9月'99　12月'00　3月'01　6月'01　12月'01　6月'02　12月'02　3月'03

【スタートアップ期】
新たなる市場の創造

【成長期】
iモードサービスの多様化・高度化

【発展期】
グローバル化，新世代方式

出典：DoCoMoの報道発表資料より筆者が作成

にiモード事業本部）と，DoCoMo誕生以来約10年間のスキルやノウハウとしての知識資産を有する機能別組織（開発・技術・営業などの部門）におけるそれぞれの知が社内の「場」を通じて弁証法的に綜合されている点が大きな特徴である。

　iモード事業本部では不確実な環境下でイノベーションに向けて個々の社員が創造性を重視し，新しいビジネスモデルのコンセプトをスパイラルな知識創造プロセスにより具現化していく。そこでは顧客を含めた社外の戦略的パートナーと複数の創発的な「場」を形成し，絶えず新しい知識が創造されている。iモード事業本部内では個々のプロジェクトはネットワーク組織としての自律分散的な行動をとるが，組織のリーダーである榎によりビジネス活動は常にモニターされ，iモード事業本部全体としては事業の方向性や目標が統制されている。このiモード事業本部では新製品・新サービスのコンセプトやプロトタイプが次つぎに生み出され，数々のインキュベーションが

施行される。

　一方，これら新製品・新サービスの具体的な販売を行ない市場にタイムリーかつ効率的に投入，普及，拡大していくための開発－設備構築－販売－流通－アフタサポートなどの業務プロセスが重要となる。このビジネスプロセスを担うのが DoCoMo の機能的な組織である。機能的組織は官僚的組織である長年蓄積された知識資産をベースに戦略的アウトソーシングパートナーとの「場」の形成により，知識創造活動を推進している。機能的組織ではビジネスプロセスの効率化とさらなるインクリメンタルな改良，改善に向けた知識創造活動が現場レベルで日々行なわれている。そして i モード事業本部が生み出したイノベーティブな新製品・新サービスのコンセプトの成果をいち早く効率的かつ確実に市場へ投入し，普及，拡大しているのである。

　21世紀のイノベーティブな企業に求められる１つの条件は，DoCoMo のように機能的（官僚的）組織とネットワークの特徴を綜合化していくことである。ネットワークは，企業ビジョンを具体的な職務に表出化する際の創造性と柔軟性を保証する。一方，機能的（官僚的）組織は，職務を実行する際の効率性とスピードを保証する。環境の不確実性に適応するためには状況に応じていかに機能的（官僚的）組織とネットワークを使い分け，組織構造を柔軟かつ即興的に変化させるかが鍵となる。DoCoMo のケースはネットワークと機能的（官僚的）組織が同一企業内で共存し，これらの綜合化により両者の特徴の最大限のシナジーを生み出しているところにある。「ハイパーテキスト型組織」（紺野・野中，1995）は創造性と効率性，意味生成と情報処理という相反する性質をダイナミックな構造の中に内包する組織デザイン概念の一例である。

### 2.5　「よい場」の形成

　DoCoMo による i モードという革新的サービスの開発・販売・普及促進活動という一連のイノベーションプロセスのダイナミズムについて，弁証法的知識創造プロセスにより説明してきた。知識創造プロセスとしての４つの変換モード（SECI モデル）は１回のサイクルではなく，本ケースで観察されたようにスパイラルに展開し常に新しい知識が再生産されていく。知識は，

個人の内に能力として蓄えられているが、特定の時間、場所、他者との共有された動的文脈の中で発展し、その正当性が他者にも確認され修正されていくといった暗黙知と形式知のスパイラルな知識変換を通じて増幅される。この他者との共有された動的文脈が「場」である。新しい知識は、顧客も含めた組織内外の境界を超越した多様な「場」における個、集団、組織間およびこれらと環境との間の相互作用と弁証法的対話を通じて創造されていく。つまり良質の知識創造のためには「よい場」をいかにして形成していくかが課題となる (Nonaka and Toyama, 2002)。

　iモードのケースは知識創造を活性化する理想的な「場」が形成された典型例と考えられる。「よい場」が形成される条件（野中, 2001）の1点目は「場」の自己組織性である。iモードの開発では信念や思いさらには主体的な意思と能力を有するメンバー（大星を含めた榎, 松永, 夏野など）が集まり、GBDやiモード事業本部を中心とした「場」の自己組織性が高まった。2点目は、「場」の境界の相互浸透性である。榎, 松永, 夏野は顧客や戦略的パートナーを含めた組織内でのさまざまな「場」を形成し、そこでの異質な知のぶつかり合いと融合によりダイナミックな知識創造を推進していった。3点目は「場」における弁証法的対話である。iモードではさまざまな課題や問題点に関する矛盾やコンフリクトを徹底的な対話を通じて創造的に両立させていった。4点目は自己超越性である。「場」では参加者に一段高い視点を与え、参加者が外部に視点を移して自己をみることを可能とする。「場」に参加することは、「場」にコミットし自己の限られた視点や境界を超越することが重要となる。自己超越性の高い「場」に典型的に観察されるのは、イノベーター（アイデア創出）、コーチング、アクティビスト（正当化）の3つの役割からなる弁証法的な関係性が組み込まれている点である。iモードのケースでは榎がアクティビスト、松永がイノベーターそして夏野がコーチングの役割を演じたのである（図表6-6参照）。

　「よい場」を形成し矛盾の根底にある二項対立を超越することが知識創造プロセスの本質であり、経営戦略面においても弁証法的思考と行動は実践家にとって重要なガイドラインとなる。本ケースのように、組織内外で形成された多彩な「場」における弁証法的対話が、榎, 松永, 夏野をはじめ

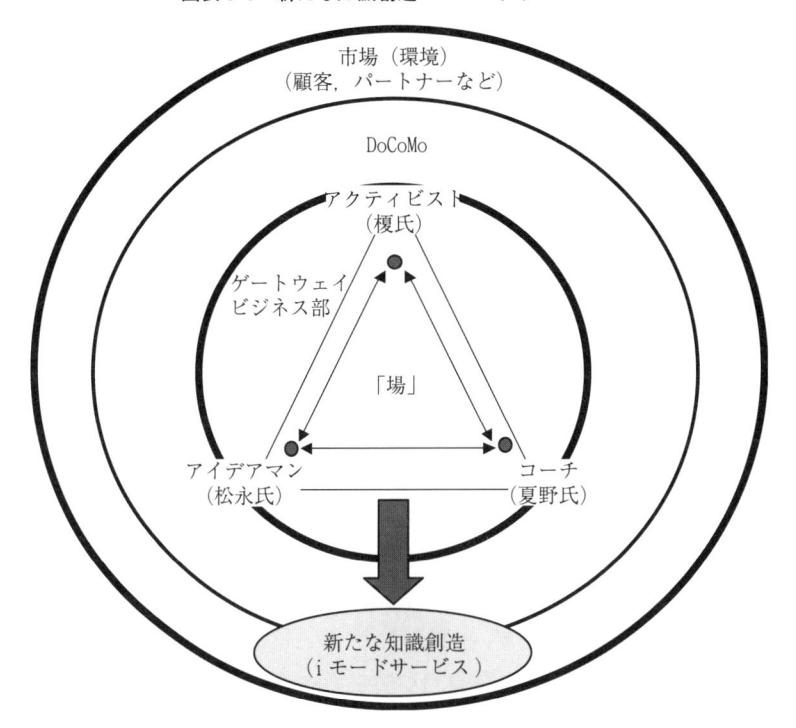

**図表 6-6　新たな知識創造—ｉモードサービス—**

- 市場（環境）（顧客，パートナーなど）
- DoCoMo
- アクティビスト（榎氏）
- ゲートウェイビジネス部
- 「場」
- アイデアマン（松永氏）
- コーチ（夏野氏）
- 新たな知識創造（ｉモードサービス）

　DoCoMo の各組織のリーダー達が経営戦略面において直面した「外部環境」と「内部資源」に関連したさまざまな矛盾やジレンマを綜合していったのである。そして個と個の相互作用を通じた暗黙知と形式知の相互変換と環境（構造）と個々人（行為）の相互作用が弁証法的知識創造プロセスを促進し，SECI モデルのダイナミックな知識創造プロセスにより企業の競争力の源泉となる新しい「知」を生み出していったのである。

## 3．モバイルマルチメディアへの挑戦
―― FOMA によるイノベーション ――

### 3.1　企業ビジョンと「リーダーシップ場」の形成

　92年に大企業である NTT から分離・分社化した NTTDoCoMo は当初

企業規模でみれば約2,000人程度の小規模組織であった。DoCoMo の発足当初の第1の課題は社員全員の結束をいかに固めるかであった。新会社の構成メンバーは NTT からの転籍者，DoCoMo 採用の社員，委託会社社員，派遣会社社員などを混成した構成となっていた。当時の社長である大星氏を含めた経営幹部は「安くて良いサービスを提供する」という実践主義的で単純明快な経営目標を設定し，その達成に向けて組織としての一体感を形成していった。初代社長である大星氏は社長主導の「トップダウン型経営」のみでなく，社長と社員との「ダイレクトコミュニケーション」やユーザーの声や現場のニーズをくみ上げるための「ボトムアップ型経営」も重視した。この代表例としていつでも誰でも直接社長宛に質問，意見，提案などを提出できる「コミュニケーションポスト」がある。また週2回，営業部門と保守部門のリーダーたちが中心となった，本社から支店に対する「御用聞きテレビ会議」が実施された。この仕組みは本社と地域各支店の双方向コミュニケーションを可能にし，情報と知識の共有を円滑にするのに大いに貢献した。

　当初の DoCoMo は，NTT の各部門から転籍した社員や委託会社などの出身の社員で構成され，お互いに顔見知りでない人間が偶然にも共に仕事をすることになったことから，硬直的な伝統やヒエラルキー意識に捉われず各マネジメントレベルのリーダー（部課長）たちによる全員参加型経営が行なわれ，各部門のリーダーたちがそれぞれの立場から同じ土俵に立って徹底した議論を重ねて社内のコンセンサスを形成していく文化や「場」が生まれていった。

　DoCoMo のトップマネジメント層やミドルマネジメント層には，日本における携帯電話市場を早期に立ち上げ，日本の国民が固定電話サービスとは異なる新しい「いつでも・どこでも・だれとでも」というモバイルコミュニケーションを享受できる通信環境を一刻も早く構築するという企業ビジョンが共有されていた。このためトップとミドルマネジャーたちは自社のビジョンをベースに，新しい携帯電話市場を早急に拡大するために，移動通信のためのインフラストラクチャーの整備と新しいサービスの拡大（新しい携帯電話端末とサービスの開発）に向けて，各マネジメントレベルのリーダー間での情報・知識の共有と徹底的な議論を通じて，迅速な意思決定を行ない積極

的に実行していった。この各マネジメントレベルでのリーダーから形成される「場」をここでは「リーダーシップ場」と呼ぶこととする。

　DoCoMoの携帯電話市場の拡大と企業成長（収益向上と企業規模の拡大）と共に，98年7月には組織規模の拡大を受けて，「リーダーシップ場」はトップ層を中心としたものと，ミドルマネジメント層を中心としたものに分けられた。トップ層での「リーダーシップ場」とミドル層での「リーダーシップ場」間でのリンケージを強めるため，ミドルマネジメント層の「リーダーシップ場」で提案された重要な案件はトップ層を中心とした「リーダーシップ場」で徹底的に議論され（議論のメンバーの中心となるミドルマネジャーたちも含む），最終的なトップの意思決定を迅速かつ正確に実行していったのである。

　DoCoMoは新会社発足時に企業ビジョンのコンセプトツリーとして経営に対する基本的価値観，行動基準，規範である「企業理念」を策定した（図表6-7参照）。コンセプトの中核概念は，移動通信は人びとを時間や空間から開放し，好きな時に好きな場所で自由にアクセスできるコミュニケーションツールであり，この移動通信を通じて新しいビジネススタイル，ライフスタイルが生まれ，時空間的にも形態的にもこれまでにない新しいコミュニケーション文化の創造が始まるという考え方である。言い換えれば，移動通信サービスは新しいタイプの知識社会を発展させる起爆剤となるのである。その実現に向けてDoCoMoの果たす役割は大きく，ユーザーがどこからでも誰とでも連絡できる移動通信を目指して，サービス機能の充実，サービスエリアの拡大，より高品質できめの細かいサービスの開発，低廉な料金設定などの課題に精力的に取り組んでいった。そのために，NTTからの分離・分社に伴いNTTから移籍した多くの社員が既に保有するNTT時代につちかわれた研究開発力，ネットワーク設計構築能力，高度なネットワークオペレーション技術，全国的なマンパワー的営業力などの伝統的な組織能力（規律ある組織文化のなかで，規律あるリジッドで質の高いビジネスシステムなど）といったプラスの要素を保存・移行していくと同時に，一方では全社員の能力を最大限に発揮できる，クリエイティブで若々しい企業文化も醸成していった。つまりスタートアップ時のDoCoMoは必然的にNTT時代の過去の見

**図表 6-7　DoCoMo の企業ビジョン―コンセプトツリー―**

私たちは新しいコミュニケーション文化の世界を創造します．

私たちはお客さまに満足していただきます．

私たちは個人の能力を生かします．

出典：DoCoMo の報道発表資料より作成

えざる資産を有する伝統的組織（前述した機能的で官僚的組織でもある：以降，伝統的組織と呼ぶこととする）と，後に i モード開発など新しいイノベーションの原動力となる新しい企業文化（過去の NTT 時代の企業文化とは相異なるもの）を有する創発的組織（前述した有機的組織でもある：以降，創発的組織と呼ぶこととする）とが共存していく組織形態となったのである．

さらに DoCoMo は1999年3月に「モバイルマルチメディアにより，移動通信市場の一層の成長を促し，豊かな生活の実現と産業の活性化を目指す」べく「ドコモ2010年ビジョン」（「モバイル・フロンティア（MAGIC）」と「行動原則（DREAM）」）を発表した（図表6-8参照）．この「2010年ビジョン」は，21世紀最初の10年におけるドコモの経営の根幹をなす重要なものであり，DoCoMo が企業としてこうありたいという夢を事業の展望に織り込み，練り上げたものである．2010年に向けてモバイルマルチメディアの推進やグローバルな事業展開などを通じて人と人とを結ぶ「モバイル」事業を強化・拡大していくと同時に，移動通信の性格を活かして個人・個人の情報生

活を支援する「パーソナル」事業，人対人だけでなく，顧客にあった形での移動通信を提供していく「ワイヤレス」事業を開拓していくことをDoCoMoの事業の柱として位置づけた。

　本「2010年ビジョン」が発表された1999年は移動通信市場が急成長していた時期ではあったが，DoCoMoの経営陣はこのような急成長はいつまでも続くはずはなく，携帯電話契約数の増加に頼る経営ではいずれ限界になることを予期した全社員に向けての危機感の誘発とさらに新たな市場創造に向けて全社員がチャレンジすべく長期ビジョンでもある。言い換えると，現状の成長に満足することなく新たなフロンティアに挑戦してこそDoCoMoの未来があるということである。98年6月に社長に就任した立川敬二氏は「2010年ビジョン」の公表時に次のように述べている。「携帯電話は急速に普及しましたが，今後はその伸びも鈍化し，いずれ市場は飽和する可能性があります。一方で移動通信はそのパーソナル性が時代にマッチし，さまざまな分野で利用機会が増えるとともに，インターネットに代表される通信のマルチメディア化，そして世界のどこからでも利用したいというグローバル化への期待が高まっています。このような移動通信市場への環境変化に対応するため，DoCoMoは経営方針を「ボリュームからバリューへ」と転換するとともに，将来の社会生活やビジネスにおける移動通信の姿を展望したドコモ2010年ビジョン「MAGIC」を策定しました」。

　「MAGIC」とは，図表6-8に示す「モバイル・フロンティア」の5つの柱の頭文字を組み合わせた言葉であり，「MAGIC」の実現により個人の賢く豊かな情報生活と経済社会のさらなる発展に貢献することが，DoCoMoが目指すべき姿である。そして「MAGIC」を実現するために企業体として必要な姿勢を社員一人ひとりがあるべき行動に置き換えたものが「DREAM」である。これら「コンセプトツリー」と「2010年ビジョン」の実現に向けて，「リーダーシップ場」では新しい価値観の創造と共鳴化が促進され，前項で述べたiモードサービスや次に述べる第3世代携帯電話サービス（FOMA）である新しいモバイルマルチメディア市場というイノベーションが達成されていったのである。

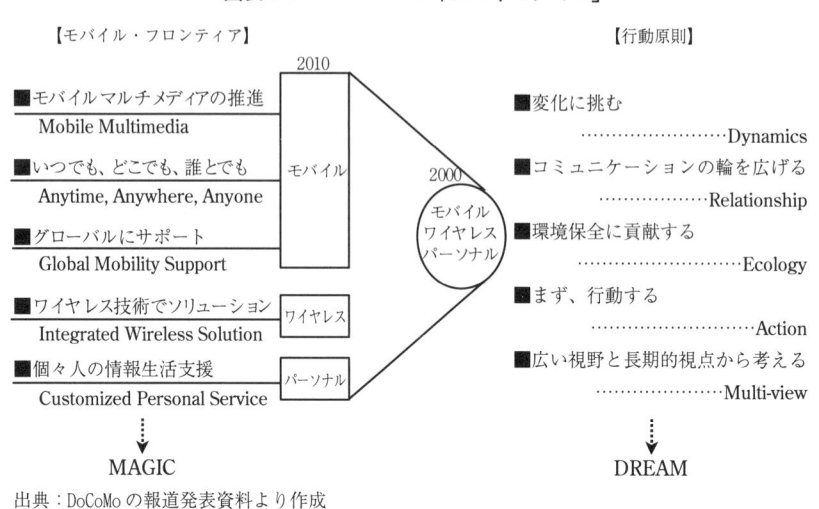

図表6-8 DoCoMoの「2010年ビジョン」

【モバイル・フロンティア】

- ■モバイルマルチメディアの推進
  Mobile Multimedia
- ■いつでも、どこでも、誰とでも
  Anytime, Anywhere, Anyone
- ■グローバルにサポート
  Global Mobility Support
- ■ワイヤレス技術でソリューション
  Integrated Wireless Solution
- ■個々人の情報生活支援
  Customized Personal Service

2010 モバイル
2000 モバイル ワイヤレス パーソナル
モバイル / ワイヤレス / パーソナル

【行動原則】

- ■変化に挑む
  ……………………Dynamics
- ■コミュニケーションの輪を広げる
  ………………Relationship
- ■環境保全に貢献する
  ……………………Ecology
- ■まず、行動する
  ……………………Action
- ■広い視野と長期的視点から考える
  ………………Multi-view

MAGIC　　　　　　　　　　　　DREAM

出典：DoCoMoの報道発表資料より作成

## 3.2 第3世代携帯電話サービス（FOMA）

日本の自動車・携帯電話サービスはアナログ方式の第1世代が1979年に自動車電話として最初に導入され、デジタル方式の第2世代が1993年に商用化された。それ以降、保証金の廃止、携帯電話お買い上げ制度の導入、加入料金の値下げ、などにより携帯電話加入者数は目覚しく増大し、2000年3月には固定電話加入者数を上回り現在に至っている。このように移動通信市場は音声通信を中心として急速に成長を遂げた。しかし、普及人口には限りがあることから、ドコモでは従来からの主要サービスである音声通信のさらなる強化にとどまらず、音声通信から非音声通信へトラヒックを拡大してといった「ボリュームからバリューへの転換」をしていくことを第2の成長のための基本戦略として掲げてきた。携帯電話とインターネットを融合したサービスであるiモードサービスはこの取り組みの第一歩であり、2003年11月には4,000万加入を超え、モバイルマルチメディア市場の開拓に大きく貢献している。

DoCoMoの売上は、過去9年間で当初の12倍の4兆6,000億円になり、10年目にあたる2001年は、2002年3月の決算で5兆2,000億円に達した。株式

の時価総額も20兆円前後となり，日本最大の会社に成長した。DoCoMo をはじめとする日本の移動通信会社は，今日まで激烈な競争を展開しながら，8年間でおよそ7兆円のマーケットを形成するとともに，80万人もの新たな雇用の創出にも成功してきた。現在日本における携帯電話は6,000万台以上と，すでに固定電話の台数を超え，普及率も総人口の50％を超えるまでに達している。

　2001年5月30日にDoCoMoは世界に先駆けてW-CDMA方式に基づいた第3世代携帯電話サービス（FOMA）の試験サービスを開始した。FOMAは国際標準規格である第3世代移動通信（IMT-2000：International Mobile Telecommunications-2000）の1つである（図表6-9参照）。DoCoMoではFOMAサービスをその特徴である高速・大容量のデータ伝送を最大限に活かした国際対応モバイルマルチメディア市場の飛躍的拡大を目指すための戦略的商品の中心的役割と位置づけている。さらに進化した高速iモード，テレビ電話，映像配信，国際ローミング，モバイルコマースなどFOMAサービスで提供されるビジネスおよびコンシューマ領域におけるさまざまなサービスによってモバイルマルチメディアサービスはますます充実しつつある。DoCoMoではFOMAによる移動通信サービスの高付加価値化によりユーザの利便性向上をはかり，高速データ通信・高機能を求める

図表6-9　第3世代携帯電話サービス（FOMA）

| | '80年代 | '90年代 | 2000年代 |
|---|---|---|---|
| | 黎明期 | 成長期 | 量的拡張期（パーソナル化） |
| | 第1世代 | 第2世代 | 第3世代 |
| | アナログ方式 | デジタル方式 PDC, GSM, PHS等 | IMT-2000 FOMA cdma2000等 |
| | 音声中心 アナログ伝送 /FDMA | 音声 低速データ（～64kbps） デジタル伝送 /TDMA | 高速データ（～2Mbps） 映像、音声 マルチレートデジタル伝送 /CDMA |

出典：DoCoMo の報道発表資料より作成

ユーザー層のみでなく一般コンシューマをもターゲットとしたビジネス展開を目指している。FOMA は，まさに「ボリュームからバリューへ」を実践し，今後のモバイルマルチメディア，ユビキタス化，グローバル化を実現するためのサービスである。

### 3.3 「リーダーシップ場」における DoCoMo の綜合力
#### (1) 綜合力構築のフレームワーク

DoCoMo の企業活動は，前述したような21世紀におけるモバイルによる新しいコミュニケーション文化の創造と新しい知識社会の実現という長期的な視点と絶対的な価値創造を追求すべく確固たる知識ビジョンに支えられている。そしてこの知識ビジョンに基づく企業ミッションや事業ドメインの実現化に向けて絶えず知識創造活動が行なわれている。DoCoMo では異質で新しい知識資産を有する創発的組織のインフラと長年のノウハウとしての知識資産を有する伝統的組織のインフラの機能を弁証法的に綜合し，新しい資産としての知識を DoCoMo が有する実践的な「型（クリエイティブルーティン）」(Nonaka and Toyama, 2002) により連続的に創造・蓄積している点が大きな特徴である（図表6-10参照）。

創発的組織は，不確実な環境下でイノベーションに向けて想像性（imagination）と創造性（creativity）をベースに新しいビジネスモデル（新製品・新サービス・新ビジネスのフレームワークなど）のコンセプトを SECI プロセスの知識スパイラルにより絶えず創造している。そこでは顧客を含めた社外の戦略的ビジネスパートナーと複数の創発的な「場」を形成し SECI プロセスを通じて創発的な戦略（Emergent strategy）(Mintzberg and Walters, 1985)[1]が形成されるのである。創発的組織内では個々のプロジェクトはネットワーク組織としての自律分散的な行動をとるが，組織のトップによりビジネス活動は常にモニターされ創発的組織全体としては事業の方向性や目標は統制されている。この創発的組織では新製品・新サービスのコンセプトやプロトタイプが次々に生み出され，数々のインキュベーションが施行される（創発的組織の代表例は i モード事業本部や研究開発本部である）。

一方これら新製品・新サービスの具体的な商品化を行ない市場にタイムリ

一かつ効率的に投入，普及，拡大していくための設備構築－保守－販売－流通－アフターサポートなどの業務プロセスが重要となる。このビジネスプロセスを担うのが伝統的組織のインフラであり，官僚的で機能的組織としての伝統的組織は長年蓄積された知識資産をベースに戦略的アウトソーシングパートナーとの伝統的な「場」の形成によりSECIプロセスを通じてプラクティスとプロセスを推進していくのである。伝統的組織では規律ある熟慮(deliberate)がされた計画的戦略立案が採用されるが，ビジネスプロセスの効率化とさらなるインクリメンタルな改良，改善に向けた実践が日々行なわれている。そして創発的組織が生み出したイノベーティブな新製品・新サービスのコンセプトの成果をいち早く効率的かつ確実に市場へ投入し，普及，拡大していくのである（この伝統的組織のインフラは上記iモード事業本部や研究開発本部以外の営業・設備・保守などの事業本部である）。

　これら2種類の組織や「場」は大別して，一方は創造性や自律性を，他方は効率性や統制性を追求するといったパラドックスな要素を有し，常に両組織間での綱引きやコンフリクトが生じる。この要素が各組織や「場」の知識を綜合化する上での阻害要因となる。しかしこの綜合化を促進するのが「リーダーシップ場」である。「リーダーシップ場」はドコモの各レベル（創発的ならびに伝統的組織のトップマネジメント層，ミドルマネジメント層ならびにこれらの混成のマネジメントチーム，クロスファンクショナルチーム，タスクフォースなど）のリーダー（社長，役員，事業部長，各部門長，プロジェクトリーダー，マネジャーなどの責任者）で構成され，これらの組織や「場」における知識を融合・統合し，ドコモ全体としての綜合力を生み出していく役割を演ずる。綜合力の実現には，「リーダーシップ場」では創造的であると同時に計画的であるという一見矛盾する戦略方法を両立させ綜合化していくことが重要である。

　「リーダーシップ場」では各リーダーはドコモが目指すべき知識ビジョンや企業ミッションに向けて自律分散型リーダーシップ（Nonaka and Toyama, 2002）を発揮すると同時に，リーダー間での建設的な議論により問題点や課題の徹底的理解と共有が弁証法的対話により促進され，各リーダーはコミュニケーションとコラボレーションを通じて互いの仕事の役割と価

値を認識していくのである。その結果，リーダー達はリーダー間で生じたさまざまなコンフリクトを建設的なコンフリクトへと転換していくことが可能となる。一方，「リーダーシップ場」のトップであり最終意思決定者である社長はトップダウン的なリーダーシップを場合により発揮していくと同時に，社長自身と各リーダーとのコミュニケーションのリンケージを強めるため，「リーダーシップ場」内での対話と議論の場を積極的に作り出し，各リーダーの有する自律分散型リーダーシップのコヒーレンスを最大限に高めていくのである。

　この「リーダーシップ場」における戦略観は前述したような戦略形成プロセスの視点から考えると創発的であり計画的であるというパラドックスの両立による統合的戦略の実現（Kodama, 2003a, 2003b）であるが，より重要な視点は統合的戦略実現の根底にあるダイナミックで戦略的な知の形成プロセスにある。つまり知識創造プロセスの中心的概念であるSECIモデルの暗黙知と形式知のスパイラルな転換を促進する「思考（戦略）と行動（実践）の綜合」という観点である。「リーダーシップ場」に要求されるのは，現場（市場）の状況や現実を的確に把握し，組織的に共通の認識を作り上げ，柔軟かつ機動的に対応できるダイナミックな戦略的知の形成である。この方法論の基礎にあるのは「演繹法（Deduction）」でもなく「帰納法（Induction）」でもない超越論的思考・実践法である「仮説推論（Abduction）」という未知の探索を可能にするコンセプトである（野中・紺野，2003）。仮説推論は米国のプラグマティズムの創始者パースが提唱した思考法である。つまり，（ⅰ）新たな価値機会をもたらす潜在的要因やメカニズムを市場（環境）との暗黙知の共有過程で組織的に把握し，さらに（ⅱ）共有可能な市場についての見通し，実行に結びつく具体的なモデルを形成し，（ⅲ）その過程で仮説修正を行ない，直面している問題を解くための知識としての正当化，理論化に至る知の方法論である。創発性と計画性という統合的な戦略形成プロセスの本質は，「場」におけるメンバーが弁証法的対話により創造性と想像性を創発的に繰り広げ，形成された超越的仮説の自己修正を繰り返し最終的に超越的仮説を確実かつ計画的に実現すべくアブダクションにより真に可能となるものである（図表6-11参照）。「リーダーシップ場」では顧客（市

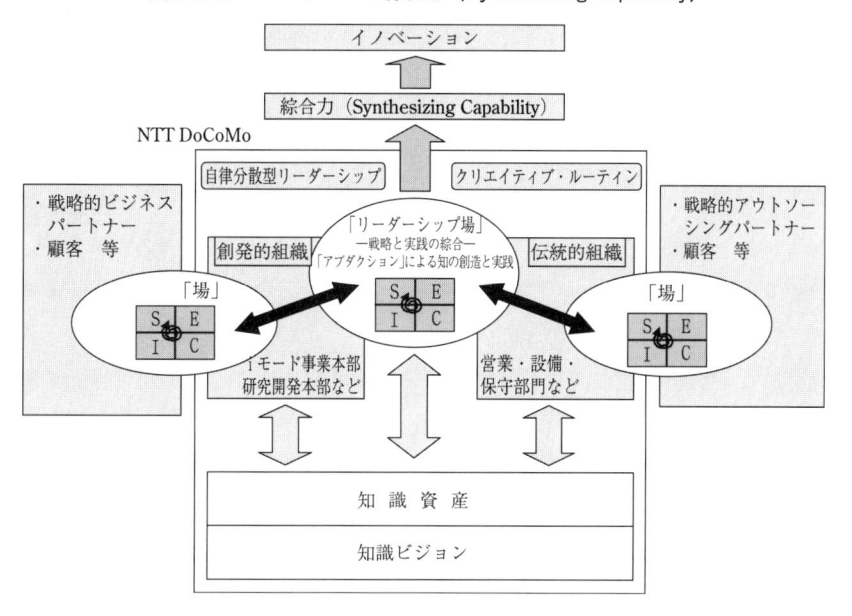

**図表 6-10　NTT ドコモの綜合力（Synthesizing capability）**

場）を含めた社外戦略的パートナーとの「場」のリンケージ（ネットワーク化）によりダイナミックな新しい知識をアブダクションにより戦略的に創造していくのである（図表6-10参照）。これが知識ベース企業における戦略観でもある。

(2) FOMA 実現に向けた DoCoMo の綜合力

DoCoMoではFOMAサービスを無から立ち上げるために大きな2つの戦略を推進した。1点目は「R&Dの推進」である。IMT-2000のなかでの1つの方式であるW-CDMA方式の国際標準化により1つの移動機端末で国際間を移動しても「国際ローミングサービス」により各事業者間で世界中どこでも通信が可能となるメリットがある。移動通信ビジネスでは研究開発部門は重要な役割を担っており，未開拓な市場を発展させるためにも技術革新によるブレークスルーは要求される。創発的な思考が要求される研究開発には市場重視型（ニーズ）と技術重視型（シーズ）とがあるが，DoCoMoでは長年ニーズとシーズの両面からのアプローチを重視していた。創発的組

織である研究開発部門では97年初頭よりW-CDMA方式が世界の標準化方式として採用されるために，国内外の国際標準化団体（ITU：International Telecommunication Unionなど）や各国の通信キャリア（欧州やアジアの通信キャリア）との戦略的アライアンスという「場」を次つぎに形成・推進していった。そして戦略的パートナーと連携したコンセンサス形成活動を通じて世界にW-CDMA方式を訴求し，最終的に99年12月にITUで技術的標準規格として勧告化された。また同時に研究開発パートナー（エリクソン，ノキア，モトローラ，ルーセント・テクノロジー，NEC，富士通，松下通信工業，三菱電機等）との戦略的提携により，共同研究，共同試作開発，共同実験などの実用化に向けた基礎研究・応用開発という「場」を積極的に形成・推進していった。

一方，実用化開発部門や資材調達部門では研究開発の共同研究成果（標準化された通信インフラ機器や移動機端末などの基礎研究・応用開発面での知識・ノウハウ）をもとに，FOMAサービスを実現する上で必要となる高品質で低コストな商用機器の開発とこれらの戦略的資材調達に向けて，細部にわたる技術仕様の策定を行ない，さらには競争入札方式（技術面，品質面，価格面および長期にわたる保守体制などの総合的評価）により戦略的ベンダーの選定も計画的に行なっていった。そして商用機器の製造，設備構築，保守というビジネスプロセスについて戦略的アウトソーシングパートナーとの戦略的提携という「場」の形成により，W-CDMAのインフラを確実に構築していったのである。

2番目は「モバイルマルチメディアサービスの推進」である。これは創発的組織であるiモード事業本部が中心となり「高速iモードサービス」，「動画メールサービス」，「映像配信サービス」，「モバイルe-コマース」などの新サービスのコンセプトを次つぎに打ち上げ，顧客であるコンテンツプロバイダや戦略的パートナーとの「場」の形成により，従来になかった新しい市場を順次創造していく創発戦略である。創発的組織でのコンセプトメーキング－マーケティング－試作開発－インキュベーションのプロセスをへて市場性が確認された新サービスについては，伝統的組織（実用化開発部門，設備部門，保守部門，営業部門など）でタイムリーに商品化されていくのである。

## 第6章 NTT DoCoMo のイノベーション

伝統的組織では新サービスの需要予測に対応した効率的で精度の高い設備投資計画の策定や，高品質なサービスを維持していくためのネットワークオペレーションシステムの導入，グループ会社との戦略的提携による戦略的アウトソーシングによる全国の販売体制および保守体制，アフタサポート体制の確立など一連の効率的なビジネスプロセスマネジメントのサイクルを推進していった。

DoCoMo の創発的組織と伝統的組織との間では，「マーケティング」，「研究」，「実用化開発」，「営業」，「設備」，「投資」，「保守サービス」など各業務ごとの各部門のリーダーたちから形成されるさまざまな「リーダーシップ場」を通じて，創発的戦略とこれに対応した計画を「いつのタイミング」で「どのような戦略，戦術，仕組み，リソース」で行なうかが議論され，意思決定されていったのである。この「リーダーシップ場」ではリーダー達の徹底的な対話と議論により，真にイノベーションの芽となる可能性のある戦略

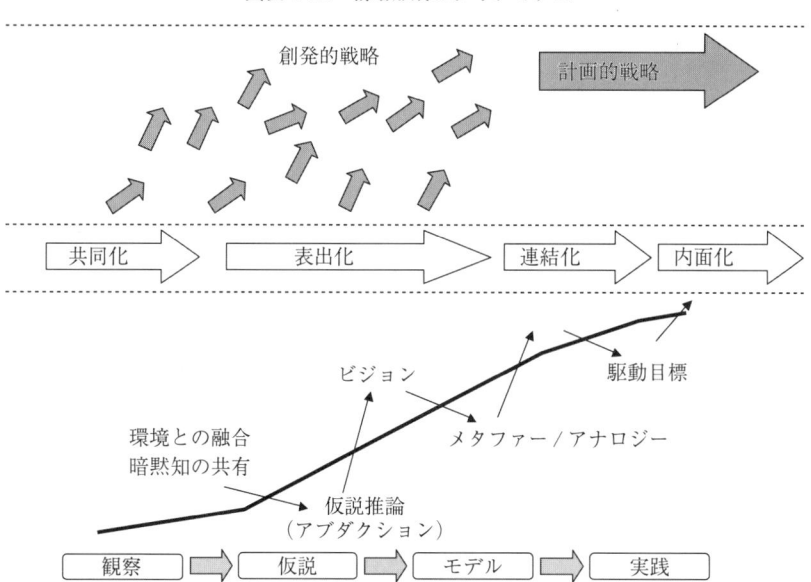

**図表 6-11 戦略形成のダイナミクス**

出典：野中郁次郎・紺野登「「知識ベース企業」で何が見えてくるか」,『一橋ビジネスレビュー』2003 年 WIN を参考に作成

と戦術が選別され，各リーダー達のリーダーシップにより具体的に実行に移されていくのである。社長や経営幹部を含む各マネジメントレベルのリーダー達のコラボレーションによるリーダーシップのシナジーが，弁証法的対話を重視し，厳選された創発戦略に対して緻密な計画的戦略を推進し，相異なる組織の有する知識と戦略の綜合を実現していったのである。そしてこの「リーダーシップ場」における統合的戦略形成プロセスを実現する根底にあるのは前述したアブダクションによる知の戦略ダイナミクスである。

　以上のように，「リーダーシップ場」が生み出したDoCoMoの綜合力により，2001年5月より世界初の第3世代携帯電話サービスとして「FOMAサービス」の試験サービスを東京都内でスタートさせ，同年10月からは本格サービスを開始させることが可能となった。そして2004年3月末で200万契約数を達成した。

## 4．弁証法的知識創造企業
—— Dialectic Company ——

　DoCoMoの「リーダーシップ場」は矛盾するさまざまな課題に対して弁証法的な思考と行動をベースとした綜合力によりDoCoMo全体としての知識創造プロセスを推進していった。そしてDoCoMoは設立時の92年から時系列的に大きく3つのステージ（第1ステージ：携帯電話市場の立ち上げ［安くて良いサービスの提供］，第2ステージ：iモード革命［ボリュームからバリューへの転換］，第3ステージ：FOMAサービス［モバイルマルチメディアへの挑戦：MAGIC］）おいて弁証法における3つの基本原則（対立項の相互浸透，量的変化と質的変化の相互転化，否定の否定）（Engels, 1953）を適用し，日本の移動体通信ビジネスに大きな貢献を果たしてきたのである（Kodama, 2004a）。

　この弁証法の3つの基本原則による知識創造プロセスの特徴的な事象として，第1点目は「リーダーシップ場」における「対立項の相互浸透」である。スパイラルなSECIモデルから構築される各ステージでの知識創造プロセスにおいて，共同化，表出化，連結化，内面化の各ステップではリーダー間の

理解のずれやコンフリクト，さらには知識内容の変容といった対立的な現象が生じる。しかし「リーダーシップ場」内での弁証法的対話やコラボレーションを通じた価値観の共鳴化（Kodama, 2004b）によりこれらの対立的要素が弁証法的に綜合化されていく点である。

　第2点目は知識の「量的変化と質的変化の相互転化」である。弁証法的知識創造モデルでは「リーダーシップ場」内で対立する矛盾が「対立項の相互浸透」により綜合化される一方で，多様な知識が融合，統合化され，さらに良質な知識がアブダクションを通じて連続的に創出されていく点である。これは知識の「量的変化」から「質的変化」への転換であり，既存のコンセプトとは異なる新しい製品・サービスやビジネスモデルを生み出していくことはその質を変化させることに相当する。しかしそのためにはそれに先立つ粘り強い量的変化を積み上げるべく連続的なSECIの知識スパイラルが必要となる。量的変化とは連続的でインクリメンタルな変化であり，それに対して質的変化とは断続的でラディカルな変化を意味するものである。さらにこの質的変化も連続的なSECIの知識スパイラルにより生じた新しい知識をもとにして次の量的変化へと移行していくのである。知識の「量的変化と質的変化の相互転化」という運動および変化の多様性が「リーダーシップ場」さらにはDoCoMo全体としての更なる知識創造とイノベーションを誘発していく源泉となるのである。DoCoMoの歴史における3つのステージそれぞれで知識の量的変化から質的変化への転化がなされていることが重要な点である（たとえば，ステージ1：安くて誰でも使える携帯電話の開発，ステージ2：iモードサービスの開発，ステージ3：FOMAの開発など）。

　第3点目は知識の発展は「否定の否定」の形態でより高次の知識へと「止揚（アウフヘーベン）」される動的な内部運動としての考え方である。つまり3つのステージそれぞれで連続的でスパイラルなSECIプロセスで量質転化された知識が肯定的に否定され，この否定の繰り返しにより知識がスパイラル状に更に一段高い知識に発展していくことを意味している。つまり「否定の否定」のプロセスによりDoCoMoは常に革新していくのである（たとえば，ステージ1：アナログからデジタルへの転換［携帯電話文化の創造］→ステージ2：音声からデータへの転換［モバイルインターネット文化の創

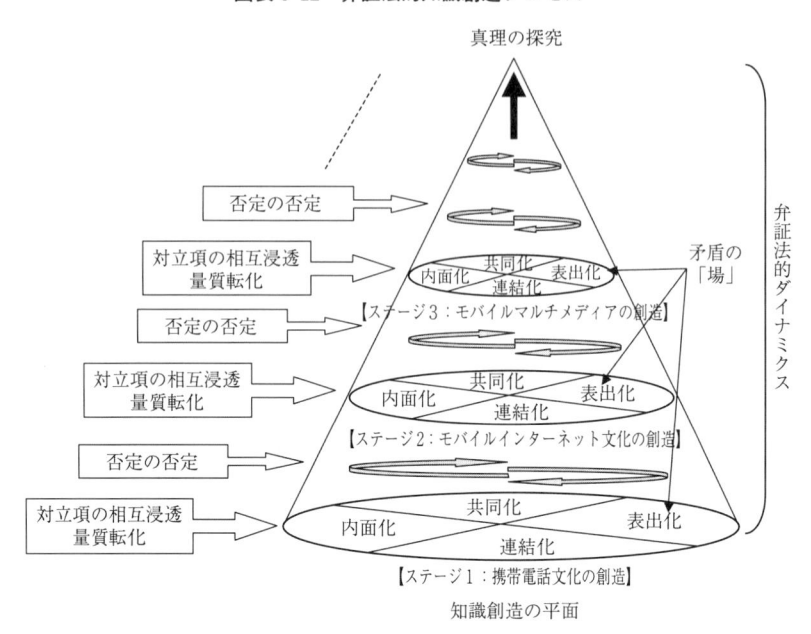

図表 6-12　弁証法的知識創造プロセス

（図中のラベル）
真理の探究
否定の否定
対立項の相互浸透　量質転化
共同化／内面化／表出化／連結化
【ステージ3：モバイルマルチメディアの創造】
否定の否定
対立項の相互浸透　量質転化
共同化／内面化／表出化／連結化
【ステージ2：モバイルインターネット文化の創造】
否定の否定
対立項の相互浸透　量質転化
共同化／内面化／表出化／連結化
【ステージ1：携帯電話文化の創造】
知識創造の平面
矛盾の「場」
弁証法的ダイナミクス

出典：野中郁次郎・紺野登『知識創造の方法論』参考に作成

造]→ステージ3：音声・データからマルチメディア・ユビキタスへの転換[モバイルマルチメディアの創造]）。

　以上3点の特徴を含んだ弁証法的知識創造モデルのイメージは図表6-12のように表現できる。弁証法的知識創造プロセスを推進する弁証法的知識創造企業のリーダー達は，自ら矛盾の「場」を自発的に創出し，弁証法的な思考と行動によりこれらさまざまな矛盾を組織の原動力へと転換し，さらには彼ら（彼女ら）の叡智と継続的な努力を通じて，より高く，より深く，ビジネスと企業ミッションの達成さらには知識ビジョンの実現という真理を探究していくのである。

---

【注】

1）創発的戦略（Emergent strategy）とは，予期せぬ環境変化を認知し現場レベル（さ

まざまなケースがあるが顧客に近い部門やミドルマネジメントであったりする）から試行錯誤しながら戦略を創造していくことを意味している。現実的に企業における戦略形成とは概ね意図的計画的（intended or deliberate）ではあるが戦略の細部はむしろ創発的である。これまでの筆者（児玉）の長年の実務経験から企業における戦略形成とは計画性と創発性を同時に兼ねた性質（例えば，entrepreneurial strategy (Mintzberg, 1978)）を有するものと筆者（児玉）は考えている（Kodama, 2003a, 2003b)。

## 【参考文献】

大星公二（2000）『ドコモ急成長の経営』ダイヤモンド社．
野中郁次郎（2001）「綜合力：知識ベース企業のコア・ケイパビリティ」『一橋ビジネスレビュー』49（3）．
野中郁次郎・紺野登（2003）『知識創造の方法論』東洋経済新報社．
紺野登・野中郁次郎（1995）『経営知力－ダイナミックな競争力を創る－』日本経済新聞社．
Barney, J. B. (1986), "Firm Resources and Sustained Competitive Advantage," *Journal of Management*, 17 (1), pp. 99-120.
Bhaskar, R. (1993), *Dialectic: The Pulse of Freedom*. London: Verso Books.
Engels, K. (1953), *Dialectik der Natur*.
Giddens, A. (1984), *The Constitution of Society*. Berkeley: University of California Press.
Kodama, M. (2003a), "Strategic Innovation in Traditional Big Business: Case Studies of Two Japanese Companies," *Organization Studies,* 24, pp. 235-268.
Kodama, M. (2003b), "Strategic Community-based Theory of the Firms: Case Study of NTT DoCoMo," *The Journal of High Technology Management Research*, 14 (2), pp. 307-330.
Kodama, M. (2004a), "Strategic Community-Based Theory of Firms: Case Study of Dialectical Management," *Systems Research and Behavioral Science*, 21 (6), pp. 603-634.
Kodama, M. (2004b), "Business Innovation through Strategic Community Creation," *Journal of Engineering and Technology Management*, 21 (3), pp. 215-235.
Mintzberg, H. (1978), "Patterns in Strategy Formation," *Management Science*,

24, pp. 934-48.

Mintzberg, H. and Walters, J. (1985), "Of strategies deliberate and emergent," *Strategic Management Journal*, 6, pp. 357-272.

Nonaka, I. (1991), "The Knowledge-Creating Company," *Harvard Business Review*, November-December, pp. 96-104.

Nonaka, I. and H. Takeuchi (1995), *The Knowledge-Creating Company*. Oxford University Press.

Nonaka, I., R. Toyama and N. Konno (2000), "SECI, Ba and Leadership, A Unified Model of Dynamic Knowledge Creation," *Long Range Planning*, 33, pp. 1-31.

Nonaka, I. and R. Toyama (2002), "A Firm as A Dialectical Being: Towards A Dynamic Theory of A Firm," *Industrial and Corporate Change*, 11 (5), pp. 995-1009.

Nonaka, I. and R. Toyama (2003), "The Knowledge-Creating Theory Revisited: Knowledge Creation as A Synthesizing Process," *Knowledge Management Research & Practice*, 1, pp. 2-10.

Porter, M. E. (1980), *Competitive Strategy: Techniques for Analyzing Industries and Competitors*. New York: The Free Press.

Wernerfelt, B. (1984), "A Resource-Based View of The Firm," *Strategic Management Journal*, 5, pp. 171-180.

## 第7章

# トヨタ　レクサス
──対話による戦略形成過程と事業創造──

◆

### 大薗　恵美

　本章では，ナレッジ・マネジメントに強い影響を及ぼす2つの分野について議論する。第1は戦略形成過程である。第2は対話（多様なパースペクティブを横断するコミュニケーション）である。本章は特に戦略形成過程での対話に注目する。対話は，発達心理学および社会文化心理学のような，知識に関連する分野において学習の中心概念の1つであるが，経営学の文献ではこれまであまり議論されていない。

　本章は，戦略形成過程および対話に焦点をおいて，次の3つの質問に答える。

(1) 会社はどのように，異なる戦略形成過程をよりうまく管理することができるか。
(2) 対話は，どのようにビジネスにおける成功に貢献するか。
(3) 対話はどのようにうまく管理することができるか。

　戦略形成過程および対話に関する重要な概念を簡潔に紹介した後，上に定義された3つの質問に取り組むために，事例研究により，重要な概念，および異なるパースペクティブが戦略形成過程のなかで相互作用する態様を説明する。この事例研究では，アメリカで1989年に始まった，トヨタ自動車の高級車事業であるレクサスを取り上げる。この事例研究は，「一義性」（単一のパースペクティブによって支配されたコミュニケーション）と，「多義性」（多様なパースペクティブによって支配されたコミュニケーション）の間の

対立の管理が，戦略形成過程をよりうまく管理するために重要であることを説明する。また本章では，多義性（＝対話，および一義性と多義性を越える弁証法的推論）の管理について，事例に基づく検討をして結論を導く。

## 1. 戦略形成過程と対話

### 1.1 戦略形成過程：意図的か創発的か

「戦略」とは，競争優位の源泉に関するものであり，「戦略形成過程」とは，歴史を作る手段である（Chakravarthy and Doz, 1992）。Mintzberg＝Waters（1985）は，戦略の開発に公式に責任を負った人あるいは組織単位が，実行された全ての戦略を設計するとは限らないことに注目した。そして戦略を，戦略形成過程に基づき，「意図的戦略」と「創発的戦略」へ分類した。「意図的戦略」とは，組織の経営チーム，責任部署あるいは外部コンサルタントのような識別可能な意思決定者により開発され，組織的な意図を備えた戦略である。「意図的戦略」は意図的な選択の結果であり，多くの場合，合理的で分析的である。そして，書類あるいは話し言葉として，明確に形を伴って記録される。

一方，「創発的戦略」とは，Mintzberg＝Waters（1985）によって示された定義によれば，組織的な意図や中央集権的な意思決定なく発生する行動パターンである。会社の管理上のシステム（たとえば，組織構造，企画立案，統制管理，資源配分システム，インセンティブ，人的資源管理，評価システムおよび意思決定過程など）が，行動パターンに影響する（Chakravarthy and Doz, 1992; Bower, 1986）。

たとえば，インテルがDRAMから撤退した時，撤退は経営者の戦略の一部ではなかった。中間管理職が，ロジックICへ投資を移し始めた2年から3年後，経営者は，DRAM事業から手を引き，ロジックICにより重点を置く意思決定をした。収益性に基づいた会社の予算配分制度が，それほど収益性のないDRAMからより収益性の高いロジックICへ，自動的に資源を移転したのである（Burgelman, 2002）。

予期しない危機あるいは機会（Quinn, 1980; Burgelman and Sayles, 1986）

が起きた時に取られる組織的な行動およびコミットメント（Ghemawat, 1991）によって，創発的戦略は影響を受ける。藤本（1999）は，トヨタ生産システムの発生過程を観察している時にこの要因を指摘した。トヨタ生産システムを開発する際に，個々の行為は環境に対応するために取られた。たとえば，会社の生産能力に限界があるにもかかわらず迅速に拡張する市場に対応するために，納入業者の系列関係が構築されたことに藤本は注目した。また，トヨタは，市場規模が小さくてニーズが細分化した国内市場に対応するために，モデルの数を増加させたが，結果としてこれが効率的に多品種少量製品を製造する能力を必要とし，そのような能力形成の基礎となった。これらの行動は明示的な全体戦略の一部ではなかった。

われわれはどのようによりうまく戦略形成過程を管理することができるだろうか？意図的戦略の最大の問題は，計画された戦略が現実にそぐわない可能性があるか，計画がそれ自身優れていても，組織がそれを実行することができない可能性があるということである。ある条件が満たされる場合に限り，組織は意図的戦略を実行することができる。その条件とは，第1に，組織の構成員は，意図的戦略を完全に理解しなければならない。第2に，現場のマネジャーは，意図的戦略の意味を理解しなければならない。第3に，技術，市場あるいは外部の政治的要因は，戦略の達成を阻害してはならない（Mintzberg and Waters, 1985）。これらの条件が満たされない場合，現実に実行される戦略は，もともと意図されたものと大きく異なる可能性がある。

他方で，創発的戦略に関する問題は，創発的戦略が局地的（ローカルな）行動の集合であるために，組織全体に有益な戦略を必ずしも達成しない可能性がある，という点である。しかし，創発的戦略の形成過程がある条件を満たす場合，創発的戦略は，最終的に組織全体の目的に沿った有益な結果を生むことができる。上に言及されたインテルの場合には，予算配分基準が会社の差別化および高付加価値化を強調した競争戦略に沿っていたので，合理的な結果をもたらした。別の条件としては，組織によって実行される行動に関して，事後に解釈し，その意味づけをすることが挙げられる。上に言及されたトヨタの場合には，藤本（1999）は，行動後に，その行動のうち組織の最

終目的に沿ったものが意図的に保持されていることに注目した。行動を事後に解釈し，その意味を理解した結果，整合性の高い行動のシステムが形成された。後者の条件は明らかに，組織的に意味形成をすることとナレッジ・マネジメントを必要としており，この本のテーマに大きく関係している。

意図的戦略形成過程と創発的戦略形成過程は，本質的にどちらが良いとも悪いともいえない。それらは，それぞれ異なるコミュニケーションおよび知識創造パターンに依存しているので，両者は，それぞれに適応する状況と異なる長所をもっている。われわれは，コミュニケーションとナレッジ・マネジメントの観点から戦略形成過程を見るために，2つの異なる様式の社会的コミュニケーションを以下に紹介する。

### 1.2 社会的コミュニケーションとしての対話

Wertsch によれば，社会的コミュニケーションには，本質的に2つの反対する性向である「一義性 (univocality)」と「多義性 (multivocality)」が両方含まれている。

一義性は，同じパースペクティブによりコミュニケーションが支配される程度が高い。一義性によるコミュニケーションは，情報伝達装置として機能する。その効果は，いかにもともとの意味を変化させることなくある特定のことが伝えられるかによって測定される。宗教的，政治的，倫理的権威および教師によってなされた発言は，一義性の例である。一義性への抵抗や異なるパースペクティブが介入する余地はあまりない。

多義性は，コミュニケーションが多様なパースペクティブを伝える程度に関係している。多義性によるコミュニケーションは，新しい意味を生成するが，パースペクティブ間のダイナミズム，異質性，矛盾を生む傾向にある。内的独白でさえ，使用された単語や表現に埋め込まれていた人の声と，歴史や社会の声の両方を伝える。したがって，コミュニケーションはすべて多義性 (multivocality) の要素をもっている (Bakhtin, 1981; Wertsch, 1985; Lotman, 1988; Wertsch, 1991, 2000)。

さらに，コミュニケーションでは，意味伝達機能および意味生成機能が同時に実行される。したがって，コミュニケーションには完全に一義性がある，

またはコミュニケーションには多義性の余地がない，と仮定することは合理的ではない。

対話は，多義性を備えた，異なるパースペクティブを横断するコミュニケーションであり，知識創造のために不可欠である。対話を通じて，パースペクティブの違いは「思考装置」(Lotman, 1988) として機能することができ，それにより，新しい意味を生成する。対話を通じて人びとは，その人の思考世界を超える可能性がある。野中および竹内（1995）は，対話を通じて，個人あるいはグループの暗黙知を形式知へ明瞭に表現することができる可能性があることを示した。彼らは，暗黙知から概念を結晶化するときに対話が不可欠であることを強調している。

野中（2002, p.449）は，「対話の質を上げる」ためのいくつかの条件を示唆している。(1) 常に修正または否定の余地があるように，対話は一時的で多面的であるべきである。(2) 対話の参加者は，彼らの見解を自由に率直に示すことができる必要がある。(3) 否定のための否定は阻止すべきである。(4) 時間的連続性があるべきである。(5) ある程度の情報の重複（冗長性）が存在することは，対話のプロセスにとって有益である。

対話は，組織的な知識創造を起こすが，だからといって一義性が組織に必要ないわけではない。Weick（1979, 1995）は，共有されたパースペクティブを築くことを，組織的情報処理の主要な機能であるとして特定した。ともに行動するために，「エナクトメント，選択，保持」によって，組織全体が環境に対して同じ解釈を共有することが重要である。

われわれが注目し，戦略形成過程に適用したいのは，一義性と多義性の間の対立である。われわれは，この対立が戦略形成過程にどのように影響するか調べていく。

### 1.3　声としての戦略形成過程

意図的戦略の形成過程は，一義的である傾向がある。それは多くの場合分析的で合理的であり，また包括的理解に基づく傾向がある。識別可能な意思決定者が，意図的戦略を開発するが，その開発過程は人の内的対話に似ている。残りの組織とのコミュニケーションは，既に開発された戦略を共有する

ことを目標とするため，一義的になる。一方で，創発的戦略は多義である傾向がある。創発的戦略の形成過程は，独立した局地的（ローカルな）行動を横断する相互作用である。それぞれの局地的行動が，分散した現実に関する局地的解釈に基づくとともに，局地的行動を横断する相互作用によって，異なる局地的なパースペクティブを伝える。組織の局地（組織）単位を横断するコミュニケーションは，そのため，多義になる。

創発的戦略の形成過程の良い点は，予期しない発見をもたらす可能性である。多様な声による対話は，新しい意味および革新的な戦略の発見に役立つ。創発的戦略の形成過程は，不確実性が支配している環境か，あるいは組織にとって未経験か急速に変わっている環境に適している。一方，意図的戦略の形成過程は，そのような環境には適していない。さらに，検討可能な戦略の選択肢が増えるので，創発的戦略の形成過程は，組織の成長の比較的初期の段階において有効である。

創発的戦略の形成過程の悪い点は，一人の人が全貌を理解することができない危険がある点である。創発的戦略の形成過程は分散した認識および意思決定（Salomon, 1993; Cole and Engestrom, 1993; Hutchins, 1995; Tsoukas, 1996）に依存するので，どんな人も最初から明瞭な答えをもつことはできない。さらに，多様な声によるコミュニケーションが単一の声に収斂しないので，全体的な方向を決定するために時間がかかる。整理されず，集権化された調整がされないので，重複した活動が生じる可能性がある。

### 1.4 対立項の相互依存性

意図的戦略の形成過程と創発的戦略の形成過程は，相互に排他的ではない。長期的に有効であるためには，意図的戦略の形成過程および創発的戦略の形成過程は，相互に補完的である。たとえば，意図的戦略を計画する前に，内部環境と外部環境を理解することは重要である。環境を理解するための探索行動は，時には立案に先行する必要がある。探索行動は，たとえば組織自身によって行なわれるもの，個々のリーダーによる知識の蓄積，外部のコンサルタントによって行なわれた分析などを含むが，これらは全て，創発的戦略の形成過程に関係している。一方，創発的戦略の下でとられる行動は，事後

的に，振り返られ，意味づけられ，意図的に体系化されるべきである。創発的戦略の形成過程は，事後的に合理化されない場合，とられる行動の有効性が確認されない結果，環境との不整合が無視されるという危険性がある。識別可能な組織単位が意味を理解し，その意図を明確に示す場合，創発的戦略の形成過程は意図的戦略の形成過程へと変化する。

一義性および多義性は，同様に，相互依存的である。たとえ明確に示された意図的戦略に関するコミュニケーションが一義的でも，人びとが異なる観点から環境を分析しようとするので，その戦略の開発に先行するどんな調査も多義性を含んでいる。同様に，たとえ，多義性が局地的な行動間の相互作用に関係していても，人びとが局地的行動を反映し概念化しようとする場合，それは単一のパースペクティブ，すなわち，一義性を獲得する。

### 1.5 意図的戦略と創発的戦略の形成過程の間の対話

先に述べたように，異なる戦略形成過程は，組織の成長パターンの異なる段階で，それぞれ採用されるべきである。レクサスの事例の場合，意図的戦略の形成過程が，初期の参入段階や成熟段階においてより適切である一方，創発的戦略の形成過程は，成長段階においてより適切である。長期的に有効であるためには，組織は，時には，意図的戦略の形成過程から創発的戦略の形成過程に移り，また意図的戦略の形成過程へ戻らなければならない。

組織は，他の戦略形成過程の方式に移る前に，1つの戦略形成過程の方式に相当な時間を費やすので，「振り子」というよりは，その様子は「移動」である。意図的戦略の形成過程での特徴的な活動には，事実を分析し，組織的な決定を下し，その後とる行動や現実を理解することが含まれる。組織は戦略の混乱あるいは誤解を回避しようとするので，そのコミュニケーションは一義的になる。他方で，創発的戦略の形成過程では，その特徴的な行動として，全体的な政策につながらないような行動を含み，不確実性や時々起こる失敗を許容し，事後に活動の重要性を評価し，行動を体系化することなどを含んでいる。したがって，意図的戦略の形成過程と創発的戦略の形成過程は，異なる能力を求める。

図表7-1が説明するように，2つの戦略形成過程の間の横断的なこの移動

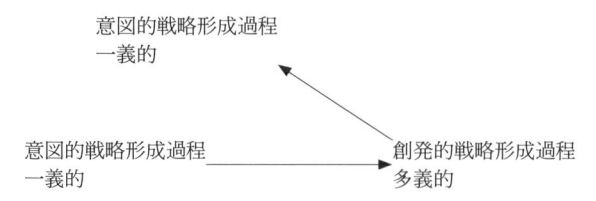

**図表 7-1　戦略形成過程の弁証法的パターン**

```
意図的戦略形成過程
一義的
         ↖
          ＼
意図的戦略形成過程 ──────→ 創発的戦略形成過程
一義的                      多義的
```

は，本質的に弁証法である。弁証法的な思考では，反対のように見えるもの，すなわち意図的戦略と創発的戦略の形成過程を，両方とも受け入れる。そして，より高次元にそれらを変形しそれら自身を超えることにより，それらを綜合しようとする。対話も同様に，反対のように見えるもの，すなわち一義性および多義性を受け入れる。そして，より高次元にそれらを変形し枠を超えることにより，それらを綜合しようとする。一義性と多義性と全く同様に，意図的戦略の形成過程と創発的戦略の形成過程の間には相当の緊張がある。反対概念の間のこの緊張は，弁証法においては，命題と反対命題の間の緊張として記述されるが，この緊張は綜合を通じてより高次の現実に結びつく。

　創発的戦略の形成過程から意図的戦略の形成過程へ推移するとき，多様なパースペクティブの集合である戦略概念は，組織内部で定義され，組織の構成員の間で共有される必要がある。対話的な相互作用によって，局地の（ローカルな）行為者には戦略概念についての異なる理解が蓄積し，それにより，戦略概念の意味が豊かになる。過去に開発された意図的戦略は文脈に組み込まれており，対話的な過程で，声のうちの1つとして貢献する。実際，創発的戦略の形成過程を経験した後，意図的戦略の形成過程は，より豊かな意味，意義を含む。

　この新しい意図的戦略の形成過程は，もともとの意図的戦略形成過程と，その後の，創発的戦略形成過程の間での弁証法的相互作用の結果であり，より高次元に達する。したがって，創発的戦略形成過程と意図的戦略形成過程は，スパイラルに戦略概念を発展成長させることにより互いに影響しあう。このジグザグでスパイラルのパターンは，反対のようにみえる2つの戦略形

成過程だけでなく，反対のようにみえる社会的コミュニケーションの2つの声をも横断して生じる。この本の第1章で示されたように，多様な反対軸を横断するこのジグザグでスパイラルなパターンは，対話的な思考の本質を構成する。

　優れた戦略の下で長い間活動し，成功した実績をもつリーダーは，戦略形成過程を再考する必要のある状況へ対応するのが困難である場合が多い。既に指摘されたとおり，それぞれの戦略形成過程がうまく機能するためには，組織の異なる能力が必要である。したがって，2つの戦略形成過程間の対話的過程は，それほど容易には実現されない。後に紹介するレクサスの事例では，両方のタイプの戦略形成過程が存在し，意図的戦略の形成過程から創発的戦略の形成過程へ推移し，そして再び意図的戦略の形成過程へ推移する良い事例である。

### 1.6　戦略形成過程，対話，知識創造

　これまでの議論は，反対の特性をもつようにみえる，2つの戦略形成過程，および社会的コミュニケーションにおける2つの声である一義性および多義性を説明した。図表7-2は，「創発的戦略の形成過程／多義性」という構成概念が「意図的戦略の形成過程／一義性」という構成概念と多次元で対照的である様子を要約している。対照性の各次元について簡潔に説明する。

- 識別可能な個人あるいは組織内の特定単位によって開発される意図的戦略は，中央集権的に開発される。創発的戦略は，文字通り，局地的行動の相互作用によって現われる。言い換えれば，創発的戦略の形成過程は，分散した認識および行動に基づく（Salomon, 1993; Cole and Engestrom, 1993; Hutchins, 1995; Tsoukas, 1996）。
- 分散した認識および行動は，異なる規則あるいは条件に従い，文脈に依存するので，それらは，多様なパースペクティブやさまざまな理解に結びつく。さまざまな理解やパースペクティブは，コミュニケーションのなかで多義性を提供し，それらが互いに遭遇したときに，対話を通じて考えるための道具，学習の機会として機能する。対照的に，意図的戦略の形成過程は，一義性を要求する統一的なパースペクティブに結びつく。

- 創発的戦略の形成過程は，分散した組織の構成員が戦略概念に新しい意味を見つけるための過程である。しかし，意図的戦略の形成過程では，もともとの意味を共有しようとする。
- 創発的戦略の形成過程は，行動する人たちが予想もしない革新的または創造的なものになる可能性がある一方，意図的戦略の形成過程は分析的である傾向がある。
- 意図的戦略の形成過程は分析から行動に移る学習過程である。創発的戦略の形成過程は，ある事象の後に行動を合理化することを伴い，また行動から学習へ移る（学習）過程であり，いわば行動による学習あるいは実験による学習といえる。
- 創発的戦略の形成過程は，中央集権的調整および統制が足りないと，重複と失敗に帰着する可能性がある一方，意図的戦略の形成過程はより合理的かつより効率的になり得る。
- 創発的戦略の形成過程は，不確実性が支配している環境に適合する。一方，意図的戦略の形成過程は，安定した環境により適合する。
- 創発的戦略の形成過程の場合，戦略は局地的（ローカルな）行動から発生するが，意図的戦略の形成過程の場合，戦略は戦略概念に基づいて推進される。
- 多義性は，参加型アプローチでより有効であるが，一義性は権威的アプローチでより有効である。

図表7-2　2つの対立する構成概念の複数の側面

| 意図的戦略形成過程／一義的構成概念 | 創発的戦略形成過程／多義的構成概念 |
| --- | --- |
| 1. 集中した | 分散した |
| 2. 統一されたパースペクティブ | 多様なパースペクティブ |
| 3. 元来の意味 | 新しい意味 |
| 4. 分析的 | 創造的 |
| 5. 分析から行動へ | 行動から学習へ |
| 6. 合理的 | 重複した |
| 7. 確実 | 不確実 |
| 8. 戦略コンセプト | 局地的（ローカルな）行為 |
| 9. 権威的 | 参加的 |
| 10. 階層組織的 | フラット |

●多義性が水平的組織構造でより広く浸透する一方，一義性は階層的組織構造でより広く浸透する。

　意図的戦略の形成過程および一義性の構築の助けになる知識のタイプは，形式知である。この本の第1章で示されたように，形式知は言葉，数あるいは音で表現され，データ，科学的な公式，映像，録音テープ，製品仕様書あるいはマニュアルの形で保存される。そのため，形式知は，分析的，合理的，効率的，安定的な知識の次元を表現する。形式知はまた，容易に，公式的，体系的に伝達することができる。形式知のこの性質は，意図的戦略の形成過程および一義性の構築で見られた権威的，階層的アプローチに，より整合的である。

　暗黙知は容易に目に見えず表現できないので，暗黙知は，伝達するためにより冗長性を必要とする「より不確かな」タイプの知識である。暗黙知は極めて個人的で，形式化することが困難なので，暗黙知は「多様なパースペクティブ」を引き出すのに適切である。直観や勘は，暗黙知の範囲に属し，暗黙知は「参加型」「水平的」組織構造の中に，「新しい意味」を導くことのできる「創造的」知識である。暗黙知は，深く個人の行動や肉体の経験に根ざしており，創発的戦略形成過程および多義性の構築における「行動による学習」および「局地的行動」という特徴にあっている。暗黙知はまた，アイデア，価値観，あるいは感情に根ざしており，これらは主に経験に由来する。

## 2．米国におけるレクサスの誕生と成長

　このセクションでは，米国高級車セグメントへのトヨタ自動車のレクサスによる参入およびその後の成長の事例を紹介する。まず，その事例を3つの段階へ分類する。第1に，1985～1990年。レクサスの参入戦略が開発され実行された時期である。第2に，1990年代。レクサス事業が成長した時。第3は2001年以後。競合他社が追いついた後，レクサス事業が，競争上のポジショニングを再定義しようとした時である。

　第1の段階は，一義的なコミュニケーションと意図的戦略の形成過程によって戦略が推進された。第2の段階では，多義性が強いコミュニケーション

によって創発的な戦略形成過程が推進され，第3の段階では，最後に一義的なコミュニケーションによる意図的戦略の形成過程により事業が推進された。

　第1の段階（参入過程）における意図的戦略の形成過程は，レクサスに関して同じパースペクティブを共有する，レクサス・マネジャーおよびディーラーが共同で，レクサスがその競合他社とは明らかに異なる位置づけを構築することを可能にした。第2の段階では，異なるパースペクティブは対話的に相互作用し，多様な製品ライン戦略が出現することを可能にした。この過程のなかで，レクサスは，アメリカの高級車セグメント内のさまざまな可能性を調査し実験することができた。第3の段階のうち，レクサスはその戦略形成過程を中央集権化することによりそれ自体の戦略的な位置づけを変え始めた。レクサスは意図的戦略の形成過程に戻った。しかし，この時，第2段階における対話を通じて蓄積された知識は，より豊かな意味に結びついて保持されていた。このダイナミックな過程は，命題，反対命題，綜合の螺旋を通って動く，弁証法のパターンとして描写される。

### 2.1　第1段階：意図的戦略形成過程によるレクサス事業の開始

　トヨタ自動車株式会社（以下，TMC）は1989年にアメリカの高級車市場へレクサスを新規投入した。その参入戦略は米国トヨタ自動車販売（以下，TMS）で，8人のマネジャーによって意図的戦略の形成過程で開発された。その戦略は，市場，競争環境および内部資源の徹底的分析に基づいていた。レクサスの参入が明瞭な意図的戦略によってどのように効率的に行動を整理したのか，以下に説明する。

　レクサスの参入戦略は，徹底的事前分析および中央集権的意思決定の過程によって開発された。TMSの8人の中間管理職および上級管理職のチームは，アメリカの高級車セグメントに成功裏に参入する方法を見つけるために広範な議論を行なっていた。あらゆる可能性が，徹底的に議論された。最終計画は，10のガイドラインにまとめられ（図表7-3を参照），TMC役員会議で承認された。TMSとTMC本社のマネジャーは，このガイドラインを「10か条の憲法」と呼び，これを行動のガイドラインと見なした。10か条の憲法に関するコミュニケーションは一義的であり，多様なパースペクティブ

**図表 7-3　レクサス開始のための「10か条の憲法」**

| Ⓕ基本要項 |
| --- |

① Ⓕチャンネルの目的
　・成長の期待される高級市場への進出
　・トヨタ全体のイメージアップ
② 最高の商品
　・名実共に世界最高の商品
　　……最高の性能，品質，品格，信頼性，耐久性，安全性，アクセサリー等
　・価値あるハイテク技術にささえられた商品
　・生産工程での品質のつくり込み（全モデル同一工場生産）
③ 最高のサービス
　・メルセデスを上回る保証内容
　・画期的なサービスの提供
　　……真心のこもったパーソナルサービス，便利さ，安心感，信頼感の販売
④ 最高の販売店
　・百貨店ではなく高級ブティックの店作り
　・Ⓕ車を通した生活の販売
　・ディーラー選別に当り
　　……メーカーに対するロイヤリティ，トヨタ平均以上のOSI，資金力，新車・中古車・リース販売の実績を考慮（コネによる申し込みに対しても特別配慮はなし）
⑤ 最高のイメージ
　・JDパワーレポートで不動の１位獲得
⑥ 最高の顧客満足度を維持し得る強固なTMS／フィールド組織の構築
　・少数精鋭
　・TMC支援組織不可欠
⑦ フランチャイズ／モデル名
　・フランチャイズ名プラス数字とアルファベットで表すモデル名
　・他国で当該フランチャイズ名使用に当たってはTMSの承諾必要
⑧ イメージ及び価格維持の為の基本営業政策
　　Pan America Operation
　　……USA（含ハワイ）及びUSA関係諸国でのOPERATIONはTMSが行なう
　　　対象国：USA，カナダ，プエルトリコ，グアム，アメリカンサモア
　　　但し当面USAのみで販売
　・需要量を若干下回る供給ポリシー
⑨ フレキシブルなオーダー・生産・ディストリビューション体制
　・車両，部品の納期の短縮
⑩ 総合的システムの構築（オンライン通信網の有効活用）
　・物流　　　・顧客管理
　・サービス　・部品

出典：トヨタ自動車

は許容されなかった。活動は，10か条の憲法に従い注意深く選ばれ，ほとんど宗教的に続けられた。したがって，その後実行された参入戦略は，ほんの少数の例外を除いて，10か条の憲法の中で述べられた基礎的なガイドラインとほとんど同じだった。

　レクサス事業部のマネジャーは，さらにレクサスの基本哲学を明瞭に表現し，それを「レクサス誓約」と呼んだ（図表7-4を参照）。レクサス誓約では，「基本から正しくやり遂げ」，「歴史上最高の車」を提供し，「最も優れた販売網を築き上げ」，「お客様を自宅へ招待する時のようにお客様一人ひとりに接する」という事業部の強い決意を発表した。1987年8月に，レクサス事業部のマネジャーおよびアソシエイトはすべて，誓約書に署名した。さらに，レクサス・フランチャイズに参加するディーラーも，全員それに署名した。レ

**図表7-4　レクサス誓約**

| 1987年8月，レクサス部門の社員一同一丸となり，最高の製品品質とお客様へのサービスを提供していくことを決意しました。<br><br>レクサス誓約<br><br>レクサスは世界で最も競争の激しいそして威信ある自動車レースに参入します。<br>50年を超えるトヨタの自動車製造はレクサス車の創造により絶頂点に達しています。<br>レクサス車は自動車業界の歴史上，最高の車となります。<br>レクサスはこのレースに勝ちます。<br>なぜならレクサスは最初から正しくやり遂げるからです。<br>又，レクサスは業界で最もすぐれた販売網を築き上げます。<br>レクサスはお客様を自宅へご招待する時のようにお客様一人ひとりに接します。<br>レクサスは最高の可能性を追求し続けていきます。<br>私達は自信をもって，目的を完遂いたします。 | レクサスとは何か？<br><br>レクサスとは――洗練された技術と製造品質のこと<br>レクサスとは――豪華さと性能のこと<br>レクサスとは――イメージと卓越した期待のこと<br>レクサスとは――お客様を大切な方として大事に思うこと<br>レクサスとは――プロの精神とご満足いただける誠実な対応からなるお客様の総合的体験のこと<br>レクサスとは――始めから正しくやり遂げること<br>レクサスとは――個人レベルでお世話すること<br>レクサスとは――お客様の期待感を卓越すること<br>　そして――お客様の目からすれば私がレクサスなのです!!! |
|---|---|

出典：トヨタ自動車

クサス事業を開始した後は，レクサス誓約に署名することは，新しいレクサス・モデルの研修を終えた，すべてのディーラーのアソシエイトの共通の慣わしとなった。レクサス・マネジャーとディーラーは同じパースペクティブを共有しているのだ。

　トヨタが，1989年当時にアメリカで売っていた最も高価な自動車が，約27,000USドルと値づけされたスポーツ・クーペだったと，今，想い起こすことは難しい。最も高価なセダンは，クレシーダ（日本市場のマークⅡに相当）だった。その小売価格は20,000USドルを少し上回るものだった。日本の自動車メーカーは1988年まで，アメリカの高級車セグメントで自動車を売っていなかった。アメリカのビッグスリーとドイツの２つの高級車メーカー（メルセデス・ベンツとBMW）が，アメリカの高級車セグメントを支配していた。アメリカの高級車が約30,000USドルに値づけされる一方，最も高価なドイツの乗用車は，60,000USドルから70,000USドルと値づけされていた。米国市場に参入する時，レクサスは極めて厳しい競争環境に直面した。

　トヨタは非常に明瞭な意図的戦略でこの新しい事業を始めた。同社は，高度な分析的アプローチを採用し，アメリカとドイツの高級車に対する競争優位を獲得することができる新しい戦略上のポジショニングを探した。同時に，このポジショニングはトヨタのブランド・イメージと明確に区別されなければならなかった。

　「マルF」はLS400（アメリカで投入された最初のレクサス・モデル）の開発名だった。文字「F」は，トヨタの旗艦モデル（フラッグシップ）を作るという開発プロジェクトの目標を表わしていた。マルFプロジェクトは，トヨタにそれまで存在しなかった高級車を開発するために，真っ白の状態から始まった。トヨタはその開発を「フロント・ローディング」した。つまり，開発の初期段階で徹底的な研究を行ない，製品概念を作りこむことで，後の詳細な意思決定をより速く有効に行なうことができるようにしたのだ。

　レクサスの価格は，ドイツのブランドより低くつけられる方針であった。しかも，米国のブランドより高い価格で売られるにもかかわらず，米国のブランドを超越するバリューと品質を提供する必要がある。レクサスLS400

は，メルセデス・ベンツ420SEL を超える機能と設備をもつが，価格は420 SEL より1つ下のランクの300E と競合する程度につけた。具体的には，LS400は，同程度の機能と設備をつけた場合のメルセデス・ベンツ300E より14,000US ドル低い価格がつけられた。さらに，その価格は，BMW 735i より11,000US ドル低かった。レクサス ES250の価格は，同等の機能および設備をもつボルボ740の価格より4,000US ドル低かった（1989年の高級車の価格に関しては図表7-5を参照）。完璧な品質と信頼性を強調するために，レクサス事業部は，購入時から5年あるいは50,000マイル走行時までという広範囲な保証を提供した。この保証期間は，他の高額モデルの保証よりはるかに広範なものだった。

　高級車セグメントで値ごろ感によって顧客を引きつけようとすることには危険があった。しかし，フィールド調査の結果，高級車セグメントの「他のものが高価すぎるので買われる」自動車，と「価値を明確に理解した賢い選択」と見なされる自動車を，顧客が区別することができる，とレクサス・チームは確信した。したがって，チームは，単純な値ごろ感と明確な価値の間の差別化が可能であると信じていた。

　チームは，富を相続した世襲富裕層は対象顧客に設定しなかったが，その代り，マイクロソフト創業者のビル・ゲイツなどを典型とする，自ら富を成した富裕層を対象顧客に設定した。対象顧客のイメージは100,000US ドルの年収をもった47歳のプロフェッショナルな職業に就く男性とした。そのような顧客のために，TMS はレクサスに関して「情熱，単なる自動車ではなく，働くことに人生を捧げる人への報酬」と位置づけた。中核になる概念の基礎は，人生を「向上させる」ことであり，レクサスの導入時の広告のコピーで「絶え間ない完全性の追求」と表現された。

　機能と質でドイツの自動車を超えるために，トヨタは飛躍的に技術力を伸ばす必要があった。たとえば，トヨタは，それまで，時速250キロメートルの最高速度を備えた自動車を作ったことがなかった。そのような高機能を達成するために，トヨタは，エンジンを含む部品の多くをゼロから見直さなければならなかった。そして，極めて高精度な大量生産ラインを備えた新しい工場が建てられた。無欠陥を達成するために，有名な，設計および製造工程

図表 7-5　1989年レクサス導入時の主な高級車の価格

| | | |
|---|---|---|
| メルセデス・ベンツ | 260E | 39,200ドル |
| | 300E | 44,800ドル |
| | 420SEL | 62,600ドル |
| BMW | 525i | 37,000ドル |
| | 735i | 54,000ドル |
| | 750iL | 70,000ドル |
| ジャガー | XJ6 | 39,400ドル〔値下げした〕 |
| レクサス | LS400 | 35,000ドル〔オプション使用時40,000〕 |
| | ES250 | 21,000ドル |
| インフィニティ | Q45 | 38,000ドル |
| | I30 | 23,500ドル |

出典：中嶋靖『レクサス／セルシオへの道程：最高を求めたクルマ人（びと）たち』ダイヤモンド社，1990年，236ページ

　の予防的活動に加えて，工場，船積み港，ディーラーへの到着時，および顧客への配達時に，より多くの検査が行なわれた。

　レクサスを明確に高級車として位置づけるために，トヨタは新しいブランドを作り，既存のトヨタ・ディーラーと別の新しいディーラーのフランチャイズ網を作った。TMSは，ピックアップ・トラックを売っていたのと同じトヨタ・ディーラーの屋根の下で売ったのでは，新しいブランドのために必要とされる格式・地位は，構築することができない可能性があると思った。トヨタの乗用車は，少ない欠陥，高い耐久性，リーズナブルな価格という評価を受けていた。しかし，トヨタの車は，熱狂的に欲しがられるような車ではなかった。

　レクサス・ディーラーのショールームの外見は統一され豪華で，トヨタ・ショールームのものから極めて異なっていた。販売およびサービス担当者を含むディーラーのスタッフとマネジャーは，もっぱらレクサスで働いた。顧客がレクサス車を買うために中へ入った時，いかなる場所でも，トヨタという名前が顧客の目に入らないように，TMSは詳細をすべてコントロールした。レクサスのプロモーションおよび広告では，トヨタとのどんなつながりや連想も慎重に回避された。さらに，新しいファイナンス・サービス部門が

作られた。ローンとリースは、トヨタ・ファイナンシャル・サービスからではなくレクサス・ファイナンシャル・サービスから提供された。

　レクサスはさらに、ディーラーのサービス・プログラムの多くを標準化した。それには、修理期間中の同クラスの代車提供サービス、遠隔地での故障・不具合の場合1泊200USドル以内のホテル代負担を含む24時間の緊急支援サービス、無料洗車、顧客シャトル便、ガソリン補充サービスまで含まれていた。ディーラーのサービス部の床はいつも清潔にされた。また、ディーラーのサービス担当者による顧客の自動車への作業は、待っている顧客の見ている前で行なわれた。これらのプログラムは、高級車セグメントの競合による希求水準になった。このように、レクサスは他の高級ブランドやトヨタ・ブランドとは、完全に異なる位置づけを獲得した。

　レクサス・ディーラーは、顧客満足の実績値、主要な販売地区での市場占有率、財務の健全性といった必要とされる能力に従い選別された。もしこれらの必要条件を満たさなければ、既存のトヨタ・ディーラーさえレクサス・ディーラーになることができなかった。レクサス事業部は、ディーラーとその価格や販売政策を共有するために、普通よりはるかに多くの対面ミーティングを行なった。

　最後に、レクサス事業の経済性は、トヨタとは全く異なっていた。レクサス車は、はるかに高値（LS400は35,000USドル、オプション付40,000USドル）をつけられた。レクサス車はより高価な材料、部品を使用したがディーラー、TMS、TMCは、より大きい粗利益を享受した。しかし、TMS、ディーラーは、設備、販売前、販売後サービス、ディーラー研修・教育に対して、大きく投資した。同時に、TMSは、供給を需要よりわずかに低く維持する政策を採用し、在庫費用を著しく縮小した。1990年のディーラー平均在庫は19日であり、TMSが適当とするレベルであった。当時、他の高級車メーカーの在庫レベルはレクサスの3倍だった。より具体的には、日本の他ブランドの在庫レベルはレクサスの2.5倍、アメリカのブランドは3倍、ヨーロッパのブランドは3.5倍だった。

## 2.2 第2段階：創発的戦略形成過程とレクサスの成長

このセクションでは，レクサス事業での創発的戦略の形成過程を検討する。創発的戦略の形成過程は，組織的な意図あるいは識別可能な意思決定機関なしで戦略（一貫した活動のパターン）が出現する過程である。創発的戦略の形成過程におけるコミュニケーションは，多様なパースペクティブの共存と相互作用，すなわち多義性によって特徴づけられる。われわれはコミュニケーションの多義性がどのように，予期しないことの発見，あるいは創造性の増強に寄与したかを説明する。最後に，われわれは，レクサスが多義性にどのように有利な環境を提供したか説明する。

### 2.2.1 レクサスにおける創発的戦略の形成過程

1990年代のレクサスの製品ライン戦略は，創発的戦略の形成過程をとても良く説明するものである。レクサスが市場に投入された時，将来の成長を明確に示した製品ライン戦略はなかった。レクサス・フランチャイズは1989年に2つのモデルだけで始められた。そして，2年以内に新しいモデルを1つだけ導入する計画だった。「10か条の憲法」の中で明白に表現された参入戦略と比較して，この製品ライン戦略は，形式知化されていなかった。

レクサスはその製品ライン戦略に責任をもつ組織的単位をもっていなかった。製品導入および製品開発の意思決定責任は，さまざまな組織単位に分散していた。新製品投入決定は，製品企画部（技術部門所属，TMC），商品企画部（販売部門所属，TMC），海外企画部（TMC），北米部（北米の製造と販売を統括，TMC），TMSレクサス事業部の間の調整および交渉を通じて行なわれた。上記の組織単位のどれも，決定に十分な権限を持たなかった。レクサス車の製品開発は，TMC本社の，自動車のサイズおよびFF，FR，トラックといったアーキテクチャーに従って組織されている開発センターにモデルごとに割り当てられた。その結果，新しいモデルのサイズおよびアーキテクチャーによって，異なる開発センターが，各レクサス車の立案と設計に携わった。レクサスのエクステリア・デザインだけが，TMC本社のグローバル・デザイン・センター内のレクサス事業部で，集中管理された。

レクサスは製品ラインアップを拡張し，1990年代にその製品ポートフォリ

オを著しく変更した。2001年までに，レクサスの製品ラインは1989年の2モデルから7モデルに拡大した。そのポートフォリオは劇的に変わった。レクサスは，当初は高級セグメントのニア・ラグジュリーとプレスティジ・ラグジュリーのセグメントにポートフォリオを集中していた。これらは最初の2つの製品（LS400およびES250）が投入された製品セグメントである。レクサスはその後，スポーツ・クーペ，ミッド・ラグジュリー・セダンおよびユーティリティ・ビークル／スポーツ多目的車（SUV）といった異なるタイプの自動車を加えた（市場へ投入された新しいモデル，および主要なモデル・チェンジは，図表7-6にリストされている）。RX300（乗用車ベースのSUV）の導入は，レクサスの製品構成を変え，ユーティリティ・ビークルのカテゴリーに極度に偏らせる結果となった。レクサスに関与する何人かのマネジャーは，1998年のRX300および2000年のIS300の市場投入が，製品構成を変化させただけでなく，レクサスのブランド・イメージを著しく変化させたと考えていた（米国高級車セグメントの販売構成とレクサスの販売構成の経年変化については図表7-7および図表7-8を参照）。

　2000年のIS300の市場投入は，意図的戦略による演繹的方法ではなく，いくつかの組織単位に横断的な調整と交渉を通じて意思決定されたという事実を表している。TMSは，高級セグメントの若い顧客への訴求力をもつモデルをTMCに要求していた。このリクエストに答えて，TMCは，もともとトヨタ・ブランドの車として日本市場向けに開発されていたモデルを繰り返し提案した。TMSは，何度か否定的に返答したが，最終的に，修正した日本モデルを，アメリカでレクサスIS300として投入する提案を，譲歩して受け入れた。

　1990年代のレクサス新製品投入の意思決定は，大局的計画が明示されることのないまま，その時その時に浮上した機会を活かすような方法で行なわれた。TMCの製品開発は，最大の売上高をもたらすであろう，アメリカおよび日本で販売するトヨタ・ブランドの車を開発することが中心になっていた。そのようななかで，レクサス用の製品開発を始めることは困難だった。結果として，レクサスのための製品投入の意思決定は，一貫しない傾向があり，トヨタ・ブランドのためにもともと開発されていたモデルがどの程度米国高

**図表 7-6　レクサス・ライン拡大の歴史**

| 時期 | 投入された製品 | エンジン | 種類 | 価格 | |
|---|---|---|---|---|---|
| 1989年9月 | LS400 | V8 | プレスティジ・セダン | US$35,000 | |
| 1989年9月 | ES250 | L6 | ニア・ラグジュリー | US$21,000 | |
| 1990年 | | | | | トヨタ米市場シェア10% |
| 1991年5月 | SC400 | | ラグジュリー・クーペ | | 最初の製品ライン拡張 |
| 1991年8月 | SC300 | | ラグジュリー・クーペ | US$32,000 | |
| 1991年9月 | ES300（ES250廃止） | V6 | ニア・ラグジュリー | US$25,250 | |
| 1992年9月 | LS400（マイナーチェンジ） | V8 | プレスティジ・セダン | US$44,300 | |
| 1993年1月 | GS300 | L6 | ミディアム・ラグジュリー・セダン | US$37,500 | |
| 1994年11月 | LS400モデルチェンジ | V8 | プレスティジ・セダン | US$49,400 | |
| 1994年 | | | | | 米市場における高級輸入車の中で販売台数1位 |
| 1996年1月 | LX450 | V8 | ラグジュリー・ユーティリティ | US$48,450 | |
| 1996年9月 | ES300モデルチェンジ | V6 | ニア・ラグジュリー | US$32,400 | |
| 1997年10月 | GS400 | V8 | ミディアム・ラグジュリー・セダン | US$45,700 | |
| 1998年1月 | LX470 | V8 | ラグジュリー・ユーティリティ | US$54,950 | |
| 1998年1月 | RX300 | V6 | ラグジュリー・ユーティリティ | US$32,950 | |
| 2000年1月 | IS300 | L6 | ニア・ラグジュリー | US$30,500 | |
| 2000年10月 | LS430 | V8 | プレスティジ・セダン | US$54,000 | |
| 2000年 | | | | | 米市場における高級車の中で販売台数1位 |
| 2001年3月 | SC430 | V8 | ラグジュリー・クーペ | US$58,455 | |

出典：トヨタ自動車

級車市場に合うかに依存していた。たとえば，1994年11月のLS400のモデル・チェンジと1996年1月のLX450新規投入の間，レクサスには大きなモデル・チェンジがされなかった。20ヵ月もの間，ディーラーには，売るべき新しいレクサス・モデルがなかった。また，レクサスの最初のユーティリティ・ビークルの投入は，機会に左右され変わりやすい様を明らかにした。アキュラが1995年11月にSLXを売り始めるまで，高級車セグメントのなかでは，ランド・ローバー社のレンジローバーがただ1つのユーティリティ・ビ

図表7-7　レクサスの売上げ構成（販売数量）

| | 1989 | 1990 | 1991 | 1992 | 1993 | 1994 | 1995 | 1996 | 1997 | 1998 | 1999 | 2000 |
|---|---|---|---|---|---|---|---|---|---|---|---|---|
| ニア・ラグジュリー | | | | | | | | | | | | |
| Lexus ES250/300 | 29.0% | 32.6% | 31.6% | 42.7% | 37.7% | 44.7% | 52.3% | 54.9% | 59.9% | 31.1% | 24.7% | 20.1% |
| Lexus IS300 | | | | | | | | | | | | 7.5% |
| ラグジュリー・クーペ | | | | | | | | | | | | |
| Lexus SC300 | | | | 3.4% | 8.6% | 6.8% | 5.2% | 4.2% | 2.9% | 3.1% | 1.1% | 0.9% | 0.2% |
| Lexus SC400 | | | 13.2% | 13.7% | 10.2% | 8.5% | 5.5% | 3.1% | 2.1% | 0.8% | 0.4% | 0.1% |
| ミディアム・ラグジュリー・セダン* | | | | | | | | | | | | |
| Lexus GS300 | | | | | | 20.2% | 15.9% | 8.1% | 2.5% | 3.9% | 13.2% | 13.4% | 10.6% |
| Lexus GS400 | | | | | | | | | | 4.0% | 6.4% | 3.7% | 3.0% |
| プレスティジ・ラグジュリー・セダン* | | | | | | | | | | | | |
| Lexus LS400 | 71.0% | 67.4% | 51.9% | 35.1% | 25.1% | 25.7% | 29.8% | 27.3% | 20.1% | 13.3% | 8.8% | 7.7% |
| ラグジュリー・ユーティリティ | | | | | | | | | | | | |
| Lexus LX450/470 | | | | | | | | 9.2% | 7.0% | 7.0% | 8.5% | 7.2% |
| Lexus RX300 | | | | | | | | | | 27.0% | 39.5% | 43.6% |
| モデル数 | 2 | 2 | 4 | 4 | 5 | 5 | 5 | 6 | 7 | 8 | 8 | 9 |

*輸入車のみ
出典：トヨタ自動車

図表7-8　米国高級車市場の販売構成（販売数量）

| | 1989 | 1990 | 1991 | 1992 | 1993 | 1994 | 1995 | 1996 | 1997 | 1998 | 1999 | 2000 |
|---|---|---|---|---|---|---|---|---|---|---|---|---|
| ニア・ラグジュリー | | | | | | | | | | | | |
| Total units sold | 17.4% | 15.3% | 17.9% | 21.3% | 20.8% | 22.0% | 26.6% | 28.0% | 29.8% | 26.7% | 26.8% | 28.4% |
| No of models | 20 | 21 | 21 | 19 | 18 | 18 | 17 | 17 | 17 | 19 | 20 | 20 |
| ラグジュリー・クーペ | | | | | | | | | | | | |
| Total units sold | 21.7% | 19.2% | 17.6% | 18.3% | 18.1% | 17.0% | 15.8% | 16.6% | 16.2% | 14.6% | 13.2% | 12.8% |
| No of models | 27 | 32 | 31 | 32 | 31 | 30 | 27 | 27 | 33 | 29 | 29 | 30 |
| ミディアム・ラグジュリー・セダン* | | | | | | | | | | | | |
| Total units sold | 11.0% | 10.0% | 10.9% | 11.9% | 12.9% | 11.3% | 9.2% | 9.0% | 9.1% | 11.0% | 13.4% | 12.9% |
| No of models | 5 | 6 | 8 | 9 | 11 | 11 | 11 | 12 | 11 | 11 | 12 | 13 |
| トラディショナル・ドメスティック・ラグジュリー | | | | | | | | | | | | |
| Total units sold | 41.9% | 42.7% | 42.6% | 36.4% | 37.4% | 39.3% | 35.9% | 32.9% | 28.8% | 25.8% | 23.1% | 21.2% |
| No of Models | 6 | 6 | 6 | 6 | 7 | 7 | 7 | 7 | 7 | 7 | 6 | 6 |
| プレスティジ・ラグジュリー・セダン* | | | | | | | | | | | | |
| Total units sold | 7.6% | 12.4% | 10.7% | 11.7% | 10.3% | 9.4% | 10.7% | 10.3% | 8.8% | 8.5% | 7.6% | 6.6% |
| No of Models | 10 | 10 | 10 | 10 | 11 | 12 | 12 | 12 | 13 | 12 | 11 | 11 |
| ラグジュリー・ユーティリティ | | | | | | | | | | | | |
| 構成比（販売台数） | 0.4% | 0.4% | 0.3% | 0.4% | 0.5% | 0.9% | 1.8% | 3.3% | 7.3% | 13.3% | 15.9% | 18.1% |
| モデル数 | 1 | 1 | 1 | 1 | 1 | 2 | 3 | 5 | 7 | 10 | 12 | 14 |

*輸入車のみ
出典：トヨタ自動車

―クルだった。この市場の空白は，多くの高級車の顧客がSUVを求めて大量生産車のブランドに移ることを許してしまった。アメリカのこのSUVブームに応じて，レクサスは1996年1月にLX450を導入した。LX450は，トヨタのランドクルーザーを土台にしており，高級車仕様を満たすために内装が修正されたが，他の点では，ランドクルーザーとほとんど変わらなかった。

レクサスの新規モデルの投入に関わったマネジャーのうちの一人は，過去の経緯を振りかえり，レクサスの製品ライン，特に資源配分と販売政策における意図的かつ徹底した管理が不足していたことを指摘した。

> 「レクサスに新モデルを投入する可能性について議論するとよく，製品開発担当者からの抵抗にあった。彼らはレクサス用の経営資源が十分にないというのだった。また，レクサスのフラッグシップ・モデルであるLSシリーズの管理に関して懸念があった。本来，LSの開発には，一貫して十分な人的資源を配置すべきだった。さらに，LSの評判，名声を維持するためには，あるモデルのライフサイクルの終わりであってもLSの売上高を維持するような施策を打つ必要があった。」

異なる現実に直面している行為者の局地的な行動に依存する創発的戦略の形成過程は，必然的に失敗を伴う。実際，レクサスは時々，綻びを見せた。たとえば，レクサスの新しいモデルは，必ずしも始めからうまく設計されるとは限らなかった。GS300（1993年1月に導入された最初のミッド・ラグジュリー車）のように，新しいモデルのうちのいくつかは機能のミスマッチを経験した。初代のGS300はアメリカでのレクサスの仕様を念頭に置きつつ，ヨーロッパ市場向けスポーツ・セダンとして開発されたが，あまり売れなかった。顧客調査では，競合車と比較した場合のエンジン性能の悪さがその不人気の主な理由であることが明らかになった。別の例としては，2000年に導入されたIS300がある。その価格は，わずかに30,000USドルを上回り，当時の最も安いレクサスであるES300をわずかに下回っていた。レーシング・カーのようなアクセルペダルを持ち，IS300は，運転好きの若い顧客を引きつけるためにスポーツ特性を強調したが，そのメッセージは，このセグ

メントに浸透できなかった。

　レクサスは，製品ライン戦略で時折失敗したにもかかわらず，生き残ることができた。なぜ失敗は致命的にならなかったのであろうか。われわれは，次の2つの要因が寄与したと考えている。(1) 最初の意図的戦略の下で保持された，共有されたパースペクティブが，どんな変化にも十分に耐えうるほどに強かった。(2) 失敗から学習しかつ継続的に改善する能力が，レクサス内に深く根付いていた。

　意図的戦略の下で保持された共有パースペクティブには，優れた販売活動，優れたサービス活動，優れた製品品質に関するパースペクティブが含まれていた。保持されたパースペクティブは，オペレーションに一貫性と信頼性を与え，実験のうちのいくつかが失敗した時でさえ，顧客を維持することができた。われわれは，そのような保持されたパースペクティブの2つの例を次に紹介する。

　意図的戦略の形成過程の下で共有され，創発的戦略の形成過程でも使用されるよう保持されたパースペクティブうちの1つは，優れたサービスを中心にしていた。1990年代中頃の最も困難な時でさえ，レクサス事業部のマネジャーたちはサービス活動に投資し続けた。サービス活動へ惜しみない投資を促進するパースペクティブは組織全体に浸透していた。投資利益率によってサービス活動を管理するのではなく，TMSのマネジャーは，サービスと現場の活動に投資し続ける重要性を認識していた。サービスを担当するマネジャーのうちの一人は，レクサス事業部内の共有されたパースペクティブに関して以下のようにコメントした。

> 「われわれは，サービスおよび顧客満足に関して，長期的なパースペクティブによって考えるべきだ。その活動はROIに表れないので，サービスへの投資の価値を評価することは困難である。しかし，優れたサービスがレクサスのブランド・エクイティおよび事業の成功に寄与していたことは明らかだ。だから，レクサスのサービス部門は行動の指針としてレクサス誓約に立ち返った。レクサス誓約には，われわれが何よりも最初に顧客に照準を合わせるべきであると書いてある。顧客を満足させるためには，驚きの要素と細やかな

カスタマー・サポートが必要だ。それには特別の文化と精神が要求される。レクサス誓約はそれを求めている。」

　意図的戦略の形成過程で共有され，創発的戦略の形成過程の全てにわたって生き続けた，別のパースペクティブは，車の品質に関係があった。TMCと同様に TMS のマネジャーも，自動車の質を維持する重要性を一貫して強調した。レクサスの販売，部品およびサービスを担当するマネジャーは，車の品質の重要性に関して以下のようにコメントした。

　「すべては『優れた車』に始まる。それなしでは，他の全ての努力は意味を持たない。われわれは，車の品質の重要性を十分に強調することができない。品質は当たり前で，違いを生まないと考えるのは間違っている。圧倒的な品質がレクサスを支えている。最初の LS400 は，チーフ・エンジニア鈴木一朗氏のおかげで，徹底的に卓越した自動車だった。TMS およびディーラーのサービス担当者は LS400 の品質に見合うよう熱心に働いた。自動車へのプライドが，サービス品質と従業員の情熱を導いた。この情熱と誇りの結果として，顧客に適切なことを行なうコミットメントが生まれるのだと信じている。」

　実験の時々の失敗が長く続かず，短期間により良質な製品に結実するように，レクサスは一貫して失敗から学習した。レクサスは，それらを可能にするフィードバック・ループをうまく築いていた。前に言及したランドクルーザーをベースにした SUV の LX450 の失敗が，その事例である。LX470 が 2 年後，1998 年に導入された時，LX450 はまだランドクルーザーと同じプラットフォームを共有していたが，明確にランドクルーザーとは差別化していた。LX450 は，サスペンションの調節，車高調節をはじめとして，LX470 に特有の特別な機能をもっていた。創発的戦略の形成過程が中心となってはいたが，この再調整能力は，レクサスが非常に効果的だった理由の 1 つであった。こうして生まれた新しい解決方法は，別のパースペクティブから新しい挑戦を受け，それが新しい実験に結びつく。このようにして弁証法的過程は続くの

である．

### 2.2.3 レクサスにおける対話

　第2段階の製品ライン戦略では，創発的戦略の形成過程の下で，コミュニケーションが異なるパースペクティブ間の相互作用，すなわち多義性によって推進された．対照的に，第1段階のコミュニケーションは，一義性により推進された．このセクションでは，2つの当事者間，すなわち(1) TMC本社と TMS 間，(2) TMS レクサス事業部とレクサス・ディーラー間の対話，すなわち，多義のコミュニケーションに注目する．TMC 本社と TMS の間の対話によって，どのように，また，なぜ異なるパースペクティブが互いに育ち合い対話し，結果としてレクサスの製品ラインを出現させたかが明らかになる．TMS とレクサス・ディーラー間の対話については，多義性に適した文脈をレクサスがどのようにして与えたか説明する．

　TMC 本社と TMS の間には，パースペクティブに著しい差異があったが，それは明確に表現された製品ライン管理政策の不足により醸成されたものだった．たとえば，レクサスの生産を担当する TMC マネジャーは，彼がレクサスの生産品質を改善しようとした際に，レクサスがどうあるべきかに関して具体的な記述を見つけることができなかったと指摘した．一方，TMS レクサス事業部のマネジャーはガイドラインのためにレクサス誓約を参照したが，そのうちの何人かは「レクサスとは何か？」という質問に対する明瞭な答えが与えられていないと感じていると話した．また別のマネジャーは，明確に表現された定義がないことにより，個々のマネジャーやアソシエイトが個人的にレクサスの製品概念を探すように，自然に仕向けられているのだと指摘した．

　TMS レクサス事業部の組織のアイデンティティは「高級車販売事業者」であるが，一方，レクサスに関する TMC のパースペクティブは，「効率的な大量生産者」としての組織のアイデンティティをもとに醸成されていた．効率的な大量生産者の論理のもとでは，TMC は，レクサスはトヨタとできるだけ多くの部品を共有するべきというパースペクティブをもっていた．実際，1990年代中頃からのレクサスの開発政策は，できるだけトヨタ・モデル

と，部品，プラットフォーム，機能を共有することに傾いていた。その結果，レクサスに特有な機能は減っていき，自動的位置調節付ハンドルなどに限られるようになった。TMCの効率的な大量生産者としての論理は，TMSがレクサスのイメージにそぐわないと考えるようなモデルを採用し売ることを時々要求した。一方，TMSの高級車販売事業者の論理は，たとえ原価を増加させたとしても，アメリカの高級車セグメントに訴求する品質と機能を厳密に追求することを要求した。

　TMCの効率的な大量生産者としてのパースペクティブはバリュー・チェーン全体にわたり，開発費用管理，工場の工程管理および在庫管理を重視するものであった。これらの成功要因は，対話を通じて，販売とマーケティング責任者のような，物流管理や生産管理に直接責任を負わないようなマネジャーの間でも共有され，組織の全体に浸透していた。同時に，これらのマネジャーは自分のパースペクティブを保持していたので，彼らは多義性を内面化していた。サプライチェーン・マネジメントや工場の効率性に関するパースペクティブを共有していることによって，販売やマーケティング担当のマネジャーは，市場の要求と一致するかどうかよくわからないモデルをTMCが提案しても，これを受け入れることがあった。その結果，TMSの販売およびマーケティング・マネジャーの中に，売れるかわからないがやってみようという実験に対する受容的姿勢を生み出し，これが時々，予期しない成功に結びついた。

　異なるパースペクティブ間のこの対話的相互作用により，レクサス独自の「高級車」概念が創発した。この概念は，概念の核を保持しつつも，概念の次元を変えたり拡張したりしながら，螺旋状に発展した。ちょうどレクサスが市場の新たな成長機会を探しており，また，「アメリカの高級車市場の大衆化」が起こりつつあるなかで市場が急速に変化している時に，この創発的な過程が起こったことは幸運だった。この時には，拡大するアメリカの高級車セグメントは，顧客ニーズが細分化し始めようとしていた環境に直面しており，市場の不確実性が増加しつつあった。

　以下のセクションでは，TMSレクサス事業部とレクサス・ディーラー間の対話に焦点を移し，レクサス事業部がどのようにして対話にとって望まし

い的な文脈を提供したかを説明する。レクサスは，顧客，ディーラー，TMSエリア・オフィス，TMS，TMC本社および広告代理店によって形成された多層のコミュニケーション・ネットワークを形成し，それは対話のための「場」（野中，2002）を提供した。ほとんどの自動車メーカーが慣習としてに開催する公式のディーラー会に加えて，レクサスは，対話のための非公式な「場」を設けた。例として，2つのコミュニケーションの場を，以下に紹介する。

第1の場は「ファイヤーサイド・チャット・ミーティング」である。この会の目的は，すべてのレクサス・ディーラーの経営者と，何についてでも，直接に会って議論することだった。毎年，TMSのレクサス事業部長およびTMSの執行役員は，米国の12の地域を訪れ，各エリアの10から20のディーラーのCEOや役員に会った。12に地域を分割し，一回の会議の出席者の数を少なくするのは十分に親密なコミュニケーションを図れるようにするためであった。これらの会合でレクサス事業部は，製品価格，マーケティングおよびサービスに関する方針について説明した。しかしこの会合では，レクサス事業部の方針に関する単純なコミュニケーションよりもむしろ，ディーラーの見解や質問を聞くことを目的としていた。ディーラーとレクサス事業部のマネジャーは，同じテーブルに座わり，何でも話し合った。レクサス事業部の役員は，ディーラーが彼らのパースペクティブを発言することを促すために，「われわれは聞くためにここにいる（We are here to listen.）」という姿勢を，第1回の会議からずっと維持していた。

別のユニークなコミュニケーションの場は，「ナショナル・ディーラー・アドバイサリー・カウンシル」であり，一年に二度開催された。これは，ディーラー協会の地域代表9人とレクサス・エリア・オフィスの代表4人が参加する3日間の会議であった。会合の目的は，地域の意見を集めて，TMSに要求することだった。すべてのコメントは，どんな小さなことでも記録され，レクサス事業部の対応も一緒に記載された小冊子が発行され，全ディーラーへ配られた。ナショナル・ディーラー・アドバイサリー・カウンシルにより集められた意見は，ディーラーの大多数の意見を反映していた。ファイヤーサイド・チャット・ミーティングで得られる意見やコメントは，簡単に

見逃されやすいような詳細なポイントまでカバーできた。レクサス事業部は，この２つのタイプの会合を，互いに補完しあう関係にあると考えていた。

　ファイヤーサイド・チャット・ミーティングやナショナル・ディーラー・アドバイザリー・カウンシルに加えて，レクサス事業部では，ナショナル・ディーラー・ミーティングやディーラー広告協会会議のような，さまざまな規模，目的のディーラーの会合を開いていた。これらの公式の会合に加え，レクサス・エリア・オフィスの地区担当者は，ディーラーのマネジャーや最前線のアソシエイトと文字通り毎日連絡を取っていた。レクサス事業部は，全米に４つのエリア・オフィスを持ち，各エリア・オフィスが45のディーラーを担当し，各フィールド・マネジャーがそれぞれ５～10のディーラーを担当していた。各フィールド・マネジャーは，販売，サービス，ファイナンスを担当するディーラー・マネジャーやスタッフ・メンバーと毎日コミュニケーションするために，電話をするだけでなくディーラーを訪問した。この過程を通じて得られた情報は，毎月のエリア・マネジャー・ミーティングで報告され，レクサス事業部に報告された。エリア・オフィスだけでなく，レクサス事業部のマネジャーも長も定期的にディーラーを訪れた。たとえば，レクサス・サービス部門のディーラー・オペレーション・マネジャーは，サービス・プロセスに関する提案やベスト・プラクティスを聞くために月に一度はディーラーを訪れた。他の自動車会社では，ディーラーの訪問は，エリア・オフィスのスタッフの仕事，というのが普通であった。

　レクサス・ディーラーと TMS レクサス事業部の間のコミュニケーション連鎖は，一義性ではなく多義性によって推進された。レクサス事業部は，ディーラーに一方通行に情報を伝えるのでなく，彼らから異なるパースペクティブを得るために，進んで対話した。たとえば，1994年から1996年まで，レクサスの販売が芳しくない事態に直面した時，TMS は購入あるいはリース時に現金インセンティブを供与した。それまでは，ブランド・イメージを傷つけ，車の再販売価格を下げるため，レクサス事業部は現金インセンティブを回避していた。ファイヤーサイド・チャット・ミーティングでは，ディーラーが，現金インセンティブはレクサスにふさわしくないと主張して反対し，「基本に返る」ようにレクサス事業部を説得した。

多義性が失われなかったのは，ディーラーが自らのパースペクティブを維持し，より魅力的な自動車を要求し続け，どのようにレクサス・ビジネス事業が進められなければならないかということに関する彼らの見解を発言し続けたからであった。レクサス・ディーラーが自らの声（パースペクティブ）を維持した1つの理由は，TMSがレクサス・ディーラーを自ら所有していなかったからだ。この組織構造が，ディーラーにレクサス事業部とは異なる現実に直視させ独自のパースペクティブを維持させたのである。さらに，この構造により，ディーラーがそれぞれ独立性を維持し，不満足な領域を指摘することを躊躇しなかった。もう1つの理由は，「われわれは聞くためにここにいる」というファイヤーサイド・チャット・ミーティングの哲学に代表される，異なるパースペクティブを聞き，受け入れるレクサス事業部の姿勢であろう。

　第2段階における創発的戦略の形成過程は，偶然や目の前の機会にしばしば大きく影響されたものであった。周到に準備・計画されたものでも，順序を考え抜かれたものでもいなかった。しかし，最終的な結果は，それは非常に建設的だった。2000年に，レクサスが初めてメルセデスを抜き，米国高級車セグメントの市場占有率で第1位になった。図表7-9は，レクサスの販売

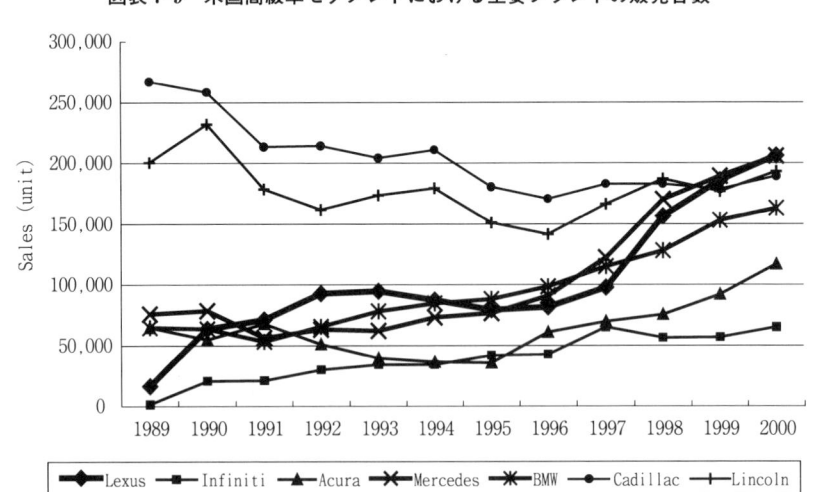

**図表7-9　米国高級車セグメントにおける主要ブランドの販売台数**

出典：トヨタ自動車

図表 7-10　米国高級車セグメントにおける主要ブランドの市場シェア1989-2000年

| (%) | 1989 | 1990 | 1991 | 1992 | 1993 | 1994 | 1995 | 1996 | 1997 | 1998 | 1999 | 2000 |
|---|---|---|---|---|---|---|---|---|---|---|---|---|
| Lexus | 1.5 | 5.6 | 7.0 | 9.3 | 9.2 | 7.7 | 7.5 | 7.7 | 7.9 | 11.2 | 11.9 | 12.25 |
| Infiniti | 0.2 | 1.8 | 2.1 | 3.0 | 3.3 | 3.0 | 3.9 | 4.0 | 5.3 | 4.0 | 3.6 | 3.88 |
| Acura | 5.8 | 4.8 | 6.7 | 5.1 | 3.8 | 3.2 | 3.4 | 5.8 | 5.7 | 5.4 | 5.9 | 6.94 |
| M-Benz | 6.8 | 6.9 | 5.5 | 6.3 | 6.0 | 6.4 | 7.3 | 8.6 | 9.9 | 12.2 | 12.1 | 12.22 |
| BMW | 5.8 | 5.6 | 5.2 | 6.6 | 7.6 | 7.4 | 8.3 | 9.3 | 9.3 | 9.2 | 9.8 | 9.67 |
| Cadillac | 24.0 | 22.7 | 21.0 | 21.4 | 19.8 | 18.5 | 17.1 | 16.1 | 14.8 | 13.1 | 11.4 | 11.24 |
| Lincoln | 18.0 | 20.3 | 17.6 | 16.2 | 16.8 | 15.7 | 14.2 | 13.4 | 13.5 | 13.4 | 11.3 | 11.47 |

出典：トヨタ自動車

図表 7-11　レクサスの顧客満足度ランキング1990-2000年

| | 1990 | 1991 | 1992 | 1993 | 1994 | 1995 | 1996 | 1997 | 1998 | 1999 | 2000 |
|---|---|---|---|---|---|---|---|---|---|---|---|
| IQS2 | 1 | 1 | 2 | 1 | 1 | 2 | 1 | 2 | 1 | 6 | 2 |
| CSI2 | | 1 | 1 | 1 | 1 | 1 | 2 | 1 | 1 | 1 | 1 |
| SSI2 | 4 | 1 | 1 | 3 | 1 | 3 | 1 | 4 | 3 | 6 | 2 |

IQS（Initial Quality Study）＝購入後3ヵ月目における車の品質の満足度
CSI（Customer Satisfaction with Product Quality & Dealer Service）＝購入後3年間のディーラー・サービスの満足度
SSI（Sales Satisfaction Index）＝新車購入時あるいはリース時における購買経験の満足度
出典：JDパワー・アンド・アソシエイツ

台数がメルセデスを越えたことを示している。図表7-10は市場占有率を表している。さらに，レクサスは，しばしばJ. D. Powerの購買経験とサービス経験での顧客満足ランキングのトップになった（購入経験およびサービス経験における顧客満足に関して，図表7-11のSSIおよびIQSをそれぞれ参照）。レクサス車の品質もまた，常に業界のトップを維持した。新車の初期品質では，レクサスが，ほとんど常に第1位または第2位の位置を維持した（車の初期品質に関しては，図表7-11でIQSを参照）。購入から3年後のサービス満足度では，レクサスが，10年のうち9年，第1位を維持した（図表7-11でCSIを参照）。

### 2.3　第3段階：より高度なレベルの意図的戦略の形成過程へのレクサスの移動

レクサスは2001年以後，中央集権的に戦略形成する組織を設置し，創発的

**図表 7-12　トヨタ自動車の開発組織**

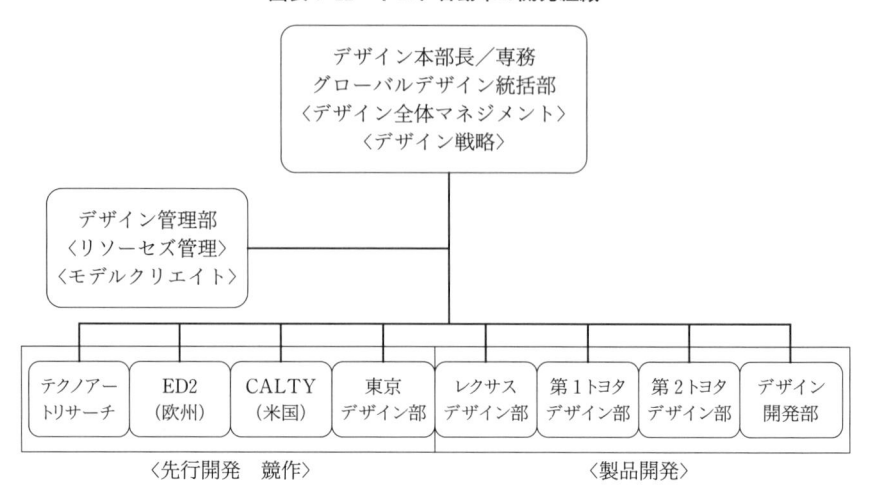

```
            デザイン本部長／専務
            グローバルデザイン統括部
           〈デザイン全体マネジメント〉
              〈デザイン戦略〉
                    │
    ┌───────────────┤
デザイン管理部      │
〈リソーセズ管理〉   │
〈モデルクリエイト〉  │
    └───────────────┤
┌─────┬─────┬─────┬─────┬─────┬─────┬─────┬─────┐
テクノアー  ED2   CALTY  東京   レクサス 第1トヨタ 第2トヨタ デザイン
トリサーチ (欧州) (米国) デザイン部 デザイン部 デザイン部 デザイン部 開発部
└──────〈先行開発　競作〉──────┘└─────〈製品開発〉─────┘
```

＊〈　〉内は当該組織が担当する機能を示す

**図表 7-13　レクサスの戦略形成過程における弁証法的なパターン**

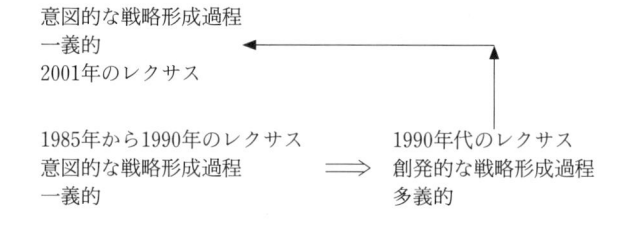

```
意図的な戦略形成過程
一義的
2001年のレクサス           ←─────────┐
                                    │
   1985年から1990年のレクサス    1990年代のレクサス
   意図的な戦略形成過程   ⇒    創発的な戦略形成過程
   一義的                       多義的
```

戦略から意図的戦略へ移り始めた。レクサスの中核価値および中核概念を再定義するための「ブランド・チーム」が，2002年に TMS に発足し，また，レクサスの製品ライン戦略を担当する「レクサス・プラニング部門」が，2002年に TMC 本社で設立された。TMC は，さらに2003年，レクサスの製品開発をトヨタ車の製品開発から分離し，1つの組織に集約した（図表7-12を参照）。この際，レクサス・ラインのブランド・コンセプトをトヨタ・ラインから明確に差別化し，レクサスのブランド・コンセプトは大胆な先進性を極めたエレガンスのある美しさ，「エル・フィネス」，トヨタは活気に満ち

ていながらシンプルで，テーマやコンセプトを明快に表現する「バイブラント・クラリティ／VIBRANT CLARITY」と定義した。これらの組織的な体制によって，戦略形成の集約が可能になり，局地的（ローカルな）行動の評価，選択，保持がより容易により速くできるようになるであろう。

　意図的戦略の形成過程は，創発的戦略の形成過程の下で獲得された過去の経験や学習を下敷にするので，新しくより豊かな意味をもつだろう。したがって，この意図的戦略の形成過程は，1980年代終わりの意図的戦略の形成過程，および1990年代における創発的戦略の形成過程の，どれよりも高いレベルにある（戦略形成過程に横断的な対話的過程については図表7-13を参照）。

　2つの戦略形成過程間の推移はどのように起こったのだろうか。トヨタのフィードバック・ループが，戦略形成過程と環境とが適合していないことを認識したのだと説明することができる。競争がより同質化するにつれて，レクサスの競争環境は変化した。ドイツの高級車メーカーは，価格と価値の方程式を改善し，製品ラインを拡張し，製品ライフサイクルを短くし，さらに現地生産を始めるなど，アメリカでの戦略を変更した。1990年には，大きなモデル・チェンジの間隔は，それぞれレクサスが5年，メルセデスが10年だった。しかし，1998年には，この間隔がレクサス5.5年，メルセデス8年になり，さらに2001年には，この間隔は，レクサス6年，メルセデス7年になった。

　価格と価値の方程式の差異も縮まってきた。レクサスの価格インデックスが100である場合，1998年のメルセデスの価格は116だった。2001年には，それが106に達した。創発的戦略の下では，レクサスは間違いもし，過剰や重複もあった。競合との差が縮まったなかでは，創発的戦略の欠点はより問題となる。

### 3．事例の考察 1
—— レクサス事業の発展と対話を通じた戦略形成 ——

　事例は，異なる社会的コミュニケーション，すなわち一義性および多義性によって導かれる3つの段階に渡るレクサスの経験を描出した。第1の段階

は一義性によって導かれた。10か条の憲法やレクサス誓約が，社会的コミュニケーションの中心にあった。一義性で導かれた参入戦略により，トヨタ内ではレクサスに関する共通のパースペクティブが共有され，かつうまく活動が組み立てられた。第2段階は，特に製品ライン戦略が多義性によって導かれた。レクサスの製品ライン戦略は，事前分析からではなく，異なる手法およびパースペクティブの対話的相互作用から解決が導かれる，創発的戦略の形成過程の結果発展した。いずれかの組織が，レクサスの全体的な製品ライン戦略を最終的に担当していたわけではなかった。この意味で，認識と意思決定は分散していた。製品戦略における多様なパースペクティブの間の対話は，変化するアメリカの高級車市場環境にレクサスが独自の方法で対応するのに役立った。図表7-7と図表7-8が示すように，レクサスの製品ライン構成は，極度にラグジュリー・ユーティリィティ・セグメントに依存するようになった。新しい製品カテゴリーと新しい価格価値方程式を投入することによる実験を通じて，レクサスは，「高級車」の概念に新しい意味を見つけようとし，1990年代に急速に成長した米国の高収入セグメントにおける「高級車」市場の境界を探った。たった今スタートしたばかりの第3の段階は，一義性によって導かれているように思われる（図表7-13を参照）。

　この事例は，多義性を備えた対話のプロセスがどのように機能するかも明らかにしている。われわれは，第2段階での対話的な過程に寄与した4つの要因を特定することができる。第1に，TMCとTMSが独立に機能することによって，また，ディーラーに彼らの独立した見解を発言することを促したことにより，レクサスは<u>パースペクティブの多様性</u>を維持した。多様なパースペクティブは，ローカルな行動者が各々のパースペクティブを表現し続けるように促し，従って対話を促進することになった。

　第2に，レクサスは聞く姿勢を育み，聞く能力を構築した。ある人が別のパースペクティブを受け入れる姿勢がある場合に限って，対話は，人の思考世界を拡張することができる。したがって，聞くことは重要である。レクサスは，異なる文脈において活動し多様なパースペクティブをもつディーラーと，「<u>多層で充実したコミュニケーション・ネットワーク</u>」をもっていた。これらのコミュニケーション・ネットワークを通じて，レクサスは，ファイ

ヤーサイド・チャット・ミーティングの哲学である「われわれは聞くためにここにいる」という姿勢を育み，ディーラーに意見を表明することを促した。また，レクサスは，ディーラーと親しさと信頼に基づいた安定した関係を深めた。その「顧客第1，ディーラー第2，最後に工場」という哲学，そしてレクサスの一貫したディーラーへの方針が，この関係の構築に寄与した。

第3に，レクサスは，いくつかの新しいモデルの投入の失敗を見ても分るとおり，多くの実験を行なった。実験することにより，対話が，新しい意味の発見や革新に結びつき，異なるパースペクティブが現れるきっかけとなった。さらに，レクサスは，過去の失敗と実験をフォローすることにより，事後学習を追求した。事後学習によって，対話的なプロセスは発展し続けることができた。

第4に最後として，レクサスは，実験に必然的に伴う失敗のためのセーフティネットをもっていた。一貫していて効率的な組織のオペレーション能力，たとえば，優れた購買経験やサービス経験の提供，物流管理，信頼性の高い自動車の生産などが，時折起こる失敗にもかかわらずレクサスが成功するのに役立った。

## 4．事例の考察 2
―― 対話とトヨタ ――

われわれは，トヨタは対話の達人であると確信している。また，レクサス内の豊かな対話に寄与したのと同じ4つの要因が，トヨタにも見られる。

最初に，トヨタの組織構造は，多様性や個々の思考世界の構築に寄与しているように思われる。Bowen＝Spear (1999) が指摘するように，一般的に考えられる以上に，トヨタの組織はより機能別に分化している。また，同社は，30年以上の間，その販売機能と製造機能を2つの異なる会社に分割していた。しかし同時に，機能を越える広範な非公式のネットワークが発達している。トヨタはクロスファンクショナルな会議や委員会を頻繁に利用している。ある仕事に全責任をもつ組織を持たないことは，一方で合意に基づいた意思決定や不明確な責任の所在に結びつく可能性もあるが，また一方で組織

が過度の一義性を回避するのを助けにもなる。

　第2に，トヨタは，聞く姿勢を育て，聞く能力を築くという強い文化をもっている。インタビューを通じて，われわれは，社員が次のような言い回しを共有していることに気づいた。「他の人の意見を聞く」「個人を尊重する」「顧客第1，ディーラー第2，最後に工場」そして，「現地・現物」。これらすべての言い回しは，新しく異なる事実や意見に対する，尊敬や感度を重視するよう促している。トヨタの人びとはこれらの言い回しを口にするだけでなく，実行するのである。

　第3に，トヨタは実験および事後学習を好む。トヨタの実験文化は，「PDCA／plan do check action」，「失敗から学習する」，「失敗の見える化」といった言い回しで表現される。これらの言い回しはトヨタの製造工程の中核的なルーティンであるが，今や全社的に共有されている。たとえば，トヨタは，2003年6月にアメリカでジェネレーションYをターゲット顧客に据えた「Scion」ブランドを発売し始めた。TMSの人びとはこの挑戦を，若者セグメントに接近する方法を学習する「実験場」と表現している。トヨタの一連の実験の背後には，継続的改善への強い欲求が存在する。

　第4に，トヨタは，実験に必然的に伴う失敗に対するセーフティネットをもっている。アジア，ヨーロッパ，アメリカでトヨタの各事業担当者をインタビューしてわれわれは，自動車の信頼性の高さ，効率的な物流管理，強いディーラー網がトヨタ経営に共通する強さであることを確認した。社内で共有された組織能力は，実験に安定した基礎を与える。

## 5．事例の考察 3
――弁証法的組織としてのトヨタ――

　トヨタは，この本の第1章および第4章の中で言及された，弁証法的過程の達人でもあるとわれわれは確信している。トヨタは，反対のように見えることを包含することがうまく，またトヨタの人びとは矛盾を歓迎する。矛盾に直面した時，トヨタの人びとは「どちらか一方（either or）」という態度はとらない。自分のパースペクティブを放棄せずに，別の当事者のパースペ

クティブを受容するのである。ここに、トヨタがレクサスの事例でどのように「両方とも（both and）」追求したかについての3つの事例を紹介する。

第1の例は、鈴木一朗チーフ・エンジニアが最初のレクサスを開発する際に直面した矛盾についてである。鈴木は「卓越した高速コントロールと安定性」と「優れた乗り心地」の両方、「速く、そして滑らかな乗り心地」と「優れた燃費」の両方、「暖かい環境」と「機能的なキャビン」の両方、を同様に追求した（矛盾のリストに関しては、図表7-14を参照）。鈴木はこれらの矛盾に「YETの思想」でアプローチした。「yet（まだ……しない／にもかかわらず……しない）」という表現により、鈴木は、要求する条件に矛盾を含んでいたとしても、妥協を受けいれないと宣言した。さらに、鈴木は矛盾を解決するために「源流対策」を要求した。「源流対策」によって鈴木は、たとえトヨタがもったことがないような新しい能力を必要となるような場合でも、矛盾の根本原因に遡って解決するようにチーム・メンバーに命じた。矛盾に対するこれらの姿勢に導かれて、異なる分野を専門とするエンジニアが互いに意見を聞き、一緒に緊密に働くことにより、新しい解決策を見つけるようになった。2つの反対に見えるものを綜合することによって、レクサスLS400は、競合車に対してユニークな存在となったのである。たとえば、LS400は1989年当時、高いレベルでの高速走行が可能で、かつ、米国のガス・ガズラー税の課税対象にならないくらい十分に高い燃料効率をもっていた、唯一のラグジュリー・プレミアム車だった。

**図表7-14　LS400の開発時に鈴木一郎チーフ・エンジニアが作った二律背反のリスト**

速くてスムーズな走り―――――低燃費
優れた高速安定走行―――――快適な乗り心地
静粛性―――――車体の軽量化
優美なスタイル―――――優れた空力性能
機能を表面に出さない温かさ―――――機能的な室内

出典：トヨタ自動車

矛盾を受け入れる別の事例は、トヨタの工場で起こった。ほとんどのレク

サス・モデルはトヨタ・モデルと同じプラットフォームを共有していた。また，そのほとんどは同じ製造ラインで兄弟／姉妹モデルとして製造された。効率性にとって最良の製造ラインの順番と，欠陥の発生を最小にするための最良の製造ラインの順番は異なっていた。1つの解決方法は，レクサスとトヨタのモデルのためのラインを分離することだった。この「どちらか一方（either or）」アプローチは，回避によって矛盾を解決する。トヨタが選んだ別の解決方法は，同じラインでレクサスとトヨタのモデルを製造し続け，最良の品質を達成する順序にラインを組み，しかし同時に，効率に対するどんなトレードオフも克服するということだった。この「両方とも（both and）」アプローチは，矛盾を抱え込むことで解決しようとする。トヨタは，トヨタ・モデルを，レクサスの要求する欠陥レベルで，しかもトヨタの製造原価レベルで製造することができると確信していた。そうすることは，同時に，その欠陥率をほとんどゼロに維持したままレクサスの製造原価を減少させる可能性がある。トヨタのマネジャー達は，こういった決定をごく自然にやっていた。

　第3の例は，2003年に発表されたデザインフィロソフィーと，同時に再定義されたレクサスとトヨタのブランド概念に見ることができる。トヨタは自社の開発の歴史を振り返り，二律背反の解決が一貫した特長であり強みであったと再認識した。QDR（品質・耐久性・信頼性）を極めつつ，低コストを可能にする，ハイブリッドで環境に配慮しつつ，走りの楽しさを提供する，といった試みがその代表である。このデザインフィロソフィーに基づき，トヨタは，レクサスのブランド概念を「エル・フィネス」と定めたが，ここにも二律背反の解消が目指されている。エルにはリーディング・エッジのLとレクサスのLの2つの意味が込められている。フィネスは深みやエレガントさ，至高の技を意味している。「最先端の大胆さ」と「エレガンス」や「深み」は二律背反な概念だ。トヨタはこれらを，それぞれの特徴が薄れるだけの妥協によって実現するのでなはく，顧客の真のニーズを予見（アンティシペート）しながら解決を目指すことによって真の両立を目指すと宣言した（レクサスのブランド概念については図表7-15を参照）。

## 図表 7-15 レクサスのブランド概念「エル・フィネス」

予／Anticipation

| 先鋭・大胆 | | 深み・精妙な技の冴え |

大胆さと深みなど，相反する要素を両立する美しさを追求する。
"Anticipation"はその際のキーとなってレクサスの独自性を高める。

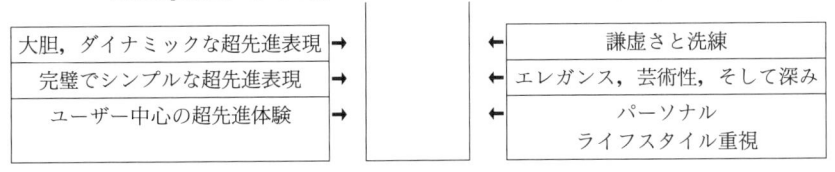

| 大胆, ダイナミックな超先進表現 | → | ← | 謙虚さと洗練 |
| 完璧でシンプルな超先進表現 | → | ← | エレガンス, 芸術性, そして深み |
| ユーザー中心の超先進体験 | → | ← | パーソナル ライフスタイル重視 |

出典：トヨタ自動車

## 6. 結 論

　創発的戦略の形成過程の下での多義性は，予期しない発見や創造性の殻を破る可能性をもっている。他方で，意図的戦略の形成過程で，一義性は，組織が発見したものの意味を理解し，体系化するのに役立ち，戦略概念を明確にし，必要な組織能力を構築する。組織が発展し続けるためには，一義性と多義性の間における弁証法的な過程を管理することが必要である。

　われわれは，多義性と一義性の間の相互依存が，多義性と一義性を弁証法的な方法で発展させることをレクサスの事例から発見した。弁証法的な過程が発展するのに貢献する要因として，他に次のものが観察されている。一層の改良のための高い欲求，人びとに異なる現実を経験させること，人びとにそれらのパースペクティブを表現する動機づけを与えること，実験に対する強い方向づけを行なっていること，異なるパースペクティブや異なる現実の受容力をもっていること，矛盾を歓迎すること，などである。

　最後に，意味に多層性があることに気がついたとき，対話は，われわれが知っていること以上の結果をもたらす。組織の過去の声や環境の声は，言葉や表現に埋め込まれており，暗黙知として残る。対話は，これらの意味の層を表面に浮き上がらせる。対話は，組織がより複雑な思考世界をもつことを可能にし，外部環境や組織内部に存在する現実のより豊かな意味を享受する

ことを可能にする。組織が自らは何を知らなかったのかということを知ったとき，対話はこの未知のものを表面に浮き上がらせるのである。

【謝辞】
　レクサスの事例研究は，トヨタ自動車株式会社海外マーケティング部と一橋大学大学院国際企業戦略研究科の共同研究の一環として行なわれた。著者は，この研究を可能にすることに時間および努力を提供してくれたレクサス・ディーラー，米国トヨタ自動車販売株式会社，およびトヨタ自動車株式会社のすべてに感謝する。さらに，著者は，清水紀彦教授および竹内弘高教授の洞察に富んだコメントにも感謝する。しかし，内容に対する全責任は著者本人にある。

---

【参考文献】

Bakhtin, M. M. (1981), "*The Dialogic Imagination: Four Essays by M. M. Bakhtin,*" M. Holquist ed., C. Emerson and M. Holquist trans., Austin, TX: University of Texas Press.

Bowen, H. K. and S. Spear (1999), "Decoding The DNA of The Toyota Production System," *Harvard Business Review*, September-October, pp. 97-106. (坂本義実訳「トヨタ生産方式の"遺伝子"を探る」『ダイヤモンド・ハーバード・ビジネス』February-March, 2000年).

Bower, J. L. (1986), *Managing the Resource Allocation Process*. Boston, Mass: Harvard Business School Press.

Burgelman, R. A. (2002), *Strategy Is Destiny*. New York: The Free Press.

Burgelman, R. A. and L. Sayles (1986), *Inside Corporate Innovation*. New York: The Free Press.

Chakravarthy, B. S. and Y. Doz (1992), "Strategy Process Research: Focusing on Corporate Self-Renewal," *Strategic Management Journal*, 13, Summer.

Cole, M. and Y. Engestrom (1993), "A Cultural-historical Approach to Distributed Cognition," in G. Salomon ed., *Distributed Cognitions: Psychological and Educational Considerations*. Cambridge: Cambridge University Press.

藤本隆宏（1997）『生産システムの進化論－トヨタ自動車にみる組織能力と創発プロセス－』有斐閣.

Ghemawat, P. (1991), *Commitment: The Dynamics of Strategy*. New York: Free Press.
Hutchins, E. (1995), *Cognition in the Wild*. Cambridge, Mass: MIT Press.
Lotman, Y. M. (1988), "Text within A Text," *Soviet Psychology*, 26 (3).
Mintzberg, H. and J. Waters (1985), "Of Strategies, Deliberate and Emergent," *Strategic Management Journal*, 6, pp. 257-272.
Mintzberg, H., B. Ahlstrand and J. Lampel (1998), *Strategy Safari*. New York: Free Press.（齋藤嘉則監訳『戦略サファリー戦略マネジメント・ガイドブック』東洋経済新報社，1999年）．
中嶋靖（1990）『レクサス／セルシオへの道程－最高を求めたクルマ人（びと）たちー』ダイヤモンド社．
Nonaka, I. (2002), "A Dynamic Theory of Organizational Knowledge Creation," in Chun Wei Choo and Nick Bontis eds., *The Strategic Management of Intellectual Capital and Organizational Knowledge*. New York: Oxford University Press.
野中郁次郎・竹内弘高（1996）『知識創造企業』東洋経済新報社．
大薗恵美（2002）「戦略的組織か学習する組織か」『一橋ビジネスレビュー』Summer，東洋経済新報社，88-103ページ．
Osono, E. (2004), "The Strategy-making Process as Dialogue," in H. Takeuchi and I. Nonaka eds., *Hitotsubashi on Knowledge Management*. Singapore; John Wiley and Sons (Asia), pp. 247-286.
Quinn, J. B. (1980), *Strategies for Change: Logical Incrementalism*. Homewood, Ill: Richard D. Irwin.
Salomon, G. (1993), "No Distribution without Individuals' Cognition: A Dynamic Interactional View," in G. Salomon ed., *Distributed Cognitions: Psychological and Educational Considerations*. Cambridge, Mass: Cambridge University Press.
Tsoukas, H. (1996), "The Firm as A Distributed Knowledge System: A Constructionist Approach," *Strategic Management Journal*, 17, Winter, pp. 11-25.
Weick, K. E. (1979), *The Social Psychology of Organizing*. 2nd ed., New York: Random House.
Weick, K. E. (1995), *Sensemaking in Organizations*. Thousand Oaks, CA: Sage.

Wertsch, J. V. (1985), *Vygotsky and The Social Formation of Mind.* Cambridge, Mass: Harvard University Press.

Wertsch, J. V. (1991), *Voices of the Mind: A Sociocultural Approach to Mediated Action.* Cambridge, Mass: Harvard University Press.

Wertsch, J. V. (1998), *Mind as Action.* New York: Oxford University Press.

Wertsch, J. V. (2000), "Intersubjectivity and Alterity in Human Communication," in N. Budwig, I. C. Uzgiris and J. V. Wertsch eds., *Communication: An Arena of Development.* I. E. Sigel ed., Advances in Applied Developmental Psychology Series, Vol. 19, Stanford, Connecticut: Ablex Publishing Corporation.

## 第8章
## まとめ：イノベーションが普通に行なわれる組織とは
—— Embedded Innovation Process ——

◆

大薗 恵美

### 1. 本章の目的

　本章の目的は2つある。1つは，野中がその概論を本書第1章において提示した知識創造理論を，改めて，イノベーション・マネジメントや技術経営（MOT）の文脈に展開することだ。この分野には，他にもさまざまな分野からアプローチがなされている。近年注目を集めた研究成果から具体例を紹介すれば，デザイン工学に基礎を置く製品アーキテクチャ論などの工学的なアプローチ，あるいは，破壊的イノベーションという現象の存在，その原因が社内の意思決定プロセスにあると指摘したクレイトン・クリステンセンに代表される経営管理論からのアプローチなどだ。しかし，われわれは，技術経営の中でも特にイノベーション・マネジメントについては，イノベーションの持つ不確実性ゆえに，知識創造理論からのアプローチが不可欠であると考える。ホンダの「シティ」，松下電器の自動パン焼き器「ホームベーカリー」，キヤノンの「ミニコピア」，日産の「プリメーラ」，キャタピラー三菱の超先進型油圧ショベル開発プロジェクト「REGAプロジェクト」，花王やシャープの事業部横断的プロジェクトチームの活用，これらは，野中・竹内が『知識創造企業』（1996）の中で，知識創造理論を説明するために紹介した事例だ。これらの例が示すように，野中が中心となって展開してきた知識

創造理論は，哲学や社会学における認識論や存在論に理論的基礎を置きながら，同時に，組織がイノベーションを生み出すプロセスと組織の条件の分析によってそのモデルを発展させ，また，検証してきた。しかし，知識創造理論の展開は主に，現在主流のパラダイムである新古典派経済学に基づいた組織理論に代わるものとして，存在論や認識論に理論的基礎を置いた組織理論の構築を目指しており，ますます活発になり知見が蓄積されてきた技術経営論やイノベーション・マネジメントの分野との理論的な橋渡しは，あまりなされてこなかった。これを行なうことが第1の目的である。

第2の目的は，これらの理論と，第2章以降に続く事例との橋渡しをすることにある。これらの章はそれぞれ，事例を紹介するのみならず，知識創造理論やイノベーション・マネジメントの理論からの事例分析を伴っている。それらをここで章横断的に整理することで，事例の位置関係を明らかにしたり，事例の比較を行ないたいと思う。議論の展開の煩雑さを避けるため，以下において目的1と2は統合的に行なわれる。

## 2．広義の「技術」と6つの事例

技術とは，アイデアを現実に変換する方法である。この意味において，技術とは，研究開発部門で創造されるものだけに留まらない。たとえば，販売活動においても技術が開発され，イノベーションが起きる。具体的には，カスタマー・リレーションシップ・マネジメント（CRM）や，インターネット上のショッピングモールやオークションは，販売活動におけるイノベーションだ。

さらに，技術とは，アイデアを実現するという意味において，行動や実践を伴った知識である。この広義の技術に関わる知識の創造と実践のプロセスを分析するために，本書に収録されている事例分析は，さまざまな分析対象を網羅している。キヤノンのレンズ事業はコア技術，ホンダと松下は製品開発過程における技術，ダイキンは営業活動における技術，NTTドコモとレクサスは事業そのものにおける技術（事業アイデアをバリューチェーン全体を通じて顧客価値という形に実現する）を，主たる分析の対象にしている。

分析対象を幅広くとったことによって，読者が自らの状況に関連づけやすくなれば幸いである。

　分析対象は幅広いが，分析レベルは共通している。それは，知の相互作用のプロセスである。国や地域でも，企業グループでも，企業でも，事業でも，グループでも，個人でもない。知が具体的に組織や地域の壁を越えて共有され，取り入れられて理解が形成されたり，ノウハウが移転されたり，あるいは複数の知が融合して新しい知が生まれ，新しい技術や製品やサービス，あるいは新しい行動が生じる際の，知のやり取りを分析の対象としている。知のやり取りに注目すると，結果的に，知を解釈し，駆動し，実践する人間と関わらないわけにはいかない。また，人間の行動に影響する環境としての組織も登場する。本書の分析には個人，グループ，事業，企業，企業グループが登場するが，それは，分析レベルとしてではなく，知の相互作用が起こる「場」としてである。

## 3．知識創造，暗黙知，そしてイノベーション

　野中が中心となって提唱してきた知識創造の理論の特徴の1つ目は，暗黙知に注目したことであった[1]。暗黙知は，目に見えにくく，表現しがたい，暗黙的な知であって，主観に基づく洞察，直観，勘などが含まれる。これらを支えているのは，ノウハウなどのような身についた技術や，メンタル・モデルや想いといったわれわれが持つ現実への理解や「こうあるべきだ」という理想像などである。暗黙知は特定の状況に関する個人的な知であり，表現したり他人に伝えるのが難しい。一方で形式知は，言語や数字で表すことができ，厳密なデータ，科学的方程式，明示化された手続き，普遍的原則などの形で伝達できる知識である。暗黙知と比較して，伝達の容易さ，知のコンテンツが状況や個人に依存する程度が低く普遍性があることに特徴がある[2]。

　野中らは，形式知は氷山の一角にすぎず，暗黙知こそが知の基本的な姿である（野中・竹内，1996，p.8）と看破した。暗黙知に注目することによって，より個人的，人間的で，多彩で豊かな知の土壌を，経営理論の対象とすることができたのだ。野中・竹内（1996，pp.11,12）は，暗黙知がイノベ

ーション理論に与える影響を次のように表現している。

「暗黙知の重要性を理解した人は，すぐにイノベーションというものをまったく新しい角度から考えはじめるはずである。イノベーションは，単にばらばらのデータや情報をつなぎ合わせるだけではない。それは，人間一人ひとりに深くかかわる個人と組織の自己変革なのである。社員の会社とその目的への一体化とコミットメントが必要不可欠である。その意味で，イノベーションとしての新たな知識の創造は，アイデアと同じくらいアイデアル（理想）を創ることなのである。（中略）イノベーションの本質は，ある理論やビジョンに従って世界を創り変えることなのである。新しい「知」を創ることは，社員一人ひとりと会社を，絶え間ない個人的・組織的自己革新によって創り変えることなのである。」

野中らの知識創造理論の第2の特徴は，知識創造のプロセスに関する洞察にある。まず，彼らは，「暗黙知」と「形式知」どうしの結合，あるいはこれらの間で変換を行なうことが，新しい知の創造につながる，と指摘した。具体的には，観察などによって暗黙知のレベルのまま知を共有する共同化（Socialization），暗黙知を言語・数値表現することによって形式知に変換する表出化（Externalization），言語化・数値化された知を組み合わせることで新しい知を生み出す連結化（Combination），形式知を感覚や価値観のレベルで把握する内面化（Internalization）の4つの結合・変換プロセスとして提示され，これらの頭文字をとってSECI（セキ）モデルと名づけた。

SECIモデルの本質は，知のタイプの変化を指摘したに留まらない。その本質は，知のタイプの変化に伴って，知のコンテンツが豊かになるという点にあった。自分でも明確には把握できていない暗黙的な知を言葉にして表現してみることで，自らの理解が深まるという経験は，多くの人がしているだろう。

次に，知のコンテンツが豊かになるプロセスに関するもう1つの補完的な説明経路が，弁証法的綜合である（Nonaka and Toyama, 2003）。弁証法的綜合とは，正反合で示されるように，A（正）を否定するB（反＝否定）の存在と，さらにB（反＝否定）を否定することによって，新たな解C（合）が得られるというダイナミックな関係を意味している。この場合，新たな解Cは，否定の否定の結果，出発点Aに戻ってくるのではなくて，一段高いレ

## 図表 8-1 SECI モデル

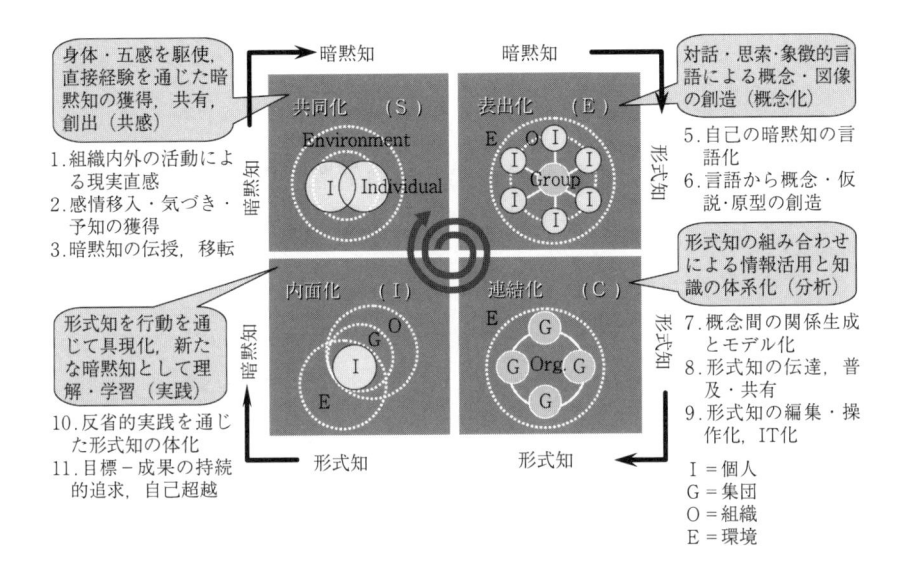

共同化（S）
- 身体・五感を駆使、直接経験を通じた暗黙知の獲得、共有、創出（共感）
  1. 組織内外の活動による現実直感
  2. 感情移入・気づき・予知の獲得
  3. 暗黙知の伝授、移転

表出化（E）
- 対話・思索・象徴的言語による概念・図像の創造（概念化）
  5. 自己の暗黙知の言語化
  6. 言語から概念・仮説・原型の創造

連結化（C）
- 形式知の組み合わせによる情報活用と知識の体系化（分析）
  7. 概念間の関係生成とモデル化
  8. 形式知の伝達、普及・共有
  9. 形式知の編集・操作、IT化

内面化（I）
- 形式知を行動を通じて具現化、新たな暗黙知として理解・学習（実践）
  10. 反省的実践を通じた形式知の体化
  11. 目標－成果の持続的追求、自己超越

I＝個人
G＝集団
O＝組織
E＝環境

---

ベルでAとBの矛盾を解消するような解であることが重要だ。野中・勝見（2004，p.65）がわかりやすい説明を提供しているので引用すると、「「私はこう思う」という人と、「いや、私はそうは思わない、こう考える」という人が向かい合いながら、互いに対立する点を許容しあい、互いの長所をなるべく活かす新しい視点を見出して、より高い次元の命題を生み出し、限りなく真実を追求していく。こうした創造的対話こそが弁証法」だ。

相容れない主張がぶつかった時、矛盾に直面した時、本質を追求するという目的が共有されていて、かつ対話によって他者の視点が取られ、その矛盾を、それまでと異なった文脈においてみることができると、それまで無意識に持っていた前提を問い直すことができて、新たな解の発見へとつながる可能性が高まる（野中他，2004，p.83）。これに対置する方法論が論理分析やディベートに代表されるような論争で、「白か黒か、善か悪かという二項対立でものごとをとらえ、一方を抹殺しようとする」（野中・勝見，2004，p.65）。論争はどちらが正しいかを明らかにし、二者から一者を選ぶことが目的で、両方を受け入れ両立させようとする姿勢とは相容れない。二者の間に

ある矛盾を解決しようとする努力が創造性に導くのであって，矛盾の根底にある二項対立を超越することが知識創造プロセスの本質である。そのためには矛盾が建設的に解消されるような対話と視点の転換が必要であり，それが可能になるような環境（場）が求められる。

## 4. 技術マネジメントにおける場と知識創造：技術マネジメントにおいて組織の境界を越える場はどこに必要なのか

　組織における知識創造プロセスにとって，知識創造の主役たる個人にどのような環境を提供するかは，非常に重要である。なぜならば，SECI モデルにおける知の転換や弁証法的綜合からもわかるように，組織における知識創造のプロセスは，個人の頭の中で起こるだけでなく，個人と個人，個人と集団（たとえば集団で共有された価値観），個人と物（たとえばプロトタイプ）の間で起こるからだ[3]。

　われわれは，新しい知識を理解する時，自分が既に持っている知の構造の中にこれを位置づける。集団で共通理解が形成される時，知の構造全体とは言わないが，その新しい知を取り巻いている，ある程度の文脈（いつ，どこでという関係性）が共有されなければならない。つまり，共有された文脈は，知の共有や創造が起こる環境の基盤を形成する。

　それゆえに，野中は，知識創造のプロセスが起こる環境について，「共有された文脈」の重要性に注目し，ある文脈が共有された関係の空間を「場」と定義した。具体的には，オフィスや会議室といった物理的空間，メーリングリストやテレビ会議といった仮想空間，共有体験や共通された想いといった心理的空間もまた，場である。場は，組織図に見られるような公式な組織構造に一致する場合もあるし，たとえば喫煙所で形成される非公式のネットワークのように，公式な組織構造から独立して存在する場合もある。

　組織はその内部にさまざまな場を持ち，それらは，共有されたある文脈という特徴を持つ。基礎研究所と営業所では異なる価値観や文化を持つし，同じ研究所内部でも，開発プロジェクトチームはそれぞれ異なる経緯や知識を共有している。

## 第8章　まとめ：イノベーションが普通に行なわれる組織とは

　理解が共有されるのと逆に，主張が相容れない場合，たとえばローカルな市場視点に対するグローバルな市場視点の背後には，異なる知の文脈がある。しかし，新規性の高い知の創造，つまり，イノベーションは，それまで相容れない主張だと思われていたものを超越することによって起こる。これは，シュンペーターによるイノベーションの定義，「新結合（新しい組み合わせ）」にも表れている。イノベーションには，既存の知の枠組みを超えて知が対話することが必要だ。イノベーションの本質は知の境界を越える弁証法にあるのだ。

　異なるパースペクティブを形成する組織の文脈は何であるのか，知識創造はどのような知の境界を越えなければならないのか，知の相互作用が起こる舞台はどこであるのかを整理しておこう。

　知の境界は，組織と組織の外，つまり，顧客，流通，サプライヤー，異業種の一見関係ないと思われる企業，大学などとの間にある。組織外の技術情報を探索し社内にとっての意味づけをして翻訳する「ゲートキーパー」の重要性を指摘したアレン（1977）の研究を始め，最近では，アイデアや研究開発活動の一部あるいはほとんど，イノベーション活動の多くを組織外部から取り入れようという「オープン・イノベーション」[4]が提案されるなど，イノベーションにとって，組織が外に向かって開かれていることの必要性を指摘した研究は枚挙に暇がない。

　これは，新しい技術に関する知が企業の外にあるからだけではない。市場で価値を認められる商品やサービスとして知が結実するためにも，必要である。市場で価値を認められる商品やサービスの実現には，顧客から見て納得の行く形で，商品やサービスがまとめられていることが必要だ。そのために，自社と市場の垣根を越えて顧客のニーズ，ウォンツを理解することが必要だ。

　同時に，組織内部の知の境界を越える必要がある。製品が成功するためには，顧客のニーズ，ウォンツを表現する製品コンセプトが，製品やサービスに具現化するように，技術，製造，マーケティング，販売，サービス，企画の各専門分野の知識を綜合することが必要だ[5]。重量級プロジェクトチームやコンカレントエンジニアリングなどは，これを目指した仕組みだ。

　では，知の境界を越える弁証法的対話とは，具体的にどういうことを意味

するのだろうか。われわれは特に，市場と技術開発，設計と製造，製品と製品，技術と製品の間の，知の境界を越える弁証法的対話のプロセスが重要だと考えている。本書に収録した事例分析を簡単に振り返りながら，それぞれについて，なぜ，どういう風に重要なのかを説明しよう。

### 4.1 企業と顧客の境界を越える場

多くの技術が大学や企業の研究室に死蔵され，商品化されない事実を「死の谷」という。事業化投資が不足していることも理由の1つである。加えて，企業は，その技術が何に使えるのか，どの市場で売れるのかがわからないし，顧客や市場は新しい技術で何かできるのか，技術の価値がわからない。「死の谷」の本質は，「技術と市場の不確実性がもたらす知の断絶」にある[6]。

技術を製品化するのには時間がかかる。多くの企業で，研究開発に着手してから最初の製品が上市され，さらに市場のメインの部分に製品が遡及して市場規模が急速に拡大するようになるまで，10年を超える投資が求められることが多い。技術の新規性が高い産業財の場合には特にこの期間が長くなる。企業は，マス市場が立ち上がるまでの期間，製品を出し続けることによって技術の不確実性を削減し，市場が評価するものは何かを学び，また，市場も技術の用途について学ぶように積極的に働きかけることが必要である。この意味において，技術的に新規性が高いほど，あるいは市場の新規性が高いほど，開発と市場の間の対話と学習が必要なのである。その学習のプロセスは，実際に製品という形にしてみること，対価を払ってこれを購入することを顧客に求めることで，対価を払ってまで欲しいものかを問うことになり，その結果，技術も製品も鍛えられる。

谷地のホンダの事例は，このプロセスを明確に描いている。ホンダは，今の若者市場を，ホンダにとって新規性の高い市場と位置づけた。技術的には新規性が高いわけではないが，ホンダがそれまで良く知っていた顧客であった「ライダー」ではなく，ホンダが本気で知ろうとしてこなかった顧客，技術的なことには関心がなく「たらたら」バイクに乗る「バイカー」を対象にバイクを開発した点において，市場の不確実性が高かった。

顧客であるバイカーにどういうバイクなら欲しいかと質問しても，答えら

れない。店頭にあるバイクを見て,「これこれ,こういうの」と言ったとしても,何故かを表現するのは難しい。顧客が求めているものには暗黙知が大きな部分を占めている。したがって,開発担当者が,原宿のショップでの日常的な観察や会話を通じて,市場と物理的な場を継続的に共有することが必要であった。「ユーザーも意識できない暗黙的な(潜在的な)ニーズの把握を,ホンダは,開発担当者が小売店を運営するという,場を使ったマーケティング・リサーチによって,データの背後にある意味やコンテクストを共体験で見出した」のである(谷地,本書第2章より引用)。

　あたかも自己と他者の区別がないほどに自分のものとして理解され(自他非分離の状態),しかも開発者としての思想は失わないことによって(自他分離の状態),最初は顧客も驚くけれど結果的に喜んで受け入れられるような優れた提案型の商品に結実したのだと谷地は指摘している。この過程を通じて,開発者は顧客ニーズを見出したが,顧客の側も自らのニーズを発見したのではないだろうか。見出されたニーズが開発者と顧客に共有されたので商品がヒットしたのであり,野中が場の特質として指摘する「共通感覚」が形成され,開発担当者も顧客もそれまでに持っていた自分の世界が広がる「自己超越」をしたと理解することができる。

---

　このプロセスをSECIモデルを使って描写してみよう。ホンダは若者を開発担当者に任命し,その開発担当者が自ら都心で直営小売店の店頭に立つことで顧客について学んだ(暗黙知→暗黙知)。それは,技術という暗黙知と形式知の重層構造を,製品という形式知に転換し(暗黙知→形式知,形式知→形式知),これを顧客が使用体験することによってその価値を暗黙知として学習し(形式知→暗黙知),また技術者も市場を直接観察することによって市場に関する知識を暗黙知のレベルで理解する(形式知→暗黙知)。暗黙知と形式知の往還による知識創造のプロセスが観察できる。

---

## 4.2　顧客との対話を作り出す方法

　市場との対話を作り出す方法として,1つには,ホンダのNプロジェクトがしたように開発担当者が市場に出て行く。

2つ目は，顧客を会社に招き入れることによってあらゆる部門の社員が顧客との接点を持ったり，開発のプロセスに顧客を参加させることがある。フォン・ヒッペル（1991）が提唱した「リード・ユーザー・メソッド」は，顧客ニーズの共感から一歩進んで，先端的なニーズを持つ顧客に，具体的にどのようにしてニーズを満たすか，つまり，技術的な解決策まで提案してもらう。近年，多数の開発者（その多くはユーザーでもある）が開発に参加するリナックスに代表されるオープンソース・ソフトウエアのような事例が現れて，ユーザーによるイノベーションへの注目が高まっている（フォン・ヒッペル，2005）。

もう1つのアプローチは，顧客の声を代弁するマーケティング機能の声を強化することだ。顧客志向は顧客の欲するものにとことん応えようとする。一方で，技術志向は技術の可能性をできるだけ商品という形に具現化しようとする。この両者は多くの場合，かみ合わない。これら2つの声が適切なバランスで対話するとき，組織固有の技術を生かした，しかも顧客に望まれる，あるいは顧客が驚きつつも喜んで受け入れるような提案型の商品が可能となる。

本書で児玉が紹介した松下のマーケティング本部の機能は，顧客の声を大きくすることにあった。同社において以前のマーケティング部門は，開発の作った商品を流通に乗せるパイプ役でしかなかったが，商品の買取責任を負うようになって，当事者としての意識が生まれた。それまでは，顧客に受け入れられるものを作る責任は，開発部門のものだと考えられていたのだ。

ホンダの事例は，開発担当者の中で開発者の視点と顧客の視点が綜合されるが，そのバランスを維持して，妥協ではない綜合にいたるのは容易ではない。松下の事例は，顧客の視点に専念する組織を作ったことによって，技術や生産など組織の内からの視点と，市場の視点の間の矛盾を強めることで，より高いレベルでの綜合を目指している。

### 4.3　設計と製造の境界を越える場

製造業の世界では，設計と製造の関係は，分化と統合の二極へ向かっている。半導体分野で設計を専業にして製造を外注するファブレスモデルが定着

したように，ある種の製品においては，設計と製造の間の相互依存関係は非常に希薄であり，製造費用削減や信頼性の改善は，製品の設計内容とは無関係に行なわれる。従来は設計と製造の相互作用があると考えられていた分野にこの発想が応用されたのが，製造専門の業者，EMS（エレクトロニック・マニュファクチャリング・サービシズ）で，比較的技術が成熟しており，かつ製品ライフサイクルの短い組み立て型商品で採用された。

しかし，多くの製品分野において，設計と製造は依然として密接な関係にある。製造しやすい設計（マニュファクチャビリティ）や部品点数の削減などによって，機能や品質ばかりではなく，製造費用の多くを設計段階で作りこむことができる。さらに重要なことに，より作りやすい，あるいは，より高い機能を発揮できる設計と製造を追求することで，製品設計と生産技術の知が弁証法的に発展していく[7]。つまり，作りやすい設計や，より高機能を製造できる生産技術を追求することは，単にその製品の機能とコストを高めるだけでなく，設計技術と製造技術を鍛え育てるきっかけとなる。

設計と製造の間の問題は，日本企業の強みであると指摘されてきた。青島（2001）によれば，日本の製造業が強いと世界に認められた1980年代に行なわれた日本製造業に関する研究は，その設計・製造の効率性の良さの要因として，「基本設計，試作，詳細設計，金型設計，治工具設計，金型生産といった開発ステージの活動のオーバーラップ」「川下の活動で予見される問題の前出し，機能横断チーム，プロトタイプなどを利用した，開発プロセス全体にわたる統合活動」「開発プロセスを通じて製品コンセプトや製品設計が柔軟に変化する，事前計画でなく事後的調整」の3つを指摘した。これは，欧米で一般的であったシークエンシャルなプロセスとは対照的であった。

現在，製造業の現場は，製造工程やメンテナンス時などに生じる可能性のある問題を設計時に考慮する「フロントローディング」や「コンカレントエンジニアリング」といった手法によってこの問題に取り組んでいる。

日本企業は，活動のオーバーラップに見られるように，従来は組織的なメカニズムによって設計・製造問題を解決してきた。今日では，3次元CADを使った設計とシミュレーションによって製造やメンテナンス時の問題点が見えやすくなっている（たとえば青島（2001）が航空機の開発を分析してい

しかし，組織的な調整がもはや重要ではなくなったというわけではない。3次元CADを使ったコンカレントエンジニアリングでは十分ではない重要な状況が存在する。たとえば，3DCADに所与の条件として与えられている製造のルールを見なおす必要が生じる時である。製造ルールとは，安定した量産を保証できる設計上の規則のことである。マチはこれだけ必要といった製造からの要求も製造ルールであるし，半導体製造装置のxxミクロンルールと呼ばれるものも，高密度実装技術の製造ルールである。製品機能の飛躍的な高度化には，多くの場合，製造ルールの見直しが必要になる。

　全体として望ましい解の探索には，設計と製造の密接な相互理解と調整が必要だが，高い次元での解をもたらす相互理解は，どのようにしたら可能なのだろうか。大薗のキヤノンの事例は，製造限界の見直しに，設計と製造が同じ敷地内に移動したことによって生まれた場，地理的に近接した環境に作られた場が，新しい解の探索活動を支援することを指摘している。地理的に隣接した場によって，設計者と製造技術担当者は，コミュニケーションの中心になる技術的問題や互いの専門領域の論理のみならず，その背後にある，何を大事だと思っているかという価値観や仕事のやり方といった，技術そのものの周辺の事情を理解することができた。周辺の事情は，技術的議論の文脈を形成する。文脈を含めた全体的な理解が，機能追求と製造限界の見直しにおいて，それぞれ工夫を伴いながら，両方を引き上げるような解の発見を支えた。また，場の共有は，問題への取り組み姿勢や動機づけにも影響した。工場と近くなったことによって，設計者が製造工程での問題を無視できなくなり，自らの問題と捉えざるを得なくなったので，自発的に問題解決に取り組もうとする姿勢に結びついた。創造性の高い組織が持つ特徴の1つに，問題を自らのものと考え，内発的に動機づけられている[8]ということがある（Amabile, 1998）が，知識創造には内発的なエネルギーが必要不可欠なのだ。

### 4.4 要素技術と製品の境界を越える場

技術と製品は，いかにダイナミックに相互作用するのか。要素技術は，ある製品に使われることによって特定の進化を遂げる。大げさにいえば，使われる製品によって要素技術の進化のパターンが影響を受ける。たとえば，CDが開発された当初，半導体レーザーの技術を持っていても，日立や富士通など通信分野でこれを応用してきた企業の半導体レーザーは，CDピックアップの半導体レーザーには向いていなかった。通信分野では半導体レーザーの波長が乱れないことが重要であったが，CDピックアップは波長がある程度乱れている必要があった[9]。

用途先別に要素技術が特徴ある進化をするのであれば，用途先別に専門化することで効率的な開発が可能になる。しかし同時に，限界も生じる。キヤノンのコア技術はレンズを中心とした光学技術だが，事業部制の下，レンズの技術は各事業部に分散し，知識は専門化した。しかし，同時に開発担当者の視野は狭まり，開発担当者達は，ブレークスルーが生まれない閉塞感を感じていた。松下の事業部制も同様の負の効果をもたらしていた。しかし，キヤノンでは，光学関係の研究者や開発担当者を光学技術研究所に集めることで，用途先間の技術の移転や知識の活用が進み，新しい視点の獲得などが起こり，イノベーションにつながった[10]。

コア技術を多角化の核とし，異なる応用分野が要素技術に対して与える影響を相互作用させる企業は，それぞれの事業の専門性や独立性が支配的な，あるいは専業の組織よりは，要素技術を豊かに育むことができる。

---

要素技術と製品の関係について整理しておきたい。当たり前のようだが，要素技術と製品は，これらを厳格に区別することが必要だ。そうすることによって，次の2つの効果が得られる。

1つには，コア技術を多様な製品分野に応用する多角化戦略が導かれる。ホンダはエンジン技術を中核に多角化しているし，キヤノンはレンズ技術を核とした多角化戦略に成功している。花王は界面活性化技術，ユニチャームは不織布の技術を事業の核にした多角化に成功している。

第2の効果は，製品の事業性における失敗（成功も）が，技術という知の蓄積に対して及ぼす正の効果を積極的に認めることができることだ。たとえ製品

で失敗したとしても，必ずしも技術そのものが失敗したとは限らない。事業という意味で製品が失敗した場合であっても，社内に技術が蓄積され，新しい製品分野の土台とすることができる。キヤノンはPC事業から撤退したが，その技術は複写機のデジタル化に貢献したし，シャープは半導体事業を縮小したが，その技術は液晶に活かされた。

　このような視点を持つことが重要なのは，技術は，開発の初期にはその用途が明らかではないことも多く，ある製品を想定して開発されていた技術が，別の製品で花開くこともあるからだ。CDの技術を開発した時フィリップスは，音楽を記録する製品ではなく，画像を記録するビデオを想定して技術開発をしていた。エプソンは当初，インクジェット技術を，プリンタではなく，テレビから画像を印刷するビデオプリンタのために開発していた。そのために，技術陣は最初からカラー化を意識していた。エプソンは写真画質のカラープリンタで，先行していたキヤノンに追いつくことができた。

　技術蓄積の効果は，たとえある製品分野から撤退したとしても，人材が組織にとどまらなければ，あまり強い効果は期待できない。つまり，ある製品分野からの撤退とともに人材が外部に放出される組織では，同じ効果は期待できない。逆に言えば，多くの日本企業は，ある製品事業から撤退しても人材は他の事業に吸収されることが多いのであり，製品レベルでの失敗を，技術の蓄積という側面から積極的に評価できる環境にある。

　事業の直面している課題によって，どの境界を越えることが特に重要であるかは，異なるであろう。組織は，日々の仕事の中で，特定の対話のチャネルを必要に応じて発達させる。環境が変化したとき，新しい挑戦に挑むときには，組織は意識して新しいチャネルの必要性を探り，これに意識を振り向けなければならない。「アーキテクチャル・イノベーション」（要素技術は変わらないが，要素技術の結び付け方の構造が変わることによるイノベーション，Henderson and Clark, 1990）において，既存企業が対応に難しさを経験することが多いと指摘されたのは，まさにこの理由による。つまり，製品の構造が変わることによって，注目されるべき要素技術間が変わるのだが，既存企業にとって，組織のコミュニケーション・チャネルや意思決定の基準を変えることは簡単とは限らないからだ。第1に，既存の要素技術に基づい

ているためにアーキテクチャル・イノベーションの新規性は目立たず，コミュニケーション・チャネルを組み替えなければならないという必要性に気づかないことがある。第2に，気づいたとしても，新しく重要になった要素技術間の相互作用が何であるのか，何を測定するべきなのか，など，わからないことが多い。第3に，要素技術間の新しい相互作用を改善する能力の構築が必要だ。それには，これまで場を共有していなかった人々が，新しく場を構築し，矛盾を乗り越えて新しい解を探求する作業を一緒に行なえるようになる必要がある。新しい場を早く構築するためには，公式な組織構造を変える必要があり，アーキテクチャル・イノベーションへの対応の難しさの本当の原因を，組織構造を動かせるのに十分なレベルのリーダーが理解する必要がある。

### 4.5 場と組織構造

　野中が第1章で指摘したように，組織は，さまざまな場によって重層的に構成されている。これまでに紹介したように，本書でも多くの事例が，境界をまたぐ場の存在と，それが重層的であることを報告している。松下がマーケティング本部を作ったように，正式な組織構造も場の器となる。松下（本書第4章　図表4-4を参照），レクサス，キヤノンの事例が指摘しているように，設計レビュー，品質会議，技術連絡会議などの，設計，工場，営業，サービス，供給業者などを結ぶ公式な会議もまた，継続して存在し，知識創造の基盤を安定して形成する場である。一方で，機動的に形成されるプロジェクトや，インフォーマルに発生するコミュニティからなる比較的流動的な場が，これに重層的に重なりあう。これらの場は有機的につながって，対立あるいは補完しあいながら企業にダイナミズムをもたらす。

　しかし，これらの場が有機的につながらないと，企業として力を発揮できない。宇都宮集中前のキヤノンや変革前の松下は，それぞれの場における知識創造が別々の方向に向かい，機能や製品分野をまたいだシナジーが生み出されなかった。松下のフラット・アンド・ウエブはこれを克服しようとする試みである。

## 5. 知の綜合と場

### 5.1 場における異なる知の綜合の結果，具体的に何が起こるのか

野中他（2004，p.88）によれば，第1に，場における相互作用の結果，見えない知の顕在化が生じる。対話を通じて，あるいは単に異なる視点の提示を受けることによって，暗黙知の存在が意識に上り，暗黙知が顕在化する。設計レビューなどで他者の視点を提示されることによって自らの意識も顕在化し，設計思想がより明確化する。

第2に，個人の知は，他者との視点を共有し，あるいは個人の持つ文脈と場で共有された文脈の両方が互いに影響しあうことで変化する（野中他，2004，p.88）。先にも紹介したホンダの探索的なマーケティング・リサーチは，場における共感をベースにしており，開発者という個人がユーザーという他者の視点を共感し，共有し，理解する。

さらに，共有され形成され変化する場の文脈は，今だけでなく未来についても言及する。技術経営という文脈においては，特に，将来の技術開発に方向性を与える技術のロードマップと市場の変化の推測である市場ニーズのロードマップは，非常に大きな影響力を持っている。松下やキヤノンなどの事例では，要素技術のロードマップが共有されることで生産技術のロードマップに影響を与えたり，半導体技術のロードマップとセット（DVDプレーヤー）のロードマップが影響を与え合ったりするなど，異なるロードマップの間の相互作用の中で，未来を主体的に形成するための，集団による能動的な取り組みが展開する様子が報告されている。場において時間軸を入れた視点の交換が行なわれると，そうでない場合と比べて，より早く，力強く，未来を自らの手で作り出すことができる。また，未来は現在にも影響する。未来についてのイメージが共有されていれば，現在の矛盾や問題に対しても，建設的に取り組むことができる。未来のイメージを共有することで，矛盾を乗り越えやすい，弁証法的な対話が行なわれやすい環境を提供することができる。

## 5.2　異なる知が綜合するような場の特徴とは何か

　知識が有機的につながるような優れた場の持つ特徴とは，どういうものだろうか。児玉が本書第6章で野中の研究の蓄積から主なものを整理しているので，ここで再び押さえておこう。(1)自己組織性——主体的な意思と能力を有するメンバーによって構成されていること，(2)場の境界の相互浸透性——異なる場に属する知がぶつかりあい，融合して知を創造する，(3)場における弁証法的対話——矛盾やコンフリクトを徹底的な対話を通じて創造的に両立させる，(4)自己超越性——参加者に一段高い視点を与え，自己の外部に視点を移して自己を見，対話の過程を通じてそれまでの自己を拡張する。(5)これらを可能にする，イノベーター（アイデア創出），コーチング（支援，政治的圧力や既存の業務プロセスからの保護），アクティビスト（組織のさまざまな障害を乗り越え，ネットワークを利用して実行する）の存在。

　これら4つの条件を簡単に言い直せば，大きく2つにまとめることができよう。1つは，個人の個人的，主体的な関わりである。2つ目は，異なる知の交わりから新しい知へと到達しようとする姿勢である。野中は「ソフト・ダイアレクティック」という姿勢の存在を指摘するが，知の創造に成功する事例では，対立項を完全な二律背反と考えるのではなく，何とか両立可能なはずだ，という意識が存在する。これは，矛盾を受け入れる姿勢であり，オープン・マインド，謙虚であること，既成概念を捨てて現場を見ること，本質を問う姿勢に象徴される（大薗，本書第7章）。また，谷地がダイキンの事例で報告しているように，4現主義（現地，現物，現実，現象）に代表される目的と現場と抽象的思考の間の往還が，視点を動かすことによって異質な知の綜合を可能にする。

## 6. 持続的成長企業：知の創造と活用
### ——創造性と効率性の両立——

　事業・企業という分析単位に注目してみよう。知識創造・活用の視点がどのような知見をもたらしてくれるだろうか。事業の長期的な競争力にとって最も重要なことは，独自性のある競争戦略を構築し，価格競争に陥らない模

倣困難でユニークなポジショニングを構築することである。差別化戦略を取っている事業であれば，他社には模倣困難な製品やサービスを提供することである。低コスト戦略を採用している事業であれば，競合には模倣困難なコスト優位を作り出すことである。差別化されたユニークな製品やサービスを生み出すためには，創造性が求められる。模倣困難な低コスト構造を作り出すためには他社とは違うことをする必要があり，やはり創造性が必要だ。一方で，リスクをとって創造した製品やサービスから，派生商品を作ったり，新しい業務のやり方を横展開したりして知を活用し，生み出した知から効率的に価値を得ることも必要だ。

したがって，持続的に成長する組織には，知の創造性と生産性の両方が求められる。知の創造性とは，どれだけユニークで顧客にとって価値のある知を生み出しているか，と定義する。一方で，知の生産性とは，生み出した知からどれだけ効率的に価値を生み出しているか，と定義する。言い換えると，1つは，知識の創造であり，もう1つは，知識の活用である。技術経営の文脈で説明すれば，新技術や新しいコンセプトに基づいた新製品・サービスの創造や，市場や顧客に対する新しい理解の形成が知識創造に相当しよう。一方で，既存技術や既存の製品プラットフォームを活用して派生商品を売ったり，ある国で成功した商品を別の国で販売するのは，知識の活用である。ノウハウの共有や移転も知の活用だ。本書では，ダイキンが，日本国内で培った営業ノウハウを中国の営業部隊へどのようにして移転したかを，メタファーの利用と体験の共有に注目して紹介しているが，これは，仕事のやり方という，知の「型」の移転であり，知の活用である。国境を越えた知の移転は簡単ではない。比較的ハードなノウハウに属する生産技術のノウハウでも，社外，社内を問わず，海外への移転が容易でないことは，トヨタ生産方式の例を筆頭に，多くの実務家や研究者が指摘している。さらに，ダイキンの事例で移転された知，営業ノウハウは，知の中でもプロセス定義が難しいソフトなノウハウで，これを移転するのは簡単ではない。

ノウハウの移転による知の活用で成功するためには，追加機能をつけたり，新しい市場にあわせたりするために何らかの修正を加えたりする工夫が必要であり，それには新しい知の創造が必要である。この意味において，創造と

| 第8章　まとめ：イノベーションが普通に行なわれる組織とは |　　283

活用という二分類は，程度の問題である。

　たとえ知の創造性を競争優位の源泉とする企業であっても，知の効率的な活用は重要である。たとえば，新製品やサービスの企画を事業会社から請け負うことを生業としているアイデオ（IDEO）社のようなデザイン会社にとって，創造性は，事業の根幹であり，社内に開発部門を持つ事業会社がわざわざアイデオに製品やサービスの企画を依頼する所以である。しかし，アイデオのような会社であっても，知の生産性は重要である。アイデオは，開発のプロセスやマイルストーンをある程度定式化し，現場の観察手法（empathic observation）やブレインストーミングのスキルを共有することによって，また，過去に検討したアイデアや素材を閲覧可能な形に保存することによって，創造過程に関する知を効率的に活用し，生産性を向上させている。

　また，知の創造と活用の間には，ダイナミックな関係がある。活用されることによって技術は鍛えられ，そこで蓄積された知が新たな知識創造の糧となる。企業は，知の創造と活用のバランスが，自社にとってどの程度であるのが望ましいのかを理解し，これを意図的に管理することが必要である。

　もちろん，両者の間の最適なバランスは，その事業の戦略によって異なる。構造的に模倣が容易で新製品の独自性を維持することが困難な事業においては，創造性により重きを置き，後に派生商品から利益を多く得られなくても（派生商品の段階ではすでに模倣され，価格競争によって利益率は低下している），模倣されるまでの期間，事業が維持できるほどに十分な価格を請求できるような，独自性のある商品を創造することに重きを置くかもしれない。あるいは，模倣可能な段階まで待って参入し，価格競争を低コスト構造によって勝ち抜くために，効率性をより重視するかもしれない。研究開発活動は，後発で参入できる程度の活動にとどめ，創造性はむしろ，低コスト構造をどのようにして築くかに集中する。しかし，努力の大半は，その低コストの知恵をいかにして活用するか，組織全体に展開し徹底させるか，に置かれるであろう。

　知の創造性と効率性の両方をうまく経営することは容易ではない。1つには，知の創造性と効率性には異なるマインドセットが求められ，適する組織

の要件も異なるからだ (Hansen et al., 1999; O'Reilly and Tushman, 2004)。創造性のためには，常に既存の知を陳腐化させようとするマインドセットが必要だ。しかし，知の生産性のためには，既存の知をいかに共有し，テコとして活かすか，というマインドセットが働く。組織については，創造性には有機的組織，生産性には機械的組織が適している。典型的には，創造性にはプロジェクト組織，生産性にはヒエラルキー型組織をイメージすればわかりやすい。知の創造性のためには，多様な知を持つメンバーを組織し，新しい知の創造に伴う失敗を許容し，専門性や職位の違いを超えて対等な立場で前向きな議論ができる環境が必要であるし，ある程度の知や活動の重複や無秩序は許容されるべきであろう。しかし，知の生産性を重視する組織では，いかに知を効率的に価値に結びつけるかという点を重視するため，同じ発明を繰り返し行なわないために活動の重複は避け，効率的に事業を行なうためにある程度の標準化を行ない，その結果，所与として変更してはならない知の部分が多くなる。知の共有と深化のためには，同じような専門性を持つメンバーを集めた方が効率的であるから，専門別の組織となる。効率的な事業化のためには，実行力や業務の効率性も必要となり，業務内容の明確な定義がされ，重複はできるだけ避けられる。

　2つ目の難しさは，企業は，知の創造性よりも知の生産性へ，知の創造よりも知の活用に傾く傾向があることに原因する。知の創造に伴う失敗や不確実性は，多くの企業の意思決定プロセスや評価のプロセスとの折り合いが良くない。それらは，良く知っている市場に対して，良くわかっている知識を使って事業を展開する時に，最も力を発揮するように設計されている[11]。そして，ある1回の行動に関しては，知識の活用の方が，知の創造よりも，高い確率で利益につながる。たとえば，社内で縦横無尽に技術を結び付け，個人のイニシアチブを重視し失敗を許容する文化，継続的にイノベーションを生み出せる組織として有名な3Mでさえも，一時期は，黄色いポストイットがあれば，次は青いポストイット，といった具合に，成功確実な派生商品に依存し，新規性の高い新商品が出なくなったと報告されている。

　しかし，既存の知の活用ばかりが支配的になると，新しい知の創造に必要なリスクや曖昧さを許容できなくなり，新しい知が生まれにくくなる。その

結果，組織の知は，遠からず陳腐化する可能性が高い。GE はウェルチ会長の時代に，経営効率の改善と目標達成が厳しく求められ，組織は効率的になったが，現在の CEO であるイメルトは，リーダーのチャレンジ精神が失われてしまったことを懸念し，GE を創造性とイノベーション志向に変えようとしている。

どのようにしたら知の創造性と生産性，言い換えれば，知の創造と活用をうまく両立させる経営が可能になるのだろうか。以下では，戦略，組織，グループ，技術，リーダーシップの順に，考察しよう。

## 6.1 戦略

先に述べたように，事業の競争戦略は，どの部分に知識創造の活動を注力するべきかを明らかにする。たとえ不確実性が高く失敗の確率が高くとも，戦略的に重要で必要であるという認識が確立すれば，知識創造のための投資を支えることができるであろう。また，創造と活用のバランスをどのようにするか，についても，大きな方向性を与える。

同時に，戦略が明らかであることによって，知を重点的に育成するべき知識ドメインが明らかになり，より効率的に知の創造と活用が可能になり，知の生産性が高まるであろう。組織の知識ドメインを定義することは，2つの意味で重要である。第1は，非常にプラグマティックな理由である。特に新規性の高いイノベーションの場合，その発展経路を予想することは容易ではない。成功する製品や市場など，しばしば，当初想定と異なった結果に至ることがある。だからこそ，自社の知のドメインを定義して，その中では自由にやる，その外はやらない，といった線を引くことが大事だ。第2は，知に関係する。新しいものに出会う時，われわれは自分の中にある既存の知の体系の中にそれを位置づける。意識されるか，無意識に行なわれるか，いずれにせよ，理解するという行為にはこれが伴う。企業にとっては，自らがどういう知の体系を持とうとしているのか，意識することによって，より能動的に知と向き合うことができるだろう。ドメインの定義は，認識が新たになるにつれて変わるかもしれない。しかし，意識して言葉にしてみる試みを続けることが大事である。

優れた戦略の鍵は，「フィット」にあることは多くの戦略論研究者が指摘してきた。環境や自社の分析から戦略を導き，これを実行することは，ある時点における環境と自社のフィットを（静態的に）実現するであろう。しかし，われわれは，優れた競争戦略は，過去・現在・将来の環境分析（たとえば業界構造や競合の分析）と過去・現在・将来の社内の資源の分析（自社の強み弱み，ユニークな組織能力），だけでなく，組織の存在論や，目指す未来から考えて現在何をなすべきかに立ち戻る思考をも綜合することによって導かれるべきであると考える。具体的には，組織の存在論とは，自社は何のために存在するのか・私の仕事の価値はどこにあるのかを定義するミッションであり，未来から現在何をなすべきかに立ち戻る思考とは，将来どうありたいかについてのビジョンである。ミッションとビジョンをも取り込んで戦略を考えれば，自社を目標に向かって変え，環境に能動的に働きかけ，結果として，環境と自社の間にダイナミックな（動態的な）フィットを生み出すことができるだろう。

　しかし，ダイナミックなフィットをどのようにすれば実現できるのか，事前に明らかであるとは限らない。そのような時，組織は，目前の問題に対処しながら，まず実行し，どこまで自社の組織能力が成長できるのか，何が可能か，何が可能でないか，を行動の中で試しながら，環境に働きかけ，環境を理解しようとする。変化の激しい業界などでは何が求められているのか，やってみなければわからないことも多く，そのような状況では，まず分析して答えが出てから行動するのでなく，実行しながら反省し分析し仮説の下に体制を整え必要があれば調整するタイプの戦略が求められる。

　「戦略」と言って典型的にイメージされるのは，まず分析して答えが出てから行動するタイプの戦略であろう。これは，意図的戦略形成過程と呼ばれている。一方で，実行しながら反省し分析し仮説の下に体制を整え必要があれば調整するタイプの戦略は，創発的戦略形成過程と呼ばれる（Mintzberg and Waters, 1985；大薗，本書第7章）。意図的戦略形成過程は安定的な環境で有効であるが，変化の激しい環境や創造性を求める場合には創発的戦略形成過程の方が適している場合もある。実際のところ，環境変化に対応したり，新たな事業機会を発見したり，戦略レベルのイノベーションを実現する

ような企業は，これら2つの戦略形成過程の間を行ったり来たりしているものである。安定した環境の下では確立した戦略の下で効率的に知を価値に転換する。知の生産性が高い状態を享受している。しかし，環境変化が見込まれたり，新たなアイデアが形成されると，組織の一部が突出して実験を始める。新たな現実に向けて，知の創造を始めるのである。つまり，新たな事業機会をもたらす潜在的要因を，実践を通じた顧客との暗黙知の共有によって暗黙知として把握し，これを組織内部で共有し，これを一般的な事業の法則と綜合して実践可能な仮説としての戦略として立案し，これをまた修正する。ここで働いている知の方法論は，演繹法（ディダクション）でも帰納法（インダクション）でもない，仮説推論（アブダクション）である。児玉（本書第6章）は，ある時は創発的であり，ある時は計画的であるこの往還運動の本質は，「思考（戦略）と行動（実践）の綜合」にある，と指摘する。

児玉は，このような実践と戦略の間の行ったり来たりが組織にとって有意義であるためには，ミドルからトップまでの公式，非公式なリーダーから構成される「リーダーシップの場」における建設的な議論が必要であると指摘している。そのような議論があることによって，実践を組織として意味づけ，戦略に展開することが可能になる。

これらの間の往還を駆動する組織の一部の突出の背後には，組織や個人の持つミッションやビジョンがある。ミッションは，組織の何のために事業をやっているのかという，組織の存在意義に関わり，知の創造性を支援する。たとえば企業のミッションの代表例は，ジョンソン・アンド・ジョンソン社のクレドーであろう。ホンダのミッションは，筆者らの私見では，「3つの喜び」を実現することに集約される。3つの喜びとは，「買って喜び」「売って喜び」「創って喜ぶ」である。これは，開発者とユーザーが製品を通じて，ともに喜びを最大にすることを意味している。ユーザーが製品を気に入って喜ぶだけでなく，メーカーも作る喜び，提案する喜びを感じるような製品でなければならない。開発者がユーザーの御用聞きになるのでなく，開発者の自発性とユーザーの嗜好との間に，いい意味での緊張関係が求められる。ホンダの標語「パワー・オブ・ドリームズ」は，これを「夢」と呼べるような高いレベルで実現しようという意思表示である。谷地が本書で紹介したホン

ダのNプロは，いい意味での緊張関係を，若者世代を相手に復活させるために行なわれた（谷地，本書第2章）。

　ミッションは，組織メンバーの仕事に意味を与え，個人がそのミッションに同意した時には，仕事そのものから得られる満足感は非常に高くなる。創造性には，主体的な取り組みや粘り強さが必要であるから，仕事そのものの持つ意味に喜びを見出していること（内発的モチベーション）は，個人の創造性にとって最も重要な要因の1つである。

　一方で，ビジョンは，知の創造と活用の両方を支援する。未来から現在を見つめることによって，ビジョンは目指すべき方向性を示し，知識創造に方向性を与える。ビジョンを見据えて考えられた競争戦略は，「こうなりたい」という組織の強い想いや，理想に影響を受ける。また，現在何ができるか，だけでなく，組織の学習や組織能力の向上を見込んで競争戦略が形成される。たとえば，レクサスのビジョンは，レクサスが創業時から掲げ，判断基準の中心に置こうと常に努めてきた「レクサス・コブナント（契約）」に記されている。レクサス・コブナントは，完璧な車を提供し，ディーラーでは自宅に招いた客に対するように顧客に対するという理想をビジョンとして具体的に示し，「Relentless Pursuit of Perfection（絶えなき完璧の追求）」という標語が，この理想へのコミットメントを語っている。完璧な車も，温かい接客も，当時のトヨタにとっては，既存の組織能力を超える目標であったし，現在も完璧にこれを実行できているわけではない。しかし，このビジョンに向かってレクサスの知の創造と活用は焦点化されている。つまり，どういう車を完璧な車と定義するかという点において，静粛性や経年劣化の少なさは，一貫した要請としてレクサスの知の創造と活用の中心をなし，レクサスの個性となっている。同時に，完璧な車，には，時代によって微妙に味付けが加えられ，レクサスを進化させている。将来への強い想いに裏付けられたビジョンに導かれた戦略は，知識の活用によって事業を強化するだけでなく，将来のありたい姿に向かって新しい知の創造への冒険を促すことができる。

　環境分析，自己分析に，想いを伴ったミッションやビジョンを綜合して戦略を考えることで，既知の世界と未知の世界，知の創造中心と活用中心の間を，組織はダイナミックに，自在に移動し，継続的に成長を続けるだろう。

## 6.2 組織：場がダイナミックに重層的に連動する

　知の創造性と生産性という点について，組織の面からアプローチするのが，本節の目的である。以下では，まず，優れた場の特徴について，知の創造性と生産性という観点から再度考察する。次に，知の創造性と生産性という点において優れた組織の特徴について考察する。

　優れた場は，閉じていると同時に開いている（野中，1999）。知識の創造にとって望ましい環境は，自由闊達に知が既存のさまざまな境界を超えて交流し，刺激しあい，綜合することができる環境である。そのような組織では，濃密なコミュニケーションが起こる場が閉じていると同時に，開いている。ある程度の期間一緒に活動する人々の関係性からなる場は，それなりの言語やストーリーが共有され，1つの集団としてアイデンティティを形成してゆく。互いの背景情報まで共有し阿吽の呼吸でコミュニケーションが可能になるなど，共有された知をベースに，より効率的なコミュニケーションが可能になる。つまり，場は，ある程度，閉じる。しかし，外部と交流のない閉じた場は，知の効率性は高まっても，独りよがりの集団浅慮に陥りやすく，また，知の同質化が進むため新しい知を生み出すのは難しくなる。したがって，優れた場は，閉じていて効率的であると同時に，外部に向かって開いていて創造的である必要がある。

　閉じていつつも開かれていて，必要に応じて結びつくダイナミックな場が生まれるためには，知が互いに結びつくような仕掛け，個人的な知を共有するための仕組みが組織に必要である。ゴシャール（2001）が指摘するように，市場メカニズムへの依存や，個人の業績を過度に評価する個人主義的なマネジメントは，他の組織メンバーを競争相手と位置づける思想であり，彼らと知を共有することを制約し，知の流通を阻害し，イノベーションの妨げになる。知識創造・活用のためには，場は，コミュニティに代表されるような共同体的な組織の特徴を有するのが望ましい。コミュニティに代表される組織では，目的が共有され，全体への貢献によって評価され，競争よりは互助の価値観が支配的である。

　優れた組織は，複数の場が重層的に折り重なり，場と場が機動的につながったり，場が再構成される。児玉が分析したNTT DoCoMoにおけるiモ

ード事業の誕生から成長，発展へと至る過程は，事業の成長に伴う要請に応じて，新たしいパートナーを巻き込みながら，次つぎと新しい場が再構成されていった様子が記述されている。企業組織の中にある，複数の場の文脈をつなぐのに，リーダーは大きな役割を果たすことができる。場は，ボトムアップでもトップダウンでもつながるのだが，特に，能動的に働きかけて横断的チームを形成したり，キーパーソンを異動したり，事業所の場所を移動したりして場をつなぐことは，リーダーシップなしにはできない。キヤノンでは，生産革新，開発革新と変革プロジェクトが次つぎと行なわれているが，これらは有機的につながっており，それを設計しているのはトップである。

次に，知の創造性と生産性という点において優れた組織は，創造性のために最も適した組織形態と，知の生産性のために最も適した組織形態の両方をうまく使いこなすことができる組織でなければならないだろう。企業はある事業で成功すると，うまくいく仕事のやり方を定着させ，既存の知をよりうまく活用して知の生産性を上げようとする。しかし，企業の成長のためには，新しい仕事のやり方や，時には全く違う仕事のやり方を求められるような新しい事業を育成しなければならないことが多い。これは，多くの企業の生き残りと成長にとって重要なテーマであるため，多くの研究者がその具体的なイメージを求めて探求している。

たとえば，タッシュマン（1996；2004）は，確立した事業を持つ企業が新規事業を成功させた事例を分析し，その組織マネジメントは，「Ambidextrous Organization（両手使いの組織）」であったと指摘している。その特徴は，プロジェクト型の有機的な組織で創造性の求められる事業に取り組み，これを仕事のやり方が確立済みの既存事業とは十分に切り離し，しかし同時に，シニアなマネジャーにこれを兼任させることによって，新規事業に十分な経営資源を支援しつつ，既存事業の仕事のやり方に制限されないようにする，というものだ。

野中・竹内（1995）は，知の創造を得意とするプロジェクト型組織と知の生産性が優れた官僚制組織（専門化と階層構造）の重層構造と，これらの間を人が行ったり来たりすることこそが，知の創造性と生産性を両立できる組織であると指摘し，これを，ハイパーテキスト型組織として概念化した。本

| 第8章　まとめ：イノベーションが普通に行なわれる組織とは |　　291

書で児玉が分析したNTT DoCoMoにおけるiモード事業の誕生と発展の過程は，既存の官僚制組織と，中途入社組みを柱とする新しい知を中心とする機動的なプロジェクトチーム組織の綜合であり，ハイパーテキスト型組織である。社内ベンチャーのプロジェクトチームは，自前の研究所や生産ラインを持たないことが多い。何から何まで独自に調達していたのでは，莫大な費用がかかってしまうので，社内にある官僚制組織の持つ既存の組織能力を活用することが求められる。NTT DoCoMoのiモードの場合には，サービスに対する新しい考え方を持ってビジネスモデルを発想したり，外部のソフト開発会社やコンテンツプロバイダとネットワークを形成して実験を繰り返したのは，プロジェクトチームであったが，携帯電話機の端末やiモードサーバの開発は既存官僚制組織の開発・技術・設備部門に依頼せねばならなかったし，発売開始後は営業・サービス部門の力が必要であった。つまり，新しい事業の構想は知の創造が得意なプロジェクトチームが担当し，実行は既存の知を活用できる官僚制組織が担当したのである。

　しかし，そこには，いやおうなくコンフリクトが生じる。官僚制組織と創造的組織は，考え方，優先順位，価値観，不確実性の許容度など，多くの点で違っているからだ。この2つの組織の間のコンフリクトを前向きにマネージし，弁証法的な対話によって新しいレベルでの綜合が可能になったときに，社内ベンチャーは真の価値を既存組織から引き出すことができるのではないか。たとえば，トヨタがウイル・プロジェクトから学んだのは，その必要性であった。ウイル・プロジェクトは，国内数社の異業種からなるプロジェクトで，各社，WILL（ウイル）という新しいブランドネームの下に，それまでになかった新しいアイデアに挑戦した。トヨタは，（豊田市や名古屋市でなく）東京に拠点を置き，奇抜なデザインや使用に応じて料金を支払う価格制度など，斬新なアイデアを製品化したが，結果は成功とはいえなかった。何人かのマネジャーは，この経験から，新しいアイデアをつぶしてはならないと意識しすぎて，通常の組織で行なわれるようなツメを省略してしまったことに問題があったのだと理解した。新規性の高いアイデアであってもそれなりの検討を経ることは必要であり，重要なのは，アイデアをどうしたら活かせるか，という前向きな姿勢で検討することではないか。

### 6.3 グループのプロセス：SECI の変換率を上げる

　知の創造性と生産性をともに高められるグループのプロセスとはいかなるものであろうか。ここでは，野中の提唱する SECI モデルに注目して考察を進めてみたい。

　われわれは，SECI モデルの変換率を上げること，つまり，S（暗黙知→暗黙知），E（暗黙知→形式知），C（形式知→形式知），I（形式知→暗黙知）のそれぞれのプロセスを活発に行なうこと，さらに，それぞれのプロセスの間を活発に移動することが，知の創造性と生産性の両立にとって重要だと考える。なぜならば，特に SECI モデルの中で，S と E は，知の創造性により深く関係しており，C と I は，知の実現により深く関係しているからだ。

　S と E は，知の創造性により深く関係している。S を通じて現象を共に体験し，その本質は何であるかを言葉に出して語ることで（E によって），新たな把握，新たなアイデアの形成につながる道が開ける。たとえば谷地が報告したダイキンの例では，中国でローカルの社員と営業の現場を共体験し，説明し議論することで，中国の営業という新しい現象の本質を，教える日本人と教えられる現地スタッフが，一緒に見抜くことができた。

　次に，C と I は，知の実現により深く関係している。部品を組み合わせて製品にする作業は C であるし，レクサスの製造を担当する作業員が，米国のお客さまや販売店からの声を読み，写真を見て，彼らが求めるレクサス品質とは何であるかを実感として暗黙知のレベルで理解するのは I である。この実感レベルの理解がなければ，数値で表現できないような種類の品質は維持することができない。「レクサス品質」という米国が求める知を，実現することはできない。知の実現は，知が価値に結実するための大前提であり，欠くことができない。

　SECI モデルでは，共体験（S）を通じて豊かになった暗黙知を，異なる視点を持つ相手と対話することによって表出化し（E），思考を豊かにする。さらに，データや部品の形になった知を触り，組み合わせ，分析し，行為を通じて理解を自らのものとし，知を実現することができる。このプロセスを繰り返し，思考と行為がもたらす異なる知を綜合し，実践を反省することを通じて，実践的な知恵である高レベルの英知（フロネシス，野中・遠山，

2005) に至ることができるであろう。

　SECI モデルの変換率を上げること，つまり，S（暗黙知→暗黙知），E（暗黙知→形式知），C（形式知→形式知），I（形式知→暗黙知）のそれぞれのプロセスを活発に行なうこと，さらに，それぞれのプロセスの間を活発に移動することが，知の創造性と生産性の両立にとって重要だと，冒頭に述べたが，これはどのようにして促すことが可能なのだろうか。SECI モデルは自然発生的に動き出すものではない。谷地は，ホンダには「自らの中にあえて異端のようなものを生む−そういうことをする文化がホンダの中にある」というホンダのマネジャー発言を紹介している。ホンダでは，誰かが組織に対して抱いている問題意識を具現化するようなプロジェクトを立ち上げることで，その問題意識が組織に明確に提示され，これに関する観察を通じた共体験や，対話が始まり，実験が始まる，そういうダイナミクスを意識的に取り込んでいる。

### 6.4　技術：モジュラーなコアテクノロジー

　知の創造性と生産性を，技術という切り口で考えてみよう。知のドメインを定義することは，知の創造性と生産性の両方にとって重要であることは，戦略の節で既に述べたが，ここではより具体的に，知のドメインの具現化した姿であるコアテクノロジーについて考察を加えたい。

　コアテクノロジーはコアコンピタンスとも呼ばれ，企業の多角化など事業展開の優れた核となりうることが指摘されている。本書では，松下の半導体とキヤノンのレンズ技術がコアテクノロジーの事例として紹介されている。多角化の核としてのコアテクノロジーの知の創造性と生産性を考えるにあたって，製品構造からアプローチしよう。製品構造を考える際には，統合型かモジュラー型か，インターフェイスのルールが公開されているか（オープン），いないか（クローズド）の 2 軸で考えることができる。統合型の製品構造は要素間の相互依存度が高く，ある目的のための最適な設計ができる代わりに，ある部品に変更を加えると，他の部品にも変更が必要になる。それぞれに影響しあう要素を調整しながら，全体としてまとまりの良い製品やサービスにするためには，要素間の調整が必要だが，この調整のノウハウは暗

黙知の側面が大きく，しばしば，模倣しがたい組織固有の能力となる。代表的な例は自動車やメインフレームコンピュータだ。対照的に，モジュラー型の製品構造は，要素間のインターフェイスのルールを明確に定義し標準化することによって，それさえ守っていれば要素側に変更を加えてもシステムとして機能する。その結果，要素間の相互依存関係がないか，非常に低く，ある部品を変更しても他の部品に影響がないか小さい。したがって，要素間の調整の費用と時間が少なくてすむ。インターフェイスは形式知として目に見えやすく，模倣困難な知は，製品システムのレベルではなく，個別要素技術のレベルで蓄積される。代表的な例はパソコンだ。

　創造性について考えると，総合型の製品構造は，インターフェイスのルールなどに制約されないのでゼロベースで考えることができ，非連続な変化を可能にする。その意味において，高い創造性を可能にする構造だが，しかし，変化を起こすための費用は高く，効率的に新しい知を生み出したり，一旦生み出した新しい知から効率的に次の知を生み出すのは難しい。統合型の構造を持つコアテクノロジーであったら，用途先ごとにコアテクノロジーの内部に相当の変更が加えられなければ機能しない。新しい用途先ごとに新しい知が生まれる可能性があるが，同時に，他の用途先には利用不可能な知に終わる可能性も高い。

　インターフェイスのルールが固定しているモジュラー型の製品構造の創造性は，要素技術レベルに集中する。要素レベルの変更の費用が安いので，実験が容易にできることが創造性を支援する。同時に，モジュラーな構造を持つコアテクノロジーは，統合型より高い知の生産性を得ることができる。他の部品とのインターフェイスが標準化されているため，より多くの他の部品と容易に組み合わせることができ，より効率的に多くの製品に利用することができるからだ。特に，インターフェイスのルールがオープンで，これに接続する部品を多くの企業が提案できるコアテクノロジーは，知の創造性と効率性に適している。NTTドコモのｉモードはオープンなインターフェイスを採用することによって，さまざまな業界からさまざまなコンテンツプロバイダを招きいれることができ，システムとして提供できる価値は急速に発展した。逆に，インターフェイスのルールが公開されていないクローズドな状

態であると，他社がこれに接続できないため，多様性が社内に限定される。そのために多様性はオープンな場合に劣るかもしれないが，その企業は創造性の果実を占有することができる。典型的な例がスウォッチだ。スウォッチはモジュラー構造でできており，共通して使われるムーブメントと，さまざまなデザインのケースとベルトからなっている。

　全ての製品やサービスが100パーセント統合型やモジュラー型ということはなく，この区分は，程度問題だ。本書で紹介されたコアテクノロジーである松下の半導体とキヤノンのレンズは，モジュラー型の程度が高い，と表現するのが正確だろう。すでに述べたように，モジュラー型のコアテクノロジーは創造性と効率性を同時に可能にする。一方で，モジュラー型には，インターフェイスのルールに制約されるというマイナス面もある。松下やキヤノンのように，モジュラー型の製品構造を選択しながらも主だった要素技術を全て社内で開発している企業は，インターフェイスのルールの変更を自ら行なうことができる。つまり，これらの企業は，モジュラー型の利点を享受しつつ，より非連続な変化を自ら起こすことができる体制を持っており，進化し続けるポテンシャルを有している。

## 6.5　リーダーシップ：知識創造のリーダーシップ

　知識の創造性と生産性を両立させるリーダーシップに求められるのは，(1)ビジョンを示すこと。ビジョンは，知識創造に大まかな方向性を与え，人々の内的動機づけに働きかけ知識創造に必要なエネルギーを解き放ち，これに継続性を与え，組織のミッションに合致し，人々を奮い立たせるようなものであること。(2)知識の創造性と生産性の最適なバランスを戦略に応じて判断すること。それにとって望ましい環境を作ること。(3)社外を含め，事業の戦略に適合した場を設定すること。場の構成員が自発的に必要なリンケージを構築できるように，ビジョンと戦略を共有すること。同時に，個人の自発性を促すような組織を作ること。組織内部に重層的に存在する場を有機的につなぐように，任命したり，構造を変えたり，プロジェクトの関係を明確化すること。(4)コアテクノロジーの蓄積を促すように，より具体的なレベルで知識ドメインの定義をすること。モジュラー構造かつオープンなインターフェ

イスが可能であればこれを目指すこと。

## 7. 結　語

　本章では，SECIモデル，場，弁証法的綜合，創造性と効率性という知識創造の鍵概念を軸として，イノベーション・マネジメントの分野における研究の蓄積と，本書で紹介した事例を振り返った。

　イノベーションが日常化する組織には，本書で述べたようなさまざまな仕掛けが必要だが，イノベーションやイノベーティブな組織の難しさは，これに従えば必ず成功する，常にイノベーションを生み出し続けられる組織になる，という処方箋を作れない点にある。

　これらの仕掛けを揃えた後，実際にそれを動かすプロセスには，プロジェクトごとにフェーズごとに異なるコンテクストを理解し，タイミングを判断し，感情に配慮してやる気を引き出し，共有でき燃えられる目標を提示し，しかし時には現実を見て決着をつける，そういう知恵に基づいたリーダーシップが必要である。また，このプロセスは常に，自社の製品やサービスはこうあるべきだという哲学に導かれていなければならない。イノベーションは広い可能性を持っているが，それゆえに，それを導く羅針盤が必要であり，それがその企業なりの哲学なのだ。本田宗一郎氏は試作車を見て，自動で伸び上がってくるアンテナを折ってしまったことがあるそうだが，それはアンテナが子供の目をつくような位置に出てきたからだということだ。彼は，「技術は哲学の結晶だ」と語っていたが，設計の細部を車に対する哲学が導いている素晴らしい例である。

---

【注】
1) 以下の説明は主に，野中・竹内（1996）『知識創造企業』に基づいている。
2) 暗黙知と形式知という知の次元は，マイケル・ポランニーが提唱した（Polanyi, 1958）。
3) 以下の「場」に関する説明については，主に野中（1999）に基づいている。

4) 近年は，「オープン・イノベーション」という概念で，アイデア，初期研究活動，研究開発活動そのもの，イノベーションの出発点を形成するさまざまな活動を社外から取り入れる方が，よりイノベーティブな組織になれる，という指摘がされている (Chesbrough, 2003; Haour, 2004)。

5) 藤本（2000）は，「製品全体が醸し出す微妙なまとまりの良さ」を「プロダクト・インテグリティ（製品の統合性）」と呼び，自動車など機能競争の段階を越えた製品の競争の焦点になっていると指摘している。

6) この表現は，香川大学大学院柴田友厚教授による。柴田氏は本書の作成過程にあって議論に参加し，さまざまな貴重な洞察を提供してくれた。記して感謝する。

7) Thomke（2003）はシミュレーション技術によって製造性や耐久性を反映した設計ができるばかりか，実験が容易になることから試行錯誤が容易になり，製品イノベーションにつながる可能性があることを指摘している。

8) 内発的動機づけとは，仕事そのものから得られる動機づけ（モチベーション）のことで，金銭的報酬や昇進，締め切りの存在，上司からの評価といった「外発的モチベーション」と区別される。

9) 詳しくは，大薗（1997）を参照。

10) これは，第1章で野中が，場の特質の第3点目として自己組織性について指摘した中で紹介した「最小有効多様性」の問題であると考えられる。最小有効多様性とは，システムはその環境と少なくとも同程度の多様さを内部に持っていないと，環境に対応できない，という知見である。逆に言えば，各製品事業部の研究開発部隊は，環境と同レベルの多様性（あるいは開発部隊に見えている範囲での）において均衡状態に陥ったのであり，市場と一緒に成長するためならば十分であったが，新しく市場を創造するためには，均衡状態よりも多い多様性が必要であったと考えることもできる。

11) さらに，クリステンセン（1997）が指摘した「破壊的イノベーション」は，組織の資源配分の仕組みが，既存顧客が認めないような新しいイノベーションの優先順位を，大幅に下げる傾向があることを指摘した。

## 【参考文献】

Allen, T. (1977), *Managing the Flow of Technology*. Cambridge, Mass: MIT Press.

Amabile, T. M. (1998), "How to Kill Creativity," *Harvard Business Review,* September, pp. 77-87.

青島矢一（2001）「「日本型」製品開発プロセスとコンカレント・エンジニアリン

グーボーイング777開発プロセスとの比較－」 一橋大学イノベーション研究センター編『知識とイノベーション』東洋経済新報社．

Chesbrough, H. (2003), *Open Innovation: The New Imperative of Creating and Profiting from Technology*. Harvard Business School Press. (『Open Innovation－ハーバード流イノベーション戦略の全て－』大前恵一郎訳，産業能率大学出版部，2004年）．

Christensen, C. M. (1997), *The Innovator's Dilemma: When New Technology Cause Great Firms to Fail*. Boston, MA: Harvard Business School Press. (クレイトン・クリステンセン『イノベーションのジレンマ－技術革新が巨大企業を滅ぼすとき－』伊豆原弓訳，翔泳社，2000年）．

Ghoshal, S., P. Moran and C. Bartlett (2001), "A New Manifesto for Management," in M. A. Cusumano and C. C. Markides eds., *Strategic Thinking for the Next Economy*. Jossey-Bass. (マイケル・A・クスマノ他『MIT スローン・スクール戦略論』グロービス・マネジメント・インスティテュート訳，東洋経済新報社，2003年）．

Hansen, M. T., N. Nohria, T. Thierney (1999), "What's Your Strategy for Managing Knowledge?" *Havard Business Review,* March-April, pp. 1-10.

Haour, G. (2004), *Resolving the Innovation Paradox*. Macmillan. (ジョルジュ・アウー『イノベーション・パラドックス－技術立国復活への解－』石原昇監訳，ファーストプレス，2006年）．

Henderson, R. M. and K. B. Clark (1990), "Architectural Innovation: The Reconfiguration of Existing Product Technologies and the Failure of Established Firms," *Administrative Science Quarterly*, 35, pp. 9-30.

日置弘一郎・川北眞史編著（2004）『日本型 MOT－技術者教育からビジネスモデルへ－』中央経済社．

藤本隆宏・安本雅典編著（2000）『成功する製品開発－産業間比較の視点－』有斐閣．

野中郁次郎・竹内弘高（1995）『知識創造企業』東洋経済新報社．

野中郁次郎（1999）「組織的知識創造の新展開」『DIAMOND ハーバード・ビジネス』August-September，ダイヤモンド社，38-48ページ．

Nonaka, I. and R. Toyama (2003), "The Knowledge-Creating Theory Revisited: Knowledge Creation as A Synthesizing Process," *Knowledge Management Research & Practice,* 1, pp. 2-10.

野中郁次郎・遠山亮子・紺野登（2004）「知識ベース企業理論」『一橋ビジネスレビュー』AUT，東洋経済新報社．

野中郁次郎・遠山亮子（2005）「フロネシスとしての戦略」『一橋ビジネスレビュー』WIN，東洋経済新報社．

野中郁次郎・勝見明（2004）『イノベーションの本質』日経BP社．

O'Reilly, C. A., and M. L. Tushman (2004), "The Ambidextrous Organization," *Harvard Business Review,* April, pp. 74-81.

大薗恵美（1997）『対話としての共同開発』一橋大学博士号（商学）取得論文，一橋大学．

Polanyi, M. (1958), *Personal Kowledge*. Chicago: The University of Chicago Press.（『個人的知識』長尾史郎訳，ハーベスト社，1985年）．

Thomke, S. H. (2003), *Experimentation Matters: Unlocking the Potential of New Technology for Innovation*. Harvard Business School Press.

Tushman, M. L. and C. A. O'Reilly (1996), "The Ambidextrous Organization: Managing Evolutionary and Revolutionary Change," *California Management Review*, 38 (4), pp. 8-30.

von Hippel, E. (2005), *Democratizing of Innovation*. MIT Press.（エリック・フォン・ヒッペル『民主化するイノベーションの時代』サイコム・インターナショナル訳，ファーストプレス，2005年）．

von Hippel, E. (1988), *The Sources of Innovation*. New York: Oxford University Press.（エリック・フォン・ヒッペル『イノベーションの源泉－真のイノベーターは誰かー』榊原清則訳，ダイヤモンド社，1991年）．

■著者紹介

**大薗 恵美**（おおその　えみ）

一橋大学大学院国際企業戦略研究科教授
一橋大学　博士（商学）
*Extreme Toyota* (John Wiley & Sons, 2008)（『トヨタの知識創造経営』日本経済新聞出版社，2008）
"The Contradictions That Drive Toyota's Success," *Harvard Business Review*, 86 (6), June 2008（「トヨタ『矛盾力』の経営」『DIAMOND ハーバード・ビジネス・レビュー』December 2008）
他


**児玉 充**（こだま　みつる）

日本大学商学部・大学院商学研究科教授
早稲田大学大学院理工学研究科修了（工学博士）
*Knowledge Integration Dynamics* (World Scientific Publishing, 2011)
『バウンダリーチーム・イノベーション』（翔泳社，2010）
*Boundary Management* (Springer, 2009)
*Knowledge Innovation: Strategic Management As Practice* (Edward Elgar Publishing, 2007)
*The Strategic Community-Based Firm* (Palgrave Macmillan, 2007)
など，その他，国際ジャーナルへの論文掲載多数


**谷地 弘安**（やち　ひろやす）

横浜国立大学大学院国際社会科学研究科准教授
神戸大学大学院経営学研究科　博士（経営学）
『中国市場参入－新興市場における生販並行展開』（千倉書房，1999）
他


**野中 郁次郎**（のなか　いくじろう）

一橋大学名誉教授
カリフォルニア大学バークレー校　Ph.D.
『戦略の本質』（日本経済新聞社，2005）
『The Knowledge-Creating Company』(Oxford University Press, 1995)（『知識創造企業』梅本勝博訳，東洋経済新報社，1996）
『知識創造の経営』（日本経済新聞社，1990）
他

| ■ | イノベーションの実践理論 | 〈検印省略〉 |
|---|---|---|
|   | ーEmbedded Innovationー |   |

| ■ 発行日 ── | 2006年10月16日　初 版 発 行 |
|---|---|
|   | 2011年10月26日　第 5 刷発行 |

| ■ 著　者 ── | 大薗恵美・児玉　充 |
|---|---|
|   | 谷地弘安・野中郁次郎 |

■ 発行者 ── 大矢栄一郎

■ 発行所 ── 株式会社 白桃書房
〒101-0021　東京都千代田区外神田5-1-15
☎03-3836-4781　📠03-3836-9370　振替00100-4-20192
http://www.hakutou.co.jp/

■ 印刷・製本 ── 藤原印刷

Ⓒ E. Osono, M. Kodama, H. Yachi, I. Nonaka 2006　Printed in Japan
ISBN 978-4-561-26455-2 C3034

本書のコピー，スキャン，デジタル化等の無断複製は著作権法上での例外を除き禁じられています。本書を代行業者等の第三者に依頼してスキャンやデジタル化することは，たとえ個人や家庭内の利用であっても著作権法上認められておりません。

**JCOPY** 〈㈳出版者著作権管理機構　委託出版物〉

本書の無断複写は著作権法上での例外を除き禁じられています。複写される場合は，そのつど事前に，㈳出版者著作権管理機構（電話 03-3513-6969，FAX 03-3513-6979，e-mail: info@jcopy.or.jp）の許諾を得てください。

落丁本・乱丁本はおとりかえいたします。

## 好 評 書

妹尾　大・阿久津聡・野中郁次郎編著
**知識経営実践論**　　　　　　　　　　　　　　本体5800円

野中郁次郎・永田晃也編著
**日本型イノベーション・システム**　　　　　　本体4175円
　　―成長の軌跡と変革への挑戦―

加護野忠男・坂下昭宣・井上達彦編著
**日本企業の戦略インフラの変貌**　　　　　　　本体2600円

榊原清則・大滝精一・沼上　幹著
**事業創造のダイナミクス**　　　　　　　　　　本体3500円

沼上　幹著
**液晶ディスプレイの技術革新史**　　　　　　　本体7400円
　　―行為連鎖システムとしての技術―

山田幸三著
**新事業開発の戦略と組織**　　　　　　　　　　本体2800円
　　―プロトタイプの構築とドメインの変革―

柴田友厚著
**モジュール・ダイナミクス**　　　　　　　　　本体3000円
　　―イノベーションに潜む法則性の探求―

石井正道著
**非連続イノベーションの戦略的マネジメント**　本体2800円

寺本義也著
**コンテクスト転換のマネジメント**　　　　　　本体4400円
　　―組織ネットワークによる「止揚的融合」と「共進化」に関する研究―

谷口真美著
**ダイバシティ・マネジメント**　　　　　　　　本体4700円
　　―多様性をいかす組織―

――――――――――白桃書房――――――――――

本広告の価格は消費税抜きです。別途消費税が加算されます。